明清汉语语法研究丛书
丛书主编　石锓

- 国家社会科学基金重大项目“类型学视角下的明清汉语语法研究”(15ZDB098)成果
- 湖北省社会科学基金一般项目(后期资助项目)“明清汉语‘V得’致使构式研究”(HBSKJJ20233387)成果

基于类型学视角的明清汉语“V得”致使构式研究

刘　念◎著

中国·武汉

◎丛书主编

石锓　男，湖南临澧人。文学博士，博士生导师，湖北大学文学院二级教授，湖北大学“沙湖学者计划”领军教授。公开出版学术专著6部（含合著），主编、协助主编和参与撰写教材多部。主编并出版“明清汉语语法研究丛书”。主持并完成国家社会科学基金重大项目1项（首席专家）、国家社会科学基金一般项目2项。曾获得第六届高等学校科学研究优秀成果奖（人文社会科学）二等奖、第十四届北京大学王力语言学奖二等奖、第六届湖北省社会科学优秀成果奖三等奖、第十届湖北省社会科学优秀成果奖二等奖、第十二届湖北省社会科学优秀成果奖三等奖。曾获得“湖北省有突出贡献中青年专家”称号、湖北省第二届“楚天园丁奖”。

◎作者简介

刘念　女，文学博士，现为湖北大学学生工作部（处）副部（处）长。在《湖北大学学报（哲学社会科学版）》《湖北日报（理论版）》等核心刊物发表文章多篇。主持教育部就业育人项目、湖北省社会科学基金一般项目、湖北省教育厅人文社会科学研究重点项目、湖北省高校学生工作精品重大项目、武汉市社会科学基金重点项目等多项研究课题。曾公派至巴西圣保罗州立大学孔子学院任汉语教师2年。所授微团课曾在湖北省“百生讲坛”——学习宣传贯彻习近平新时代中国特色社会主义思想活动省级“优秀微团课”评选中被评为“金牌微团课”。

总序

Introduction

“明清汉语语法研究丛书”是国家社会科学基金重大项目“类型学视角下的明清汉语语法研究”（项目编号：15ZDB098）的结项成果，由《基于类型学视角的明清汉语连动式研究》《基于类型学视角的明清汉语交互表达研究》《基于类型学视角的明清汉语焦点结构研究》《基于类型学视角的明清汉语并列标记研究》《基于类型学视角的明清汉语“V得”致使构式研究》《明代南方官话语法研究》《汉语历时语法与词汇研究》七部著作组成。

《基于类型学视角的明清汉语连动式研究》通过对明清时期大规模历时语料的调查、分析，从类型学的角度考察了汉语连动式的性质和范围，制定了具有可操作性的判定标准，并在此基础上探讨了明清汉语连动式的跨语言共性特征及个性特征。通过对明清汉语连动式的使用情况与历时发展情况进行细致考察，本书分析和讨论了其发展趋势与动因机制。从使用面貌来看，明清汉语连动式的发展已较为成熟，结构形式和语义表达丰富多样。从区域特征来看，明清时期北方官话连动式相较南方官话连动式在结构形式上更为复杂，分布态势更为成熟，南北区域存在各自特有的句式。从共时的层面看，汉语连动式广泛存在，与并列和主从形成三足鼎立的局面。从汉语连动式自身的发展来看，连动式内部具有“并列—连动—主从”的演变规律。本书力图通过对明清汉语连动式的描写与解释，起到抛砖引玉的作用，从而推动更多相关研究的出现。

《基于类型学视角的明清汉语交互表达研究》以表达交互义的核心要素为线索，从交互标记、指代交互、言语交互、空间交互和行为交互五个方面，全面综合地描写了明清交互词语的使用情况。通过广泛细致地分析各核心要素的交互表达理据，本书发现普遍存在的交互范畴可以从施受关系、共事关系和客观时空关系三个方面进行描写和判定，并依次制定了与以往不同的更全面的交互判定标准。通过细致的考察，本书揭示了“相”与“互”交互义的来源差异以及由此带来的用法上的差异，发现并揭示了比较范畴中的交互表达的典型性斜坡，发现并揭示了"彼此"的交互表达功能源于它的指代性。交互范畴是语言中的显性范畴，本书力图通过对明清汉语交互词语的描写与解释，起到抛砖引玉的作用，从而推动更多相关研究的出现。

《基于类型学视角的明清汉语焦点结构研究》以明清汉语焦点结构为研究对象，考察了明清汉语焦点结构的使用情况与整体特征，重点探究了明清汉语中特有的"×的是、×便是"以及"是、只、就、才、连"字结构、重动句和分裂结构在这一时期的使用，对它们的句法和语义特征进行了详尽的描写。本书在共时层面上提出了全新的焦点结构分类方法，根据焦点结构所处的逻辑位置将焦点结构分为前置型焦点结构、后置型焦点结构、连接型焦点结构以及背景标记型焦点结构。前置型焦点结构在句法上具有浮动性，在语义上表示排他或者限定；后置型焦点结构在句法上常位于句末，在语义上暗含取舍；连接型焦点结构在句法上连接两个成分，在语义上则存在多种类型；背景标记型焦点结构存在提示句中某项作为背景的成分。本书在历时层面上探讨了各类焦点结构的来源及其演变，前置型焦点结构最早产生，连接型焦点结构随后，后置型焦点结构在元明汉语中产生并出现了结构替换，背景标记型焦点结构则是在近代汉语中产生。本书对部分结构的来源及演变提出了新的看法，其中包含了前置型焦点结构"是"的产生历程，前置型焦点结构（限定副词）"就"来源于纵予连词"就"等相关研究。

《基于类型学视角的明清汉语并列标记研究》以明清汉语为研究时段，以"并列聚合"下的并列、承接、递进、选择四类连词为具体切入点，在系统描写的基础上，着重从历时性角度对汉语并列标记的来源、发展、演变及其内部动因进行了系统性的探讨。明清时期单语素并列连词仍占重要地位，主要承担句内连接的作用。这一时期，框架式并列连词集中出现并臻于成熟，填补了汉语句际并列连词的缺失。明清时期单语素承接连词衰萎，双音承接连词占主导地位，并且单语素双音节两类连词语法功能上的分工更加明显。单语素承接连词主要用于句内连接，没有句际分句或句子之间的用法，双音承接连词则一般用在句际分句，基本没有句内用法。明清时期通过同义复合、词组凝定、词汇黏合等方式新生一批双音递进连词，否定词和限止副词跨层黏合而成的"不但"类与否定词和言说动词黏合而成的"不说"类，在这一时期表现出强大的能产性和类推性。明清时期新生选择连词构成这一时期选择连词系统的主体，结构式的连词化是选择连词生成的重要方式。本书较为完整地描写了明清时期并列结构的概貌，并通过与共同语乃至其他地区的方言进行比较，从而弄清共同语和不同方言区之间并列标记的共性和个性，为更准确、科学地勾勒近代汉语语法提供了材料及理论支撑。

《基于类型学视角的明清汉语“V得”致使构式研究》以明清汉语“V得”致使构式为研究对象，在类型学视角与构式语法框架下，从构件特点、各子构式的形式与语义特点、构式在时间和空间上的特征等角度对该构式进行了全面、详尽的描写。同时基于构式层级互动与构式网络理论，研究了该构式内部、外部的互动，构建其所在的汉语致使构式网络，并从历时演变角度探讨了该构式在网络中作为节点的出现及其演变路径。基于相关研究，本书得出了主要结论：明清汉语“V得”致使构式的各类子构式在形式结构、语义特征上都存在明显区别；该构式处于致使连续统的最右侧，是间接致使；其构式内部和构式外部存在互动关系和承继链接，其与英语into-致使构式存在特殊联系；从明清汉语到现代汉语，该构式谓词性致使者趋多，无生命致使者趋多，特殊子构式种类增多，多结果类“V得”致使子构式趋少；该构式在南北官话中存在不同特征。本书提出了汉语“V得”致使构式新的分类方法，并基于构式语法层级互动理论，探讨了“V得”致使构式内部、外部的互动。此外，本书结合语义地图与致使连续统理论，简略绘制出了汉语致使构式网络，分析了其在汉语致使构式网络中的地位及作用，考察了该构式与英语into-致使构式的异同，为完善世界语言致使构式网络提供了类型学支撑。

《明代南方官话语法研究》以《初刻拍案惊奇》和《二刻拍案惊奇》（合称《二拍》）作为明代南方官话的代表语料，立足于《二拍》的文本语言事实，从语言类型学理论的思路和视角，对《二拍》的词类和句法现象进行描写和解释。由于涉及“明代南方官话”这个比较大的概念，《明代南方官话语法研究》采用了点面结合、以点带面的撰写原则，既关注描写范围的广度，也对重要的语法点进行专题阐释，关注描写内容的深度。本书坚持的基本研究价值观是描写出明代南方官话语法的基本面貌和重点语法现象的语言学特征，并进行合理的解释。本书的词类部分，主要描写了代词、数量词、介词、连词、助词等语法问题。本书的句法部分，主要阐释了动补结构、双宾语结构、被动结构、疑问句、“比”字比较句、致使结构、处置式等七个重要的句法现象。本书对明代南方官话句法部分的阐释，兼顾了已有的相关研究，同时根据语言类型学的基本原理和理念，结合现代语言学跨学科的价值取向和数据人文研究方法，在对句法现象和句法特征进行具体描写的过程中，融入了新的思考。

《汉语历时语法与词汇研究》基于典型、可靠的文献语料，借鉴语法化、认知语言学等的理论方法，重点对一系列明清时期的语法、词汇现象进行了研究，分析语言成分的典型意义、扩展功能和边缘功能，讨论其历时来源、演变过程和相应的机制与动因。本书所涉及的研究对象，大多是方所词或与方所词有历史关联的语言成分。全书的主要内容包括：样态（或情态）助词“家”的来源和形成以及后续变化；派生语素“家”的类型及其来源与形成；“里”由方位词到语气助词和情貌助词，以及词缀成分“里”的演变；方位词“后”是怎样变化为假设助词和语气助词的；方位语素“头”表示时间的类型、来源与形成；“×间”“×/中间”表达时间和事件的类型及其关系；情状助词与词缀“生”的来源；指物名词“东西”的来源及形成；清代以来北京话副词“左不过”“左不是”的来源与构成；约量助词“许”与数量形容词“少许”的来源和形成；量词“合”与“盒”之间的关系及其形成；“多”“多么”的来源与形成；明清时期南方方言问数词“许多”和问数词“几化（×）”的来源以及功能变化等。结论是基于各章对问题的研究做一些理论或综合性的思考。

“明清汉语语法研究”丛书的出版，不仅得到了国家社会科学基金重大项目资金的资助，也得到了湖北大学文学院“双一流”学科建设经费的支持。在此，对支持本项目立项和结项的各位匿名专家表示衷心感谢，感谢你们一直以来关心和支持本项目的研究工作，并对本项目结项成果提出了宝贵的修改意见。同时，还要感谢湖北大学人文社会科学研究院和文学院领导对本项目的重视，并提供了部分资金支持。最后，感谢本丛书各位作者的努力研究和辛勤付出，以及华中科技大学出版社各位领导和周晓方、宋焱编辑对本丛书出版的大力支持。

石锓

2022年11月于湖北大学文学院

2024年2月修改

前言

Preface

“V得”致使结构是汉语致使表达中比较特殊的一类，以往学界对该结构的研究往往重在考察其形式、句法地位等基本问题，研究方法大多采用传统的结构主义分析法，且研究的时代多集中在现代汉语时期。明清时期是研究汉语语法及语法史的重要时期，目前尚未发现有人对明清时期“V得”致使构式进行研究。对于“V得”致使构式来说，构式语法理论可以提供新的研究视角，能从更立体的角度全方位考察该构式内部的互动关系、外部的承继链接、该构式在致使构式网络中的位置和影响，以及该构式作为节点在网络中的历时演变，目前尚未有人采用构式语法理论对其进行专门、系统的研究。

本书将明清汉语“V得”致使构式纳入构式语法理论的框架下做考察研究。对各子构式及其构件的形式与语义特征、构式在时间和空间上的特征进行的考察，是“点”的描写；从构式的层级互动角度研究该构式内部的互动，是从“点”到“线”地贯通；从构式网络角度研究该构式外部的互动，是对其“面”的研究；从历时演变角度对构式网络中各子构式节点的产生进行历时研究，是对其“体”地树立。总之，本书在构式语法框架下，对明清汉语“V得”致使构式进行了从“点”到“线”，再到“面”，最终到“体”的立体综合研究，为全面考察“V得”致使构式及其在致使构式网络中的影响和地位提供了新的思路。

目录

Contents

第1章
绪论

1.1 研究对象与意义

1.1.1 研究对象

"致使"（causative）是人类认知的一个基本概念，也是语言学的一个重要范畴。Shibatani 曾指出，"任何语言都有表达致使概念的方式"①。在汉语诸多致使结构中，"V 得"致使结构是比较特殊的一类，它是汉语语法学界研究的热点，也是本书的研究对象。

本书的研究对象"V 得"致使构式是指：谓词 V 后带"得"字、"V 得"后再带主谓结构作补语，且整个构式表示致使含义。该定义从形式与意义两方面对"V 得"致使构式进行了限定：在形式上，"V 得"后需带主谓结构；在意义上，该结构需表示致使含义。如以下几例：

(1) 我连日睡得骨头都疼。(《型世言》四回，p56)

(2) 那棹子从空便起，吓得妈妈呆了。(《三遂平妖传》三回，p18)

(3) 一番话，说得鲍廷玺满心欢喜。(《儒林外史》三十一回，p309)

① SHIBATANI M，PARDESHI P. The Grammar of Causation and Interpersonal Manipulation [M]. Amsterdan：John Benjamins，2002.

(4) 贾母笑的[1]手里的牌撒了一桌子。(《红楼梦》四十七回，p392)

(5) 你说得我心里直闹得慌。(《四世同堂》二节，p19)

(6) 姑娘们又笑，笑得杜梅有点不好意思：“还行吧。”(《王朔自选集·过把瘾就死》，p109)

以上几个例句中都包含了“V得”致使构式，都表示致使含义。以最后一句为例，该句表示“姑娘们笑，使得杜梅有点不好意思”的致使含义。

“V得”述补结构在汉语中的使用频率很高，形式结构复杂，但并不是所有形式的“V得”述补结构都可以表达致使义。依据祝敏彻、岳俊发、杨平、范晓等的考察，在“V得”述补结构中，“V得”后补语成分的形式多种多样，包括动词、形容词、名词、副词、主谓结构、动宾结构、偏正结构等，用语言研究的常用符号表达，即有“V得＋V”“V得＋ADJ”“V得＋N”“V得＋ADV”“V得＋动宾结构”“V得＋主谓结构”等形式。学界大部分学者都认为，只有“得”后成分是主谓结构的“V得”结构，才表达致使义。本书也认同这一观点，即只有“V得＋主谓结构”才可能表达致使含义，这是“V得”致使构式在结构形式上的判定标准。举例来说，诸如“他跳得高兴极了”“这个小孩长得好漂亮”“大家恨得他牙痒痒”“老师气得摔了教鞭”[2]等都是“V得”述补结构，但它们都不表示致使。在“V得”述补结构中，只有“V得＋主谓结构”形式才可能表致使，这是比较特殊的一类，也是本书选定的研究对象。关于“V得”致使构式判定标准的理据分析将在本书第2章第1节详细展开。

近年来，构式语法理论发展势头强劲，本书采用构式语法理论对“V得”致使构式进行研究具有重要意义。第一，构式语法重视研究一些特殊的、边缘的语法现象，而“V得”致使构式是汉语致使构式中非常特殊的一类，对它来说，基于构式语法理论对其进行研究再合适不过。第二，构式语法强调形式与意义的配对，本书正是从形式与意义两方面对“V得”致使构式进行判定，并且将“V得”致使构式分类成八个子构式，从形式与意义两方面对“V得”致

---

① 元代以后，“得”与“的”读音相同，书面上可以写作“的”。如《元曲·争报恩》：“把个十字街挤的没一线儿开”；《金瓶梅词话》六十六回：“西门庆笑的两眼没缝儿”；《儿女英雄传》二十八回：“褚大姐姐也喝的脸红红的”等。这是文字上的一种同音假借现象，它并不说明助词“得”本身有什么变化。所以本书在穷尽统计时将明清时期各部作品中“得”写作“的”的“V得”致使构式也统计了进来，在引用和分析时保持原文“的”的写法。

② 有少部分学者认为“老师气得摔了教鞭”“他吓得跑掉了”等“V得＋VP”结构也可表致使义，但本书与学界大部分学者的看法一样，认为只有“V得＋主谓结构”述补结构才表致使。类似“老师气得摔了教鞭”“他吓得跑掉了”等“V得＋VP”结构严格意义上不表“致使事件”，只表达简单的结果，或称“自立事件”。

使构式及其各类子构式进行描述。第三，构式语法认为，“每个构式都是语言网络中的一个节点（nodes），节点与节点互相联接成一个巨大的网络（network）”①。基于构式层级互动与构式网络理论的考察研究能为“V 得”致使结构研究提供新的视角，也是本书的研究重点之一。

在汉语史上，明清是一个重要时期。这是因为明清时期正值近代汉语后期，是近代汉语向现代汉语转变的关键时期，能上窥近代汉语的发展脉络，下探现代汉语的发展源头，这一时期的汉语语法具有重要研究价值。而在以往的研究中，尚无人专门研究这一时期的“V 得”致使构式，更没有人专门从构式语法的角度对明清时期汉语“V 得”致使构式进行系统研究。所以，本书选取明清时期“V 得”致使构式作为研究对象，对这一时期“V 得”致使构式进行全面考察，以期对致使现象的研究进行拓展，对目前已有的研究进行补充。

综上所述，本书将“V 得”致使结构放在构式语法框架下，以明清时期为时代背景，从更立体的角度全方位考察该时期“V 得”致使构式的使用面貌和构式特征，从构件特点、各子构式的形式与语义特征、构式在时间和空间上的特征等维度对该构式进行全面、详尽的描写，同时基于构式层级互动与构式网络理论，研究该构式内部、外部的互动，尝试构建其所在的汉语致使构式网络，探究其在整个致使网络中的位置、互动作用及影响，并从历时角度探讨该构式在构式网络中作为节点的出现及其历时演变。

1.1.2　研究意义

本书将研究对象确定为明清时期汉语“V 得”致使构式，在构式语法理论的框架下对其进行全面考察和细致研究，具有重要意义。

从历时层面看，第一，“V 得”致使构式从产生至今，不断发生历时演变，经历了漫长、复杂的演变过程，可以成为较理想的构式化、构式演变、语法化、词汇化等现象的研究对象。第二，“V 得”致使构式发展至今仍保持着较为固定的形式及很高的使用频率，具有重要的研究价值，可以管中窥豹，通过研究这一语言现象对汉语史发展的研究做出一点贡献。第三，目前汉语学界对致使现象的研究大多以现代汉语为研究对象，或者以整个古代汉语为背景进行历时研究，少有断代考察，就笔者所检索到的研究现状来看，目前还没有人专门研究明清时期汉语“V 得”致使构式的特征。鉴于明清时期是承接近代汉语与现代汉语的重要时期，对这一时期的“V 得”致使构式进行关注研究，对历时语言研究意义重大。

---

① LOTTE S，ELENA S. Nodes and Networks in Diachronic Construction Grammar [M]. Amsterdam：John Benjamins，2020.

从共时层面看，“V得”致使构式在致使构式网络乃至整个汉语研究中，具有重要地位。第一，“V得”致使构式本身具有复杂的形式和特殊的句法语义特征，根据其形式特征可以分出若干类子构式，每类子构式又能对应不同的语义特征，对研究汉语句法与语义的对应关系具有重要的借鉴意义。第二，在研究汉语致使表达的已有成果中，学者们从形式结构上对汉语致使结构进行过多种分类，每一种分类方式都必包含“V得”致使句。大家在致使研究中都会不可避免地提及这一结构，说明它是汉语致使构式网络中必不可少的一个结构。但纵观目前的研究成果，学界对“V得”致使句式也只有一些零散的研究，或是在对致使范畴大家族进行全貌描写研究时顺带提到了该结构，或是将该结构与其他致使结构进行对比研究，还没有形成对“V得”致使结构系统的、全面的、专门的研究。第三，致使类型学是世界语言类型学中新兴起的一个热门研究方向，而“V得”致使构式又是汉语致使表达中的一个特殊结构，对该结构的深入研究有助于拓宽致使类型学的研究思路、推进其研究进程，并有助于建立世界语言致使构式网络。

总的来说，本书在构式语法的框架下，结合结构主义、类型学等研究成果，考察明清时期“V得”致使构式的使用面貌和构式特征，考察和研究该构式内部的互动关系、构式外部的承继链接，并尝试以该构式为切入点，建立汉语致使构式网络，探究“V得”致使构式在致使网络中处于什么样的位置，与其他致使构式存在什么样的联系，以及探究其作为节点在网络中的历时演变。本书的研究不仅有利于揭示“V得”致使构式本身的使用特征，以促进汉语本体研究，还有利于厘清“V得”致使构式的历时发展脉络，将其与现代汉语进行对比。另外，在实际应用方面，希望本书的研究对对外汉语教学以及人工智能语言等领域的开发也能有所帮助。

1.2 研究现状

1.2.1 致使研究现状

纵观以往的学术研究成果，当学者们对致使研究现状进行综述概括时，大多是从以下几个角度进行梳理。一是从地域维度进行梳理归纳，比如郭姝慧将致使范畴研究现状分为“国外研究现状”和“国内研究现状”两部分[①]；杨江锋

① 郭姝慧．现代汉语致使句式研究［D］．北京：北京语言大学，2004．

从“国外学者的致使结构分类”“国内学者的致使结构分类”两方面对目前的致使结构研究现状进行综述[①]。二是从时间维度进行梳理归纳，如宛新政将汉语致使句研究现状分为“草创与革新时期的致使句研究”“语法知识大普及时期的致使句研究”“繁荣发展时期的致使句研究”三部分[②]；李宗宏在整理汉语致使研究概述时，从“建国前的汉语致使研究”“建国后至‘文革’前的汉语致使研究”“八十年代以来的汉语致使研究”三方面进行归纳[③]。三是从学科领域进行梳理归纳，如骆蓉从“致使范畴的哲学与心理学研究”“致使范畴的语言学研究”两方面对致使范畴的研究成果进行了综述[④]。

本书将不依照以上传统的综述方法，而是开辟新的综述分类方法。我们知道，关于致使的研究大多集中在以下几个方面：句法层面的研究、语义层面的研究、多层面多角度的综合研究。当然，这些只是研究的侧重点不同，并不是说句法方面的研究就只关注句法而不关注语义问题，也不是说语义方面的研究就只关注语义而不关注句法问题。另外，致使研究还有一个经常被大家忽略的方面就是形态层面，包括语音形态、词缀形态、曲折形态等。也就是说，从研究角度来看，致使研究主要包括句法层面、语义层面、形态层面等。于是，本书拟打破传统致使综述的梳理方法，采用新的分类方法，从句法层面、语义层面、形态层面以及综合层面等，对目前致使研究现状进行综述梳理。

1.2.1.1　句法层面的致使研究

20 世纪 80 年代以前，国内汉语学界对致使的研究多集中在句法研究上，形成了句法层面丰富的研究成果。

马建忠在我国第一部系统的语法学著作《马氏文通》中提到与致使意义相关的汉语句法现象——“致动”，这是目前已知我国对汉语“致使”现象最早的研究，他将字分为“内动”和“外动”，是汉语研究中对“致使”用法最早的解释。[⑤] 1992 年，陈承泽将致使用法称为“致动用”，他指出，“他动字以外之字变为他动，含有‘致然’意，谓之致动用。”[⑥] 例如“鸟不能白其羽”，意为“鸟不能使其羽白”，这里的“白”就是致动用法。黎锦熙于 1924 年提出动词有三种用法：被动、散动和使动，使动式“是外动词带补足语的变式”，且“内动词

---

① 杨江锋．汉语迂回致使结构的多维度巧究［D］．杭州：浙江大学，2016.

② 宛新政．现代汉语致使句研究［D］．上海：复旦大学，2004.

③ 李宗宏．现代汉语使因突显类致使构式研究［D］．上海：华东师范大学，2013.

④ 骆蓉．认知构式语法视阈下的致使移动句研究［D］．杭州：浙江大学，2015.

⑤ 马建忠．马氏文通［M］．北京：商务印书馆，1983.

⑥ 陈承泽．国文法草创［M］．北京：商务印书馆，1982.

与形容词也可成使动式，在文言文中尤多”。[①] 第一次正式提出“致使句”这个概念的是吕叔湘，他将致使句分为使成句、使动句和使令兼语句三类。[②] 王力提出了“使成式”这一概念，指出“凡叙述词和它的末品补语成为因果关系者，叫做使成式”。[③] 胡附、文炼提出，“兼语式的第一个动词必须有使动的意义”。[④]

“文革”期间，关于汉语致使表达的研究停滞不前。“文革”结束之后，汉语研究得到了空前发展，相应的对致使的研究也更加广泛、深入。如邓守信提出，“‘使’‘叫’‘让’等致使动词能够套入‘主语＋使成动词＋状态动词’结构，但是‘催’‘劝’‘请’等动词则不能”[⑤]。胡裕树指出，“兼语式的动词大多含有使令之意，而陈说部分表达目的或结果”[⑥]。彭利贞从类型学角度出发，把“致使”看作一个语义范畴，分析了语义映射句法形成的几个形式。[⑦] 谭景春研究了汉语使令句、致使句各自构成句式的句法特征、语义结构和语用功能。[⑧]

21世纪，学界对致使的研究达到了空前繁荣的程度，很多学者通过引进和借鉴西方语言学派的研究理论和方法，对致使的句法特点进行了多角度研究。范晓提出，致使是“致使主体对实体的作用或影响，导致某实体发生某种情状”[⑨]。袁毓林基于论元成分的选择和提升分析了述结式的配价结构。[⑩] 熊仲儒借鉴生成语法理论的最简方案讨论了某些致使句式的句法语义接口问题，给出了致使句式的相对完整结构。[⑪] 牛顺心以类型学和语法化理论为框架，对普通话中致使句式的句法结构进行了细致分析，探讨了汉语使役范畴的历时发展规律。[⑫] 宛新政全面系统分析了现代汉语致使句的句法、语义和语用方面的特点，对比研究了各类致使句式。[⑬] 郭姝慧从认知语法角度对汉语致使表达的概

---

① 黎锦熙．新著国语文法［M］．北京：商务印书馆，1992．

② 吕叔湘．中国文法要略［M］．北京：商务印书馆，1982．

③ 王力．中国现代语法［M］．北京：商务印书馆，1985．

④ 胡附，文炼．现代汉语语法探索［M］．上海：东方书店，1955．

⑤ 邓守信．汉语使成式的语义［M］//戴浩一，薛凤生．功能主义与汉语语法．北京：北京语言学院出版社，1994．

⑥ 胡裕树．现代汉语［M］．上海：上海教育出版社，1995．

⑦ 彭利贞．论使役语义的语法表现层次［J］．杭州大学学报，1996（4）．

⑧ 谭景春．致使动词及其相关句型［M］//中国语文杂志社．语法研究与探索（八）．北京：商务印书馆，1997．

⑨ 范晓．论致使结构［M］//中国语文杂志社．语法研究与探索（十）．北京：商务印书馆，2000．

⑩ 袁毓林．述结式配价的控制——还原分析［J］．中国语文，2001（5）．

⑪ 熊仲儒．现代汉语中的致使句式［M］．合肥：安徽大学出版社，2003．

⑫ 牛顺心．汉语中致使范畴的结构类型研究［D］．上海：上海师范大学，2004．

⑬ 宛新政．现代汉语致使句研究［D］．上海：复旦大学，2004．

念内容、语义参项和结构特征等进行了细致描述。[1] 由刘丹青编著的《语法调查研究手册》对 Bernard Comrie 和 Norval Smith 所编制的《Lingua 版语言描写性研究问卷》进行注释和分析，在“动词的态”这一章里，主要从不及物动词如何构成致使式、及物动词如何构成致使式、双及物动词如何构成致使式，以及被致使者能否删除这几方面对致使表达进行了例示和分析。[2] 张明明以“三个平面理论”为指导，根据有无致使标记词，将古汉语的致使句分为显性致使句和隐性致使句两大类。[3] 但张明明的这种分类方式早在 2000 年就已由范晓提出了[4]，并不是新的分类方法。

1.2.1.2　语义层面的致使研究

语义层面的致使研究，最初集中在国外语言学界。

1）Talmy 力动态理论（force dynamics theory）下的致使语义研究

美国认知语言学家 Leonard Talmy 在 20 世纪 70 年代创建了“力动态模型”（model of force dynamics），并在该模型的语义框架下对语言中的致使情景进行了详细研究。[5] 在力动态模型中，Talmy 对基本恒定力动态模式、力动态的转换模式、次要恒定力动态模式等进行了区分和定义，分别如图 1.1 至图 1.3 所示。

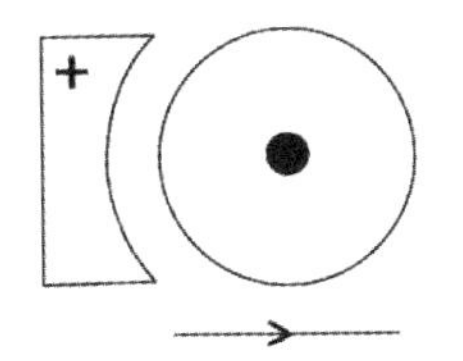
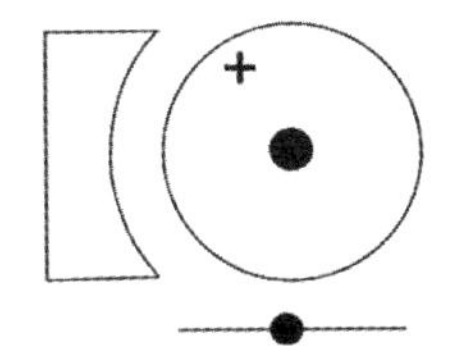
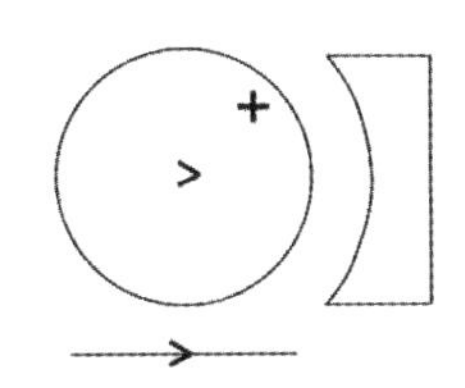
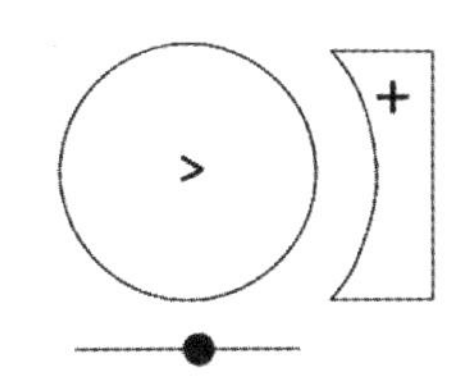

图 1.1　Talmy 基本恒定力动态模式[6]

① 郭姝慧．现代汉语致使句式研究［D］．北京：北京语言大学，2004.

② 刘丹青．语法调查研究手册［M］．上海：上海教育出版社出版，2008.

③ 张明明．古汉语致使句研究［D］．济南：山东师范大学，2016.

④ 范晓．论致使结构［M］//中国语文杂志社．语法研究与探索（十）．北京：商务印书馆，2000.

⑤ TALMY L. Semantic Causative Types［M］//SHIBATANI M. Syntax and Semantics（Vol. 6）：The Grammar of Causative Constructions. New York：Academic Press，1976.

⑥ 李金妹．初始因果关系与持续因果关系的事件融合研究［D］．阿姆斯特丹：阿姆斯特丹自由大学，2020.

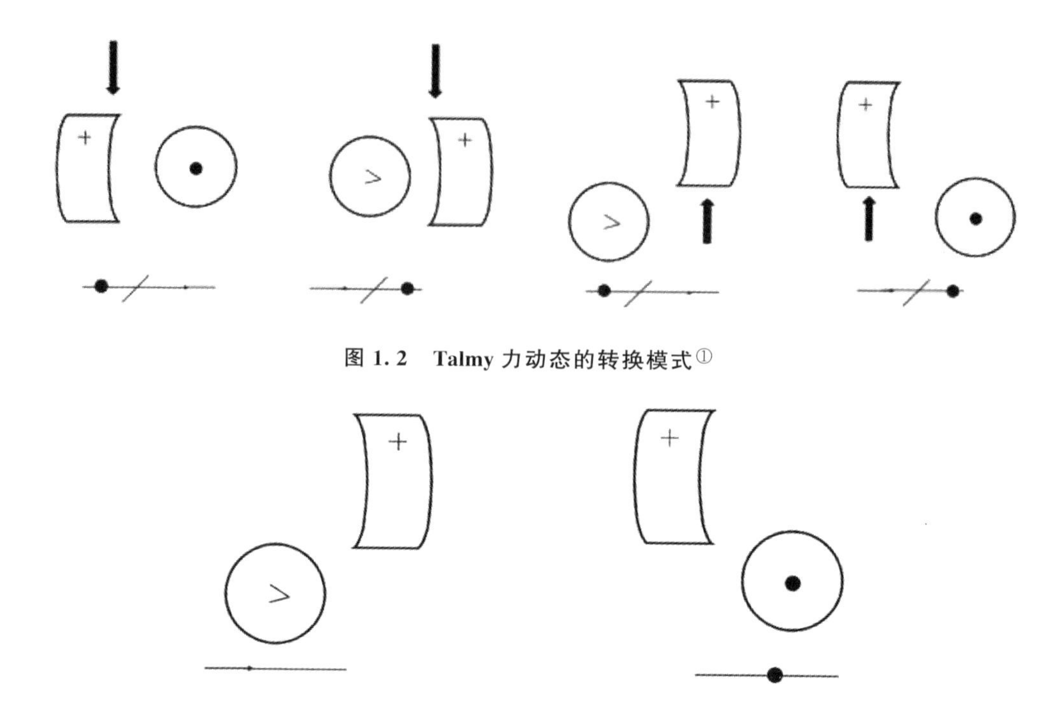

图 1.2 Talmy 力动态的转换模式[①]

图 1.3 Talmy 次要恒定力动态模式[②]

Talmy 在力动态的大框架下，将致使情景分为基本致使情景和复杂致使情景。[③]。基本致使情景的特征有：① 基本致使情景包括三个要素——一个简单事件，导致该事件的事件以及这两者之间的因果关系；② 导致简单事件的事件本身也是一个简单事件；③ 在整个语义情景中，受因事件是焦点，使因事件为背景；④ 使因事件中的背景也是受因事件中的焦点物体，使因事件中的焦点必须与这一物体有施力的接触；⑤ 受因事件中的焦点物体和背景物体在整个致使情景中具有相同的作用，使因事件中的焦点在整个致使情景中为工具；⑥ 如果使因事件不发生，受因事件便不会发生；⑦ 致使情景可以发生在一个时间点上，或持续一段时间，其特点呈现出相关差异；⑧ 受因事件完全在使因事件的时间段内发生。Talmy 基本致使情景的表征如图 1.4 所示。

---

① TALMY L. 认知语义学（卷Ⅰ）[M]. 李福印，译. 北京：北京大学出版社，2017.

② TALMY L. 认知语义学（卷Ⅰ）[M]. 李福印，译. 北京：北京大学出版社，2017.

③ TALMY L. Force Dynamics in Language and Thought [M] //EIKFONT W, KROEBER P, PETERSON K. Papers from the Parasession on Causatives and Agentivity at the Twenty-First Regional Meeting of the Chicago Linguistic Society. Chicago: Chicago Linguistic Society, 1985: 293-337.

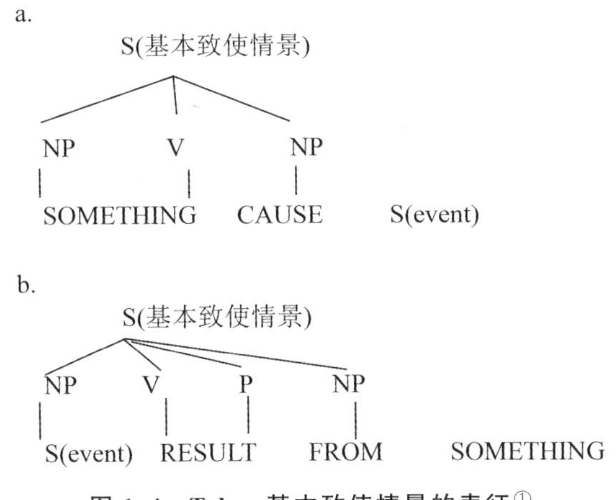

图 1.4　Talmy 基本致使情景的表征[①]

除了基本致使情景，Talmy 还“从成分前景化、初始因果关系、系列因果关系、连续和非连续系列因果关系、使能因果关系等方面讨论了不含意向性的复杂致使情景，讨论了施事与不同致使结构之间的相互作用、行为者和施事者的句法、自我施事、目的和未完成、致使性施事、其他致使因素等语义要素”[②]。

本书认为，Talmy 的力动态理论对于“V 得”致使构式的研究具有实际指导意义，本书的部分研究也将采用部分 Talmy 的该理论作为指导。

2） Wolff 施力-动态（force-dynamic）模式下的致使语义研究

Wolff 在 Talmy 力动态理论的基础上提出施力-动态模式[③]。在该模式下，除了致使（cause）类外，Wolff 对几类致使次范畴也十分关注，如能够（enable）类、阻止（prevent）类、尽管（despite）类。四种情景的呈现状态如图 1.5 所示。

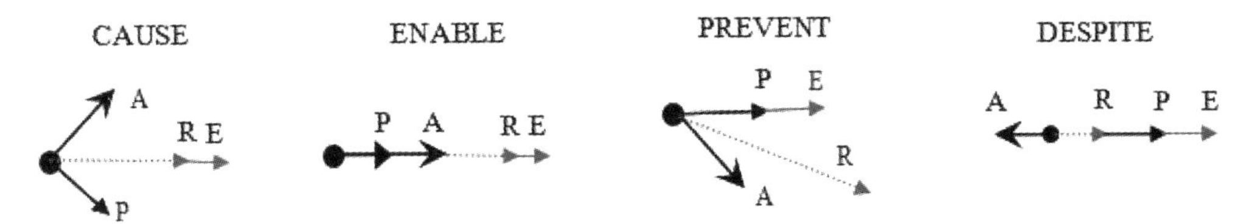

图 1.5　Wolff 施力-动态图示中的四种情景[④]

---

① TALMY L. 认知语义学（卷Ⅰ）[M]. 李福印，译．北京：北京大学出版社，2017.

② TALMY L. 认知语义学（卷Ⅰ）[M]. 李福印，译．北京：北京大学出版社，2017.

③ WOLFF P. Representing Causation [J]. Journal of Experimental Psychology，2007，136 (1).

④ 李金妹．初始因果关系与持续因果关系的事件融合研究 [D]. 阿姆斯特丹：阿姆斯特丹自由大学，2020.

在Wolff的施力-动态模式中，有两种致使关系链，一种是力的传递（a force transmission），一种是力的消除（the removal of a force），如图1.6所示。

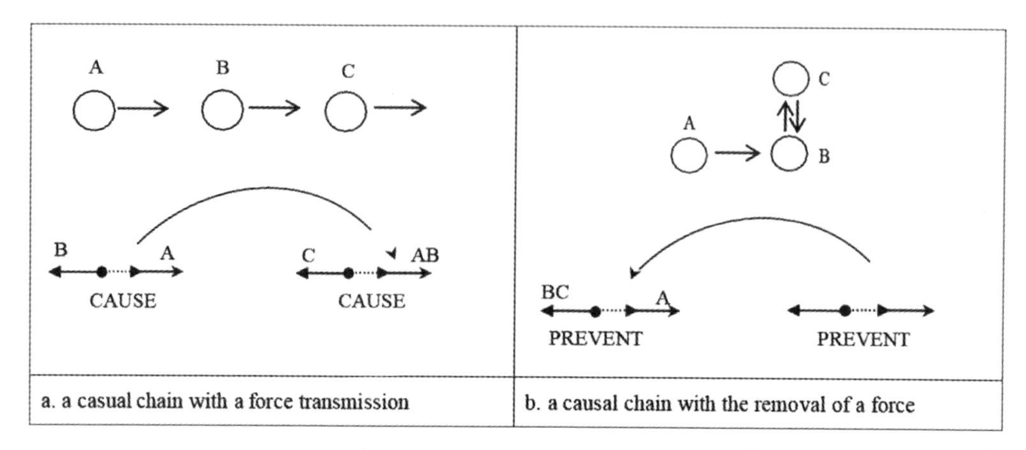

图1.6 Wolff施力-动态模式中的致使关系链①

尽管这个力理论可以解释单个因果的相互作用和因果关系链，但它未从最小的因果链来模拟原因事件和原因事件之间的时间和空间关系，因此无法区分某些特殊的因果关系，这是他的施力-动态理论存在的不足之处。②

3）Croft论元实现的力动态理论（force dynamic theory of argument realization）下的致使语义研究

基于Talmy的力动态理论，Croft提出了“论元实现的力动态理论”③，其特征是将事件概念化为因果关系链，将事件参与者与力的传递相连接起来。Croft认为，一个复杂的事件结构在语义上可以被分解为若干个子事件，每个子事件包含一个具备体貌特征的参与者，并且子事件之间是因果相关的，每个子事件都由二维事件的结构来建模，而连接各个子事件的致使关系链则用三维事件结构来表示。骆蓉在介绍Croft三维事件结构模型时所引例句及其模型，见图1.7。

She held the glass.

---

① 李金姝．初始因果关系与持续因果关系的事件融合研究［D］．阿姆斯特丹：阿姆斯特丹自由大学，2020.

② 李金姝．初始因果关系与持续因果关系的事件融合研究［D］．阿姆斯特丹：阿姆斯特丹自由大学，2020.

③ CROFT W. Verbs：Aspect and Causal Structure［M］. New York：Oxford University Press，2012.

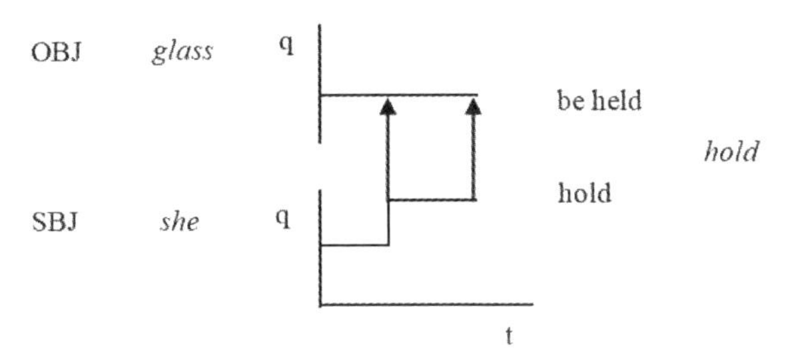

图 1.7　Croft 三维事件结构模型①

Croft 该理论的优势在于，它清楚地区分了体貌事件和致使结构事件，能体现体貌结构和致使结构对谓词和论元的独特语法贡献。同时，它并不要求用到语义或句法层面的其他表达，例如题元角色或题元角色层级概念等。但这个理论也存在不足，缺乏致使事件整合的机制和因素，也没有解释为什么使因事件和结果事件可被概念化为认知中的一个宏观事件。②

4）Langacker 弹子球模式下的致使语义研究

Langacker 于 1991 年针对致使概念提出了致使结构认知意象图式（见图 1.8）。在该理论体系中，他创立了弹子球模式，用以表征致使情景，他认为致使情景是客观事件之间的影响和相互作用。在他的弹子球模式中，可以通过能量传递来表示致使情景。比如，有一个物体甲，它在运动中撞击了另一物体乙，那么在这个撞击中，物体甲将能量传递给物体乙，而物体乙在这个能量的作用下则会发生一些反应，这便是 Langacker 致使框架的弹子球模式。③

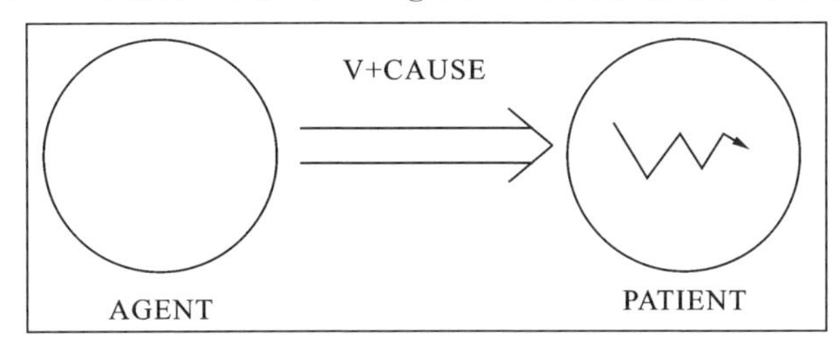

图 1.8　Langacker 弹子球模式下的致使结构认知意象图式④

① 骆蓉．认知构式语法视阈下的致使移动句研究［D］．杭州：浙江大学，2015.

② 李金妹．初始因果关系与持续因果关系的事件融合研究［D］．阿姆斯特丹：阿姆斯特丹自由大学，2020.

③ LANGACKER R W. Foundations of Cognitive Grammar（Vol. 2）：Descriptive Application［M］．Palo Alto：Stanford University Press，1991.

④ LANGACKER R W. Foundations of Cognitive Grammar（Vol. 2）：Descriptive Application［M］．Palo Alto：Stanford University Press，1991.

5）国内对致使语义层面的研究

以上是国外学者从语义角度研究致使现象的部分成果。国内学者从语义角度对致使的研究起步较晚，一直到20世纪90年代之前，汉语学界对致使的研究都是以形式为主，从语义角度进行的研究很少。20世纪90年代以后，人们逐渐认识到语义研究的重要性。

谭景春从语义类型的角度出发，根据致使者是否有意识，将使令动词分为有意识和无意识两类。[①] 程琪龙对Jackendoff从认知角度对致使范畴概念做的研究进行了详细介绍[②]，他“从致使动词语义的角度将致使句分为三类：由只带致使义的动词构成的致使句、由同时还带有其他词汇义的动词构成的致使句、由不带有致使义的动词构成的致使句这三类，而‘V得’致使结构就属于当致使由不带致使义的动词构成的情况”[③]。范晓以语义分析为切入点，将致使定义为“致使主体对使体的作用或影响”，指出“致使结构本质上是一种语义结构模式”，分析了汉语七种致使句的句法、语义、语用特征。[④] 陈昌来从语义角色的角度比较了致事、使事与施事、受事的差别[⑤]。李金妹、李福印、顾琦对现代汉语中的迂回致使动词进行了语义类型的实证研究，认为汉语迂回致使动词可分为致使类、使能类、允让类、阻止类四类。[⑥]。李福印以Talmy的语言两分法理论（语言可以分为动词框架语言和卫星框架语言）为理论基础，从事件语义类型学的角度对两分法理论所基于的五类宏事件（运动、体相、状态变化、行动关联、实现）进行了全面研究，其中部分研究涉及致使情景，如事件语法与因果关系等。[⑦] 李金妹、李福印基于事件融合理论，从事件语义类型学视角考察了初始因果关系与持续因果关系的汉语口语表征，认为以上两种因果关系是直接因果关系的两种类型。[⑧]

---

① 谭景春．使令动词和使令句［M］//中国语文杂志社．语法研究与探索（七）．北京：商务印书馆，2000.

② 程琪龙．Jackendoff“致使概念结构”评介［J］．国外语言学，1997（3）.

③ 程琪龙．致使概念语文结构的认知研究［J］．现代外语，2001（2）.

④ 范晓．论致使结构［M］//中国语文杂志社．语法研究与探索（十）．北京：商务印书馆，2000.

⑤ 陈昌来．论现代汉语的致使结构［J］．井冈山师范学院学报（哲学社会科学），2001（3）.

⑥ 李金妹，李福印，顾琦．现代汉语迂回致使动词的语义类型［J］．解放军外国语学院学报，2017（9）.

⑦ 李福印．事件语义类型学［M］．北京：北京大学出版社，2019.

⑧ 李金妹，李福印．事件融合理论视角下初始因果关系与持续因果关系的语言表征［J］．解放军外国语学院学报，2020（1）.

1.2.1.3 形态层面的致使研究

目前学界从形态层面研究致使的成果较少，现有成果中比较有代表性的是潘悟云、金理新从音韵角度对上古汉语的致使形态研究。

潘悟云从音韵角度对上古汉语形态范畴的使动词构词形式进行了研究。他认为，“在上古汉语中，表示使动意义的语音手段是属于形态范畴的，主要有附加词缀和辅音屈折等形态形式，载瓦语还用松元音和紧元音的交替表示自动和使动，载瓦语、缅甸语和阿昌语还用声母不送气跟送气的交替表示自动和使动”①。

金理新则分别对藏语、汉语的使役动词后缀 *-d 进行了讨论，他认为，“*-d 辅音韵尾是一个使动词后缀，这也是通过形态方式来表示致使概念”②。

除了潘悟云和金理新，牛顺心也曾提到形态式致使结构，她所举的例证是“空”，她提出，当“空”以不同声调出现时，可以分别表达状态和致使的含义，读阴平时表示状态，如“空荡”，读去声时表示致使，如“空出房子”，“表状态的‘空’与表致使的‘空’在语音上具有一定的对应关系：声韵相同，声调不同”③。

以上研究现状主要是从句法层面、语义层面、形态层面进行的分类梳理，除此之外，学界还有从多层面多角度对致使进行的综合研究，现梳理如下。

1.2.1.4 对致使的多层面多角度研究

1）类型学视角

类型学视角下，对致使的定义有两种最被人熟知：一种是“双事件说”，另一种是“增元说”。“双事件说”如，Shibatani 对致使情景的描述是，“致使结构与两个事件有关，即致使事件（causing event）A 和被致使事件（caused event）B，事件 B 紧接着事件 A 发生，且事件 B 完全依赖于事件 A 才能出现”④；Comrie 对致使关系的定义是，“一个宏观场景由 A 和 B 两个微观事件组成，A

---

① 潘悟云．上古汉语使动词的屈折形式［J］．温州师院学报（哲学社会科学版），1991（2）．

② 金理新．汉藏语的使役动词后缀 *-d［J］．民族语文，2004（2）．

③ 牛顺心．汉语中致使范畴的结构类型研究［D］．上海：上海师范大学，2004．

④ SHIBATANI M. The Grammar of Causative Constructions：A Conspectus［M］// SHIBATANI M. Syntax and semantics（Vol. 6）：The Grammar of Causative Constructions. New York：Academic Press，1976．

导致B了的出现或A使B产生”[①]；Frawley将致使关系中的两个事件定义为“诱发事件”（a precipitating event）和“结果”（a result）[②]。与其他类型学家不一样的是，Dixon对于致使持“增元说”，他认为，“致使结构是在一个基本的小句里增加一个论元（an additional argument）——致使者（causer），致使结构的基础性结构是结果，而原因只是附加到了结果这个基础性结构之上的”[③]。

Comrie将致使结构在形式上分为词汇型致使结构、形态型致使结构和分析型致使结构三类。[④] Comrie和Maria Polinsky在其著作*Causatives and Transitivity*中收录了许多讨论致使结构的句法语义属性的文章。韩国语言学家Jae Jung Song从类型学角度把致使结构分成三种形式分类系统：融合式（The Compact type）、并列式（The AND type）和目的式（The PURP type），同时还对这几种类型做了功能解释、认知结构以及语用基础方面的相关研究。[⑤] Shibatani和Pardeshi将语义地图原理应用到致使结构研究中，通过跨语言的对比，从功能上将致使划分为直接致使、协同致使和间接致使，并且分析了不同致使动词在语义地图上的分布情况，形成了致使连续统理论。他们由此得出的结论是：在一个语言系统内，能产性越强的形式，语义越靠近间接致使；反之，能产性越弱的形式，越靠近直接致使。这是因为“在直接致使中，两个事件在时空上重合，被使者是受事，两个事件整合为一个事件，表达上也就倾向于整合为一；间接致使则反之”[⑥]。

Dixon以形式、句法和语义三个角度为纲，从类型学视角切入，对致使结构进行了研究，从形式机制（Formal mechanism）、句法描写（Syntax）和语义（Semantics）等角度对致使结构进行全方位的描写。在形式机制上，Dixon列出了致使结构在形式上的几种类型：形态型（Morphological process）、复合谓语（Two verbs in one predicate）、迂回致使（Periphrastic causatives）、词汇致使

---

① COMRIE B. Language Universals and Linguistic Typology [M]. 2nd ed. Chicago: University of Chicago Press, 1981.

② FRAWLEY W. Linguistic Semantics [M]. New Jersey: Lawrence Erlbaum Assiciates, 1992.

③ DIXON R M W. A Typology of Causatives: Form, Syntax and Meaning [M] //DIXON R M W, AIKHENVALD A Y. Changing Valency: Case Studies in Transitivity. Cambridge: Cambridge University Press, 2000.

④ COMRIE B. Language Universals and Linguistic Typology [M]. 2nd ed. Chicago: University of Chicago Press, 1981.

⑤ SONG J J. Causatives and Causation: A Universal-typological Perspective [M]. London: Longman Press, 1996.

⑥ SHIBATANI M, PARDESHI P. The Grammar of Causation and Interpersonal Manipulation [M]. Amsterdan: John Benjamins, 2002.

(Lexical causatives)、交换助词（Exchanging auxiliaries）等形式，并使用多种语言对每一种形式都进行了充足的举例阐述。在句法描写上，Dixon 主要考察论旨角色的重新分配和论元结构的变化。在语义上，Dixon 提出了 9 个语义参项，和动词有关的：状态/动作（state/action）、及物性（transitivity）；和被使者有关的：自控度（control）、意愿性（volition）、受影响度（affectedness）；和致使者有关的：直接性（directness）、意图性（intention）、自然度（naturalness）、是否参与(involvement)。[①]

国内学者运用类型学研究致使现象的成果也颇多。牛顺心运用 Dixon 的类型学参项来考察普通话中的致使结构，将普通话的致使结构分为综合型（包括形态式、使动式、复合式）和分析型（包括使令式、致动式和隔开式）两大类，着重从语义参项的角度分析了三类分析型致使结构的语义特点。[②] 朱琳从类型学角度考察 Haspelmath 选取的 31 个起动/致使动词在汉语中的情况，将这些动词和其他语言中的类似情况进行比较，总结出了异同，认为造成这些区别的一个可能原因是客观语义和概念语义的区别。[③] 李静波使用汉语、日语、英语等十种语言材料，在语义地图理论下，分析归纳了各语言中使役动词的语义分布情况，初步建立了人类语言中致使动词的语义地图模型，展示了人类语言中致使动词语义分布的普遍规律。[④] 石镘、刘念从类型学的视角考察了明代致使结构的句法形式和语义参项，按照表致使的使动句、使成句、“V 得”句和“把（将）”字句的分类方式，分别以每一类别的致使者、被致使者、致使结果、致使力等为研究对象，从形式上和语义上进行了翔实的讨论，得出了类型学视角下明代汉语致使结构的句法和语义特征，同时还讨论了明代汉语几类致使结构的同源性问题。[⑤]

2）构式语法角度

1995 年，Goldberg 在构式语法理论的框架下，对结果构式（resultative construction）、双及物构式（distransitive construction）和致使移动构式(caused-motion construction）等几类致使构式做了专门研究。她认为，致使移动构式［SUBJ（V OBJ OBL）］的意义为“X 致使 Y 移向 Z”，即致使者致使

---

① DIXON R M W. Basic Linguistic Theory (Vol. 3): Further Grammatical Topics [M]. Oxford: Oxford University Press, 2012.

② 牛顺心．从类型学参项看普通话中分析型致使结构的句法类型及其语义表现［J］．语言研究，2008（1）．

③ 朱琳．起动/致使动词的类型学研究［J］．汉语学报，2009（4）．

④ 李静波．致使动词的语义地图［J］．东北亚外语研究，2017（1）．

⑤ 石镘，刘念．类型学视角下的明代致使结构研究［J］．中文论坛，2019（1）．

主体论元沿着指定路径移动。双及物致使构式表达“一个自愿的施事和一个自愿的受事之间的转移”，即“X致使Y收到Z”，可经过隐喻扩展到其他系统表达式，具有较强的能产性。结果构式则是致使移动构式的一个隐喻扩展，意义为“致使者促使被使者潜在地经历了变化状态”，即“X cause Y to become Z”。①

在英语中有一类致使构式与汉语“V得”致使构式很相似，即into-致使构式（the into-causative construction）。国外多位语言学家选择采用构式语法理论对该构式进行各方面研究，如Hunston和Francis②、Rudanko③、Gries和Stefanowitsch④、Jong-Bok Kim和Marka Daives⑤、Susanne Flach⑥等。这些研究涉及具体的构式研究方法，比如构式搭配分析法等，具体研究情况将在第6章详述。

构式语法理论传入国内并在国内流行起来后，国内一些学者也开始借鉴构式语法理论对汉语致使表达进行研究，比如选取一个特定的致使句式，在构式语法理论的框架下，研究其构式义、构式判定、构式压制、构式与动词的互动、构式承继性、构式的话语功能等，或者对中英文某种致使构式进行对比研究。比如：宛新政采用构式语法理论对使令句动词义与句式语义之间的关系进行了研究分析⑦；陈俊芳通过考察大型语料库中英语致使移动构式的汉译对应式，归纳出了现代汉语致使移动构式特征⑧；韩丹以“主事居后‘得’字句”构式为研究对象，验证了该构式具有致使含义，致使处于“得”后面的“主事”产生心

---

① GOLDBERG A E. A Construction Grammar Approach to Argument Structure [M]. Chicago: University of Chicago Press, 1995.

② HUNSTON S, FRANCIS G. Pattern Grammar: A Corpus-driven Approach to the Lexical Grammar of English [M]. Amsterdam: John Benjamins, 2000.

③ RUDANKO J. Complements and Constructions [M]. Lanham, MD: University Press of America, 2002.

④ GRIES T, STEFANOWITSCH A. Collostructions: Investigationg the Interaction of Words and Construction [J]. International Journal of Corpus Linguistics, 2003 (2).

⑤ KIM J B, DAIVES M. The INTO-CAUSATIVE Construction in English: A Construction-based Perspective [J]. English Language and Linguistics. Cambridge University Press, 2015, 20.

⑥ SUSANNE F. Constructionalization and the Sorites Paradox: The Emergence of the Into-causative [M] //SOMMERER L, SMIRNOVA E. Nodes and Networks in Diachronic Construction Grammar. Amsterdam: John Benjamins, 2020.

⑦ 宛新政．现代汉语致使句研究 [D]. 上海：复旦大学，2004.

⑧ 陈俊芳．现代汉语致使移动构式研究 [J]. 宁夏大学学报（人文社会科学版），2009 (7).

理或情状改变[①]；吴为善认为，“汉语自致使义构式‘NP＋VR’不属于特征明显的‘句式’，是一种具有特定构式义及话语功能的‘构式’”[②]；郭振红从构式的角度分析了N1＋V1得＋N2＋V2句式的两种类型，即结果句和致使句，认为构式义和句中动词义相互作用，构式义与动词义一致时，生成合格的句子，当构式义与动词义不一致时，构式义通过压制使动词意义发生变化，从而使动词进入句式[③]；张翼根据构式语法的研究思路，证明了汉语“得”字倒置致使句式具有动词多样性、主语非选择性、论元倒置等特征，倒置句式的构式表征同样适用于普通“得”字致使句式[④]；李宗宏在构式语法理论的背景下，对汉语的结果补语句、“得”字式、动结式、“把”字句中的使因突显类致使句式进行了全面、系统的考察[⑤]；骆蓉从构式语法角度，探讨了英汉语致使移动构式表达等[⑥]；姜灿中用构式语法研究了现代汉语致使结构之一的动结式[⑦]。

以上是学界从构式语法视角对致使结构的研究成果，这些成果为构式理论在汉语中的发展做出了贡献，但某些方面也存在不成熟的地方。例如，现有的研究只是进行零星讨论，研究方面主要集中在致使结构的构式判定、构式压制、构式承继性等方面，尚未形成系统，关于构式语法理论还有很多深刻的内涵没有涉及，如构式网络及节点的产生、构式化及构式演变等，这些方面都有待进一步完善，也是本书试图尝试做出突破的方面。

1.2.1.5　博士论文对致使的研究

关于致使研究，21世纪以来，还涌现出一批值得关注的优秀博士论文。

张璐的博士论文《现代汉语“得”字补语句研究》，依据生成语法最简方案中的轻动词概念和中心词移位理论，对现代汉语“得”字及“得”字补语句进行了句法、语义以及语用等方面的研究。[⑧]

熊仲儒的博士论文《现代汉语中的致使句式》，运用生成语法理论的最简方

---

① 韩丹．“主事居后‘得’字句”的构式义及其认知解读［J］．浙江外国语学院学报，2009（2）．

② 吴为善．自致使义动结构式“NP＋VR”考察［J］．汉语学习，2010（6）．

③ 郭振红．N1 V1得N2 V2句式的构式分析——兼谈构式语法在汉语研究中的应用［J］．浙江海洋学院学报，2010（2）．

④ 张翼．汉语得字致使句式研究［J］．解放军外国语学院学报，2011（3）．

⑤ 李宗宏．现代汉语使因突显类致使构式研究［D］．上海：华东师范大学，2013．

⑥ 骆蓉．认知构式语法视阈下的致使移动句研究［D］．杭州：浙江大学，2015．

⑦ 姜灿中．现代汉语动结式的句法-语义界面：基于层级和互动的构式语法视角［D］．重庆：西南大学，2019．

⑧ 张璐．现代汉语“得”字补语句研究［D］．北京：北京大学，2003．

案对现代汉语中的致使句式进行了深入分析研究，论及相关致使句式的句法语义接口问题。①

周红的博士论文《现代汉语致使范畴研究》，从认知语言学视角运用意象图式，全面、系统地研究了致使范畴，加深了对致使范畴的认知研究。②

牛顺心的博士论文《汉语中致使范畴的结构类型研究》，以类型学和语法化理论为框架，对现代汉语致使句式的句法结构进行了细致分析，还讨论分析了致使标记“得”的产生。③

宛新政的博士论文《现代汉语致使句研究》以现代汉语几类致使句式为研究对象，在“三维语法”指导下，对这些句式的句法、语义和语用方面的特点进行了深入细致的考察和对比研究。④

郭姝慧的博士论文《现代汉语致使句式研究》在认知解释和构式语法视角下，对汉语致使表达的概念内容、语义参项和结构特征等进行了细致探究。⑤

陈秀娟的博士论文《致使义的汉语兼语句和英语复合宾语句的对比研究》运用认知图式理论，从范畴分类、句法结构和认知基础等方面对比研究了汉语致使义兼语句和英语复合宾语句。⑥

李宗宏的博士论文《现代汉语使因突显类致使构式研究》从语义角度出发定义了致使结构中的一类特殊结构“使因突显类致使结构”，并结合转喻突显、概念整合、主观化等认知语言学方法，运用构式语法理论，对汉语的结果补语句、“得”字式、动结式、“把”字句中的使因突显类句式进行了全面、系统的考察和对比研究。⑦

骆蓉的博士论文《认知构式语法视阈下的致使移动句研究》基于认知构式语法，对英汉语致使移动构式进行了全方位考察和对比分析。⑧

张明明的博士论文《古汉语致使句研究》以“三个平面理论”为指导，考察了古汉语致使句的句法、语义和语用方面的特点。⑨

丁丁的博士论文《近代汉语使役句研究》，以近代汉语六种使役句式为研究

---

① 熊仲儒．现代汉语中的致使句式 [D]．北京：北京语言大学，2003.

② 周红．现代汉语致使范畴研究 [D]．上海：华东师范大学，2004.

③ 牛顺心．汉语中致使范畴的结构类型研究 [D]．上海：上海师范大学，2004.

④ 宛新政．现代汉语致使句研究 [D]．上海：复旦大学，2004.

⑤ 郭姝慧．现代汉语致使句式研究 [D]．北京：北京语言大学，2004.

⑥ 陈秀娟．致使义的汉语兼语句和英语复合宾语句的对比研究 [D]．长春：吉林大学，2010.

⑦ 李宗宏．现代汉语使因突显类致使构式研究 [D]．上海：华东师范大学，2013.

⑧ 骆蓉．认知构式语法视阈下的致使移动句研究 [D]．杭州：浙江大学，2015.

⑨ 张明明．古汉语致使句研究 [D]．济南：山东师范大学，2016.

对象，描写了这些句式从唐五代到明清时期的整体发展过程，讨论了它们的演变机制和动因，并对使役句与处置式、述补结构等相关结构做对比研究。①

姜灿中的博士论文《现代汉语动结式的句法-语义界面：基于层级和互动的构式语法视角》以动结式为研究对象，讨论了该构式的形式和语义特征、各层级的互动等。②

以上博士论文从各角度对汉语致使现象进行了研究，不乏优秀作品。但总的说来，大多是以现代汉语为研究对象，或者以整个古代汉语为背景进行历时研究，没有进行断代考察，没有人以明清时期为时代背景进行研究；并且大多是以汉语整个致使结构系统为研究对象，在描写汉语致使结构类型时只是将“V得”致使结构作为其中一个研究对象用一个章节的篇幅进行浅层次的考察，没有对其进行专门深入的研究。以上两点也是本书力图突破的地方。

总之，目前关于致使研究有的方面已经相当成熟、成系统，但有的方面还有欠缺。从全局来看，国外的致使研究侧重于语义研究，国内的致使研究在 20 世纪 80 年代以前侧重于句法研究，在语义方面很少开展深入、系统的分析，20 世纪 90 年代以后特别是 21 世纪以来，随着国外一些语言理论的引入，国内也越来越重视语义研究和语义、句法等多维度的综合研究。本书吸取前人研究精华，力图拓展前贤研究现状，将结合句法和语义两方面对明清汉语“V 得”致使构式进行全方面考察和研究。

1.2.2 “V 得”致使结构研究现状

“V 得”致使结构一直是汉语致使研究的热点问题之一，很多学者从多角度对“V 得”致使结构进行过研究，主要表现在以下几个方面。

1.2.2.1 “V 得”致使句的判定、分类及句法语义特征

一般来说，“V 得”句中，“得”前的成分一般是动词或形容词，“得”后的成分则相对复杂。范晓认为“可以出现在‘得’后补语位置的有形容词、动词、主谓短语、副词、名词等，从语义角度分为情境、状态和程度三类，均表示某种境相”③。张璐“从句法结构和语义类型方面将‘得’字补语句分为程度补语句、结果补语句和情态补语句三类”④。

---

① 丁丁．近代汉语使役句研究［D］．北京：北京大学，2019．

② 姜灿中．现代汉语动结式的句法-语义界面：基于层级和互动的构式语法视角［D］．重庆：西南大学，2019．

③ 范晓．V 得句的“得”后成分［J］．汉语学习，1992（6）．

④ 张璐．现代汉语“得”字补语句研究［D］．北京：北京大学，2003．

汉语里的“V得”句，根据“得”后成分的不同结构特征，表达不同的语义，并不是所有“V得”句都是表达致使意义。学者们关于什么样的“V得”句是致使句[①]，有一些不同的见解。根据刘念的统计，“大部分学者都认为只有‘得’后成分是主谓结构的‘V得’句才表达致使义”[②]。缪锦安认为，“‘得’字句中主谓结构作补语的一类是带有致使义的”[③]。范晓认为，“只有内部表示致使关系的‘A+V得+B+C’构成的‘V得’句才是致使句”[④]。张璐认为，“得”字结果补语句分简单式和复杂式两种，简单式如“他吃得流汗”没有致使义，复杂式如“这面吃得他流汗”有致使义，这是因为“简单式一般表示结果是自然形成，并不强调致使义”。[⑤] 郭姝慧认为，“气得他发抖”是致使事件，“他气得发抖”不是致使事件，而是一种自立事件。[⑥] 牛顺心认为，“汉语中‘得’后的补语种类很复杂，只有‘得’后补语为句子形式的补语才具有致使意义，称为隔开式，格式为MS+MV+得+SE+EVP”[⑦]。宛新政也认为，“‘得’字句如果要表示致使意义的话，就要符合一定的句法条件和语义条件，‘V得’后接主谓短语就是其句法条件，‘N1+V得’在语义上支配或影响‘N2+V2’是其语义条件”[⑧]。以上学者都是持“‘得’后是主谓结构的‘得’字句才是致使句”的观点。[⑨] 但也有学者持不同观点，如郑湖静、陈昌来认为，几乎所有的“得”字补语句都可以表致使义，也就是说，对于“V得”后的成分是什么形式并没有严格限制，例如“小明委屈得哭了”“小明吓得满头大汗”都表致使义。[⑩] 又如魏银霞、杨连瑞认为，在NP1+V得+NP2+VP的格式里，“李信气得哭了三天”也属于致使范畴的表达，它是NP1和NP2同指，且属于后者省隐、位置显示空缺的“过渡致使”。[⑪] 本研究认同前一观点，即“‘得’后是主谓结构的

---

① 本书认为，“V得”致使句不等于“得”字致使句，但学界很多学者在论述时都将二者名称混用，常用“‘得’字致使句”代替“‘V得’致使句”，本书在引用时保持学者们的原文写法。

② 刘念．汉语“V得”致使结构研究综述［J］．文化学刊，2021（7）．

③ 缪锦安．汉语的语义结构和补语形式［M］．上海：上海外语教育出版社，1990．

④ 范晓．论致使结构［M］//中国语文杂志社．语法研究与探索（十）．北京：商务印书馆，2000．

⑤ 张璐．现代汉语“得”字补语句研究［D］．北京：北京大学，2003．

⑥ 郭姝慧．现代汉语致使句式研究［D］．北京：北京语言大学，2004．

⑦ 牛顺心．汉语中致使范畴的结构类型研究［D］．上海：上海师范大学，2004．

⑧ 宛新政．现代汉语致使句研究［D］．上海：复旦大学，2004．

⑨ 刘念．汉语“V得”致使结构研究综述［J］．文化学刊，2021（7）．

⑩ 郑湖静，陈昌来．现代汉语“得”字句的再分类［J］．语文研究，2012（1）．

⑪ 魏银霞，杨连瑞．系统功能语法视角下的英汉迂回致使研究［J］．现代外语，2021（4）．

‘得’字句才是致使句”。本研究将结合句法层面和语义层面，在前人研究的基础上，提出更为详细的“V 得”致使句的判定方法。

对于如何对“V 得”致使句进行分类，有多种不同的方法。“有的根据‘得’后补语的语义指向进行来分类，如熊仲儒认为‘得’字致使句可分为‘得’后补语指向 N2 和‘得’后补语指向 V 两类。有的根据‘得’前 V 的语义指向来划分，如宛新政认为，V 的语义指向有两种类型，既可以向前指向 N1，如‘老拳说得我心都寒了’；又可以向后指向 N2，如‘羡慕得瓜瓜伸长了脖子，瞪圆了眼’。”① 本书在学者们之前研究的基础上，经过重新考察，发现还可以从“V 得”前致使者的角度进行分类，更适合开展针对“V 得”致使构式的研究，具体分类方法和准则将在第 2 章详述。

构式语法兴起后，很多学者从构式语法的角度对“V 得”致使句进行研究。李宗宏指出使因凸显类“得”字致使句是表致使义“得”字致使句中很特殊的一类，考察了现代汉语中使因凸显类“得”字致使句的句法特点及语义特点。② 宛新政、韩丹、郭振红、张翼等分别从构式语法理论角度，对“得”字小句补语句中比较特殊的一个小类，即“主事居后‘得’字句”构式进行了构式研究。

关于“V 得”致使句中“得”字是否具有致使义，朱其智曾专门撰文《V/A 得 OC 结构中“得”具有致使义》，以期论证“得”在“V/A 得 OC”中带致使义。朱文首先引用汪惠迪、李临定、吕叔湘、朱德熙、张豫峰的研究成果，论述“得”后的 O 是宾语，又论述在“V/A 得 OC”结构中，O 不是“V/A”的宾语，也不是“V/A……C”的宾语，而是“V/A 得”的宾语；随后用“使”字句（“使/叫/让 OC”句式）和“V/A 得 OC”句式进行比较，来证明“V/A 得 OC”结构中的“得”具有致使义。③ 关于朱文，第 2 章会详细论述并提出本书的不同看法。熊仲儒认为这种“得”本身并没有致使义，它所在结构的致使义由致使范畴负载。④ 张璐曾撰文称，如今，“现代汉语普通话的‘得’已不见致使义，但在一些方言中仍然保留这种意义”⑤。

1.2.2.2　“得”字的来源及“V 得”致使句的形成

祝敏彻、岳俊发等从历时角度考察了“得”的发展、演变过程，奠定了学界对“得”字历时研究的基础。赵长才讨论了助词“得”的来源与“得”字补

① 刘念．汉语“V 得”致使结构研究综述［J］．文化学刊，2021（7）．

② 李宗宏．现代汉语使因突显类致使构式研究［D］．上海：华东师范大学，2013．

③ 朱其智．V/A 得 OC 结构中“得”具有致使义［J］．汉语学习，2009（3）．

④ 熊仲儒．现代汉语中的致使句式［M］．合肥：安徽大学出版社，2004．

⑤ 张璐．致使义“得”与致使性“得”字补语句［J］．宁夏大学学报，2015（3）．

语式的形成，他认为，“‘得’曾是弱式使令标记，以‘使’‘令’的致使义进入两个谓词成分之间，形成‘V得VP’述谓结构，然后‘得’进一步虚化为结构助词，形成‘V得C’述补结构”。[①] 刘子瑜反驳了赵文中认为的“V得C”述补结构“得”来自“得”的致使义，她认同“在六朝时‘得’确实具有致使义，但与后来形成的‘V得C’述补结构中的‘得’的来源无关”。[②] 沈阳、何元建、顾阳采用移位理论论证了“V得”的形成和生成过程。[③] 牛顺心讨论了致使标记“得”与带“得”的隔开式的产生，她认为“‘得’在魏晋曾是致使标记，后随着语言发展，磨损了‘得’的致使义”。[④] 曹秀玲研究了“得”字所经历的语法化过程，指出“‘得’本来是动词，后接在动词之后，原本的实义逐渐弱化，渐渐虚化，发展为构词成分，后继续虚化，发展为结构助词，成为动词和补语之间的连接成分”[⑤]。张璐认为，“隔开型使成式及‘V＋使令动词＋C’的出现，促发了致使性‘得’字补语句的产生”[⑥]。

以上关于致使义“得”字句产生和来源的研究，对于本研究在第7章考察“V得”致使构式作为致使网络中一个节点的出现这一历时问题具有积极的启发意义。

1.2.2.3　“V得”致使句与其他致使句的比较

关于“V得”致使句与其他致使句的比较研究，学者们从多角度进行了考察，并取得较为丰富的研究成果。关于“V得”致使句与使成式的区别，缪锦安从功能上对二者做了对比研究，认为后者“所表现的动作是已遂的”[⑦]。关于“V得”句与使令句的区别，范晓从语用角度对二者进行了对比研究，他认为“‘V得’句重在描写致使的情状，与之不同的是，使令句则侧重表示致使的目的或结果”[⑧]。郭继懋、王红旗对V得式与动结式进行了对比研究，认为V得式

---

① 赵长才．结构助词“得”的来源与“V得C”述补结构的形成［J］．中国语文，2002（2）．

② 刘子瑜．也谈结构助词“得”的来源与“V得C”述补结构的形成［J］．中国语文，2003（4）．

③ 沈阳，何元建，顾阳．生成语法理论与汉语语法研究［M］．哈尔滨：黑龙江教育出版社，2001．

④ 牛顺心．汉语中致使范畴的结构类型研究［D］．上海：上海师范大学，2004．

⑤ 曹秀玲．得字的语法化和得字补语［J］．延边大学学报，2005（9）．

⑥ 张璐．致使义“得”与致使性“得”字补语句［J］．宁夏大学学报，2015（3）．

⑦ 缪锦安．汉语的语义结构和补语形式［M］．上海：上海外语教育出版社，1990．

⑧ 范晓．论致使结构［M］//中国语文杂志社．语法研究与探索（十）．北京：商务印书馆，2000．

"适合于表示偶发性结果，对于使动性高低没有要求"[①]。宛新政得出以下结论，"'V 得'致使句与'使'字句相比，在语义上，'使'字句的致使关系表达比较概括，'V 得'致使句比较具体；在语用上，'V 得'致使句一般侧重于凸现受到致使作用后使事所呈现的情状，'使'字句通常则侧重于心理感情和生理感觉；'V 得'致使句与使令句相比，在语义上，使令句中 V1 一般具有'使令义'，而'V 得'致使句的 V1 一般不具有'使令义'；在语用上，二者的差别是使令句重在叙述或说明目的或结果；'得'字致使句重在描写情状"[②]。李宗宏研究了使因突显致使句中的结果补语构式、"得"字构式、动结构式、"把"字构式在句法、语义、功能、致使度方面的异同，还通过构式的承继链接理论，分析了这四个构式之间存在着的相似承继性理据。[③]

朱德熙曾对比过"吃得他越来越胖"与"他吃得越来越胖"两个句式，他认为，"把第一个句式的体词性成分'他'挪到动词'吃'前面去，可以得到第二个句式，同时原句式的致使意义变得不那么显豁了，并且，在'走得我累死了'这句致使句中，致使者并没有句法位置"[④]。张伯江认为，"致使句'走得我累死了'本身就是某个句子的谓语，默认句首主语位置就是由致使者占据的"[⑤]。而按照朱德熙的论述，"我累死了"并不是主谓结构。张伯江通过主谓谓语句的易位规律指出，"'我'是句子的话题，而'V 得'是次话题"[⑥]。这样一来，他否定了"V 得"是插入语。在这里我们需要指出的是，对于"V 得"致使句，并不是只能采用移位一种方法来研究，还可以通过多种方法，比如运用构式语法等对其进行研究。对于张伯江"汉语构句的基础是'话题—说明'关系，而不是事件结构"[⑦] 的结论，本书认为，事件结构作为一种构句基础在实际讨论汉语语法时仍然有可借鉴的意义。

---

① 郭继懋，王红旗．粘合补语和组合补语表达差异的认知分析 [J]. 世界汉语教学，2001 (2).

② 宛新政．现代汉语致使句研究 [D]. 上海：复旦大学，2004.

③ 李宗宏．现代汉语使因突显类致使构式研究 [D]. 上海：华东师范大学，2013.

④ 朱德熙．语法讲义 [M]. 北京：商务印书馆，1982.

⑤ 张伯江．复杂句式的扁平化——纪念朱德熙先生百年诞辰 [J]. 中国语文，2021 (1).

⑥ 张伯江．复杂句式的扁平化——纪念朱德熙先生百年诞辰 [J]. 中国语文，2021 (1).

⑦ 张伯江．复杂句式的扁平化——纪念朱德熙先生百年诞辰 [J]. 中国语文，2021 (1).

1.2.2.4 小结

学界对于“V得”致使句的研究已经取得了比较多的成果。但目前的研究成果仍然比较分散，没有形成对“V得”致使句的全面成体系的研究，关于“V得”致使句的很多方面也没有形成统一的定论。此外，目前学界大多以现代汉语为研究对象，或者以整个古代汉语为背景进行历时研究，没有人对明清时期进行断代考察，也没有人用构式语法理论对“V得”致使结构进行过专门研究。

本研究将“V得”致使结构放在构式语法视角下，以明清时期为时代背景，力图从以下方面进行创新：一是从句法和语义联合的角度重新提出“V得”致使构式的判定标准，并提出“V得”致使构式新的分类方法；二是从构式语法角度考察该时期“V得”致使构式的使用面貌和构式特征，并尝试以明清汉语“V得”致使构式为切入点建立汉语致使构式网络；三是探究“V得”致使构式在整个致使网络中处于什么样的位置，以及与其他致使构式存在什么样的联系；四是从历时角度厘清“V得”致使构式的发展脉络，对比明清汉语“V得”致使构式与现代汉语“V得”致使构式的区别。

1.3 理论背景

在语言学界，现有的构式语法流派除了Goldberg的构式语法（Goldbergian CxG）外，还有Fillmore的伯克利构式语法、Michaelis基于符号（Sign-based CxG）的构式语法、Steels的流变构式语法、Bergen的体验构式语法、Langacker的认知语法和Croft的激进构式语法[①]。Goldberg在2019年曾指出，在过去十年，构式语法的研究方法是语言学理论中“增长最快的跨学科认知功能方法”（fastest growing and interdisciplinary cognitive-functional approach）[②]。构式语法的发展为语言研究打开了新的思路，提供了新的视角。

---

① TRAUGOTT E C，TROUSDALE G. Constructionalization and Constructional Changes [M]. Oxford：Oxford University Press，2013.

② GOLDBERG A E. Explain Me This：Creativity，Competition，and the Partial Productivity of Constructions [M]. Princeton：Princeton University Press，2019.

2004 年，由普林斯顿大学 Mirjam Fried 和赫尔辛基大学 Jan-Ola Östman 编著的 *Construction Grammar in a Cross-language Perspective*（《构式语法的跨语言研究》）一书出版，该书从理论篇和个案研究篇两个方面对构式语法进行了全面归纳和分析。在理论篇，两位作者介绍了构式语法的发展及其理论背景和构式语法的基本思想和观点，认为构式语法的主要架构由三方面假设构成。这三方面也是本书采用的重要理论依据，在此引用如下：

> The conceptual and architectural basis of Construction Grammar is framed by the following hypotheses：（ⅰ）speakers rely on relatively complex meaning-form patterns-constructions-for building linguistic expressions；（ⅱ）linguistic expressions reflect the effects of interaction between constructions and the linguistic material，such as words，which occur in them；and（ⅲ）constructions are organized into networks of overlapping patterns related through shared properties.①

以上论述的主要大意为，构式语法的主要架构由三方面假设构成：① 语言表达以复杂的形义配对体（即构式）为基础形成；② 语言表达反映了构式和语言材料（即构件）之间的互动；③ 构式之间通过共享某些特征以及相互交叉模式而形成一个网络结构。

以上就是本书的最重要的理论基础，也是本书框架设立的理论指导。本书的主要内容就是围绕以上三个方面展开的。比如，第 2 章至第 4 章围绕第一方面内容展开，构式就是形式与意义的配对，对“V 得”致使构式进行界定和分类，对该构式各构件特征、各子构式的形义配对等方面进行全面考察；第 5 章围绕第二方面内容展开，考察“V 得”致使构式内部的互动，也就是构件与构件、构式与构件之间的互动；第 6 章至第 7 章围绕第三方面内容展开，从共时和历时层面对“V 得”致使构式及其所处的致使构式网络进行研究，从共时层面考察“V 得”致使构式在构式网络中的位置及影响，从历时层面探讨该构式作为节点在构式网络中的出现及演变等。

总之，本书以构式语法的上述三方面内容作为理论框架，全书的研究都围绕这个理论框架展开，各章节分别从不同角度对明清汉语“V 得”致使构式进行了有关上述三方面的构式研究。

---

① FRIED M，ÖSTMAN J O. Construction Grammar：A Thumbnail Sketch［M］// FRIED M，ÖSTMAN J O. Construction Grammar in a Cross-language Perspective. Amsterdam：John Benjamins，2004.

1.4 研究方法

本书以构式语法理论的原则和方法为指导，对明清汉语“V得”致使构式进行系统深入的研究，采用的方法主要有：

（1）语料库方法。本研究选取明清时期具有代表性的八部作品及其他时期的几部作品为主要研究语料，提取丰富的“V得”致使构式例句，为充分的描写和解释提供真实科学的语料依据。

（2）语言研究的构式方法。构式方法是研究语言中特殊现象的非常实用的方法，本书将构式语法的思想贯穿在研究之中。在对研究对象进行界定时，采用构式“形式与意义的配对”的界定标准；在对“V得”致使构式进行描写时，按照构式层级观将“V得”致使构式分为几类子构式，并从形式与意义的配对特征对各子构式进行全方位研究；在对构式内部互动进行考察时，主要考察构件与构式的互动、构式的链接与承继；在对构式外部互动进行考察时，运用构式网络的思想，建立汉语致使构式网络；在进行历时研究时，从节点在构式网络的出现这一角度进行切入，对该构式各子构式节点的产生进行逐一讨论。总之，本书的各章节都体现了语言研究的构式方法。

（3）语言类型学对比分析。本书在分析“V得”致使构式的句法语义特征时，会采用类型学下的一些参项作为研究角度，而这些参项是在类型学的概念上指定的。本研究在对明清汉语“V得”致使构式进行系统描写的基础上还将对明清时期南北地域“V得”致使构式的句法结构、语义特征进行分析比较，将对明清时期与其他时期的“V得”致使构式进行比较分析，体现了类型学中时代特征对比、地域特征对比的思想。另外，本书还从类型学角度考察了汉语“V得”致使构式与英语into-致使构式的异同。

（4）描写与解释相结合。本研究在描写明清汉语“V得”致使构式时，会在研究其全貌的同时总结其特征，并同时解释其呈现这些特征的原因；在研究“V得”致使构式的历时发展脉络时，会解释其如此发展的历史原因，等等。

（5）共时与历时相结合。本书的研究主要是集中在明清时期共时层面的，对“V得”致使构式在明清时期的使用情况及特征进行考察描写，同时从构式网络角度进行的研究也是共时层面的。最后一章则对“V得”致使构式的来源和演变发展进行考察，并对比明清时期与其他时期“V得”致使构式的差异，这些方面是历时层面的研究。

1.5 本书结构

本书共设 8 章，第 1 章是绪论，第 8 章是结论，第 2 章至第 7 章为研究的主体部分。第 2 章是对研究对象的界定及分类，第 3、4 章是对研究对象的考察描写，第 5、6 章是构式层级互动及构式网络研究，第 7 章是构式的历时演变。其中第 2 章至第 6 章都是聚焦共时层面，第 7 章聚焦历时层面。各章的主要内容如下：

第 1 章绪论，介绍研究对象及意义、当前的研究综述及存在的问题，以及本书的理论背景、研究方法、章节安排、语料选用等。

第 2 章对“V 得”致使构式进行界定和分类。首先判定“V 得”致使结构是构式，对其形式和意义进行配对，对该构式各个构件的特点进行描写。再对明清时期某些与“V 得”致使构式形似但不表致使的结构进行排除。最后，创新分类方法，从致使者的角度将该构式分为涉名致事类子构式与涉事致事类子构式两大类，为下一步的研究奠定框架基础。

第 3 章和第 4 章，分别以涉名致事类“V 得”致使构式与涉事致事类“V 得”致使构式为纲，对明清时期各部作品中“V 得”致使构式的使用面貌和特征进行了细致描写，分析了“V 得”致使构式各类子构式的语义特征，以及每类子构式表层句法与深层语义的联系。从时间上对明代与清代“V 得”致使构式的不同进行对比，从空间上对明清时期南北官话中“V 得”致使构式的差异进行对比。根据各构件的特点及组合方式将构式分为 A 式、B 式、C 式三大类（A 式为涉名致事类子构式，B 式、C 式为涉事致事类子构式），又基于各构件之间的语义关系模式将构式分为 A1、A2、A3、A4、A5、B1、B2、C 八类子构式，并对各子构式的形式特征、语义特征、形式与语义的配对关系及时代特征和地域特征进行对比研究，归纳出各类子构式在构例数量、构件形式、语义表达、所含事件数量等方面的区别。

第 5 章和第 6 章，基于构式语法的层级互动及构式网络理论对明清“V 得”致使构式进行研究。第 5 章主要处理构式内部的互动，即构式语法的语言层级观下构式内部的互动关系，包括构件与构式之间的互动、构件与构件之间的互动等。第 6 章主要研究“V 得”致使构式外部的互动关系及构式网络的构建，在构式网络理论视角下，结合语义地图与致使连续统理论，粗浅绘制出了汉语致使构式网络，分析了“V 得”致使构式在汉语致使构式网络中的地位和作用；并从致使类型学角度考察了汉语“V 得”致使构式与英语 into-致使构式的异同，为完善世界语言的致使构式网络提供了类型学支撑。

第7章基于历时构式语法视角，从历时演变角度对“V得”致使构式的来源及各子构式节点的出现和演变进行考察。将考察范围往前溯源至唐五代时期，往后延伸至现代汉语时期，厘清从唐五代到现代汉语“V得”致使构式的发展脉络，考察每一类子构式作为网络节点的出现机制及过程。同时将明清“V得”致使构式与明清之前的唐宋元时期、明清之后的现当代时期的该构式进行了对比研究。

第8章是结论，主要包括本书研究得出的结论、创新之处、存在的不足以及今后改进的方向。

1.6 语料选用

本书以“V得”致使构式为研究对象，主要的研究时期定位在明清时期。明清时期正值近代汉语后期，是近代汉语向现代汉语转变的重要时期，本书所选取的主要语料出自能反映明清时期语言使用特点的八部代表性作品，各部作品所采用的底本如下。

明代：

《金瓶梅词话》（后文部分表格中简称为《金》），兰陵笑笑生著，陶慕宁校注，人民文学出版社2000年版；

《型世言》（后文部分表格中简称为《型》），陆人龙著，覃君点校，中华书局1993年版；

《三遂平妖传》（后文部分表格中简称为《三》），罗贯中著，北京大学出版社1983年版；

《西游记》（后文部分表格中简称为《西》），吴承恩著，上海古籍出版社2004年版。

清代：

《儿女英雄传》（后文部分表格中简称为《儿》），文康著，人民文学出版社1983年版（2014年11月北京第2版）；

《跻春台》（后文部分表格中简称为《跻》），刘省三编著，蔡敦勇校点，江苏古籍出版社1993年版（繁体竖排）；

《儒林外史》（后文部分表格中简称为《儒》），吴敬梓著，人民文学出版社1958版（2013年第11次印刷）；

《红楼梦》（后文部分表格中简称为《红》），曹雪芹高鹗著，中华书局2001年版（程甲底本）。

以上文献都是明清时期广为流传的具有代表性的文学作品，能反映明清时期汉语总体特征、近代汉语向现代汉语发展的方向以及南北官话地域特色。

同时，为了厘清明清“V 得”致使构式的来源和发展，本书将研究范围继续扩大，向前溯源、往后延展，所用语料还囊括了明清之前的唐五代至元代的作品，以及明清之后的现代汉语代表作品，具体作品如下。

唐五代：

《敦煌变文集》，王重民等编，人民文学出版社 1957 年版；
《敦煌变文校注》，黄征、张涌泉校注，中华书局 1997 年版；
《祖堂集》，静筠二禅师编，中华书局 2007 年版。

宋代：

《朱子语类》，黎靖德编，王星贤点校，中华书局 1986 年版；
《二程语录》，朱熹编辑，中华书局 1985 年版；
《张协状元》，刘坚、蒋绍愚主编，载《近代汉语语法资料汇编宋代卷》，商务印书馆 1992 年版。

元代：

《元典章》，陈高华等点校，中华书局 2011 年版；
《新校元刊杂剧三十种》，徐沁君校点，中华书局 1980 年版。

现代：

《四世同堂》，老舍著，人民文学出版社 2012 年版；
《王朔自选集》，王朔著，云南人民出版社 2004 年版。

本书所引用例句均通过检索以上作品对应的底本而得，采用电子检索加手工核对相结合的方式。首先利用“得”“的”等关键词标记进行定向检索，共检索出相关例句 8 万余条；再经过人工判定，从中选出符合条件的属于“V 得”致使构式的例句共 4000 余条；最后，回归上述底本的纸质版书籍，在纸质原书中找到每一句例句对应的位置，并进行手工校对，确保所采用的例句准确无误。所引用例句后括号内，章节名称后的“p+数字”表示该例句在以上底本纸质书籍中所处的页码。

由于少部分例句在不同章节会多次引用，为避免序号重复，例句序号在全书范围内、各章之间连续编号。

第2章
明清汉语"V得"致使构式的界定及分类

"致使"（causative）属于语义范畴。"致使构式"这个概念，说到底，是从语义上进行界定的，即语义表示致使的构式。汉语有多种构式可以表达致使含义，学界对于汉语致使构式家族中到底包含哪些结构式至今仍没有探索完全，但就目前的研究现状来看，有些结构是致使构式家族中常见的、公认的成员，如使令类致使构式、"把"字致使构式、动结致使构式、"V得"致使构式等。本书的研究对象——"V得"致使构式，便是汉语致使构式群中公认的一员。

本章主要对汉语"V得"致使构式进行界定、描写及分类。其中第1节以明清时期八部代表性作品为语料基础对汉语"V得"致使构式进行界定，同时对一些非致使义的形似结构进行排除；第2节对"V得"致使构式的几个构件进行介绍、描写；第3节提出本书对"V得"致使构式创新性的分类方法和理据，为下文的继续研究奠定框架基础。

2.1 "V得"致使构式的界定

2.1.1 关于致使和构式的定义

2.1.1.1 关于致使

致使范畴是存在于人类认知之中的基本范畴。Shibatani认为，"致使情景与两个事件有关，即致使事件（the causing event）A和被致使事件（the caused event）B”[①]，并且“事件B紧接着事件A发生，且事件B完全依赖于事件A才能出现”[②]。

Talmy于1976年提出的力动态模型（model of force dynamics）将基本致使情景表征为图2.1。

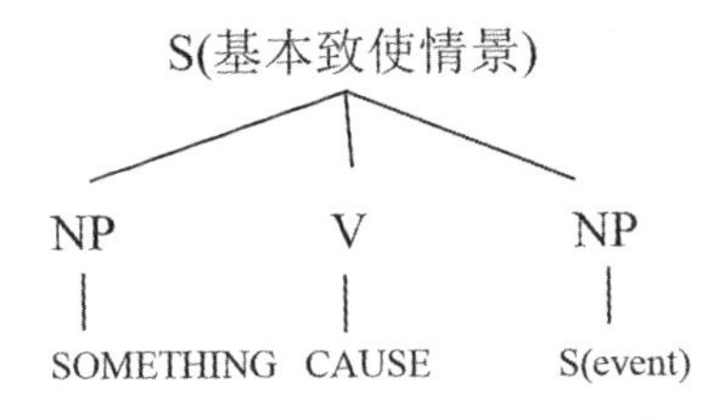

图2.1　Talmy基本致使情景[③]

Talmy认为致使结构由原因事件和结果事件共同组成，原因事件SOMETHING和结果事件S（event）之间存在一个CAUSE的语义联系，两个事件代表两种微观情景，这两个微观情景结合起来产生一个复杂的宏观情景，即致使情景[④]。

Comrie对致使范畴的定义也包含了两个事件，“一个宏观场景由A和B两个微观事件组成，A导致B的出现或A使B产生”[⑤]，这两个事件之间的关系就是致使关系。

沈家煊曾分析“动补结构”包含运动事件的层次结构：“宏事件＝主事件＋副事件”[⑥]，这一观点也强调致使情景由两个事件组成。宛新政指出，宏事件是由微事件组成，微事件是构成宏事件的基础，如着眼于高层次语义关系，即把“致使”看作一个宏事件，可以认为它是单动核结构；如着眼于较低层次的语义关系，即把关注点放在致使句内部，只考察微观事件，则可以认为它是一个双

---

① SHIBATANI M. The Grammar of Causative Constructions：A Conspectus［M］//SHIBATANI M. Syntax and Semantics（Vol. 6）：The Grammar of Causative Constructions. New York：Academic Press，1976.

② 牛顺心．汉语中致使范畴的结构类型研究［D］．上海：上海师范大学，2004.

③ TALMY L. 认知语义学（卷Ⅰ）［M］．李福印，译．北京：北京大学出版社．2017.

④ TALMY L. Semantic Causative Types［M］//SHIBATANI M. Syntax and Semantics（Vol. 6）：The Grammar of Causative Constructions. New York：Academic Press，1976：43-116.

⑤ COMRIE B. Language Universals and Linguistic Typology［M］. 2nd ed. Chicago：University of Chicago Press，1981.

⑥ 沈家煊．现代汉语“动补结构”的类型学考察［J］．世界汉语教学，2003（3）.

动核结构，而这两个动核结构分别对应着两个事件①。

本书同意以上学者的观点，即致使情景必须至少包含两个事件，有至少两个事件才能共同组成一个致使情景。石锓、刘念指出，“对于一个致使情景来说，致使事件一般指致使者做某事或者发起某事件，即致使情景中表原因的部分；被致使事件一般指被致使者执行某种活动，或者致使者的活动导致被致使者经历某种条件或者状态的变化，即致使情景中表结果的部分”②。对于汉语表致使含义的几种构式来说，它们从根本上都包含这两个事件。例如：

悲伤使他哭泣（使令类致使构式）

他摔破了碗（动结致使构式）

李明揍得儿子号啕大哭（“V得”致使构式）

以上几类构式都表致使，每一例都包含两个事件，如使令类致使构式“悲伤使他哭泣”中两个事件分别为“他悲伤”“他哭泣”；动结致使构式“他摔破了碗”的两个事件分别为“他摔碗”“碗破了”；“V得”致使构式“李明揍得儿子号啕大哭”的两个事件分别为“李明揍儿子”“儿子号啕大哭”。两个事件之间的关系都是致使原因和致使结果的关系，在一起构成一个致使情景。

再来聚焦本书的研究对象——明清汉语“V得”致使构式，例如：

(7) 他打的③我急了，没奈何，把你供出来也。(《西游记》五十六回，p426)

在上例中，“他打的我急了”就是一个“V得”致使构式，它包含两个事件，“他打我”与“我急了”，“他打我”是致使原因，“我急了”是致使结果，两个事件之间形成一种致使关系，即“他打我，使得我急了”。我们将表示原因的事件称为致使原因事件，简称“使因事件”；将表示结果的事件称为致使结果事件，简称“使果事件”。用图示表示为：

(使因事件) 他打我→{致使}→(使果事件) 我急了

在这个致使情景中，“他”是致使者 (causer)，“我”是被致使者 (causee)，

① 宛新政．现代汉语致使句研究［M］．杭州：浙江大学出版社，2005.

② 石锓，刘念．类型学视角下的明代致使结构研究［J］．中文论坛，2019 (1).

③ 元代以后，“得”与“的”读音相同，书面上可以写作“的”(石锓，1992)。如《元曲·争报恩》：“把个十字街挤的没一线儿开”；《金瓶梅词话》六十六回：“西门庆笑的两眼没缝儿”；《儿女英雄传》二十八回：“褚大姐姐也喝的脸红红的”等。这是文字上的一种同音假借现象，它并不说明助词“得”本身有什么变化（祝敏彻，1960）。所以本书在穷尽统计时将明清时期各部作品中“得”写作“的”的“V得”致使构式也统计了进来，在引用和分析时保持原文“的”的写法。

致使者“他”通过“打”致使“我”发生了“急”的结果。通过对这个例句的分析，我们认为可将致使概念归纳为：致使者对被致使者施加某种作用力，影响到被致使者并且使被致使者发生某种变化的过程。

以上是语言学中的致使概念，然而语言中的致使关系与哲学逻辑上的简单因果关系并不完全一样。它们的相同点都在于包含两个事件，一个表示原因，一个表示结果。但它们之间最大的区别在于，致使关系中除了强调因果关系外，还需要强调原因事件对结果事件施加的作用力（即致使力），无论这种力是自然界的力，还是人为产生的力，这种作用力都会引起受力对象某种状态的改变，从而产生某种影响。在致使关系中，这个力的因素叫作“致使力”（causative force），是致使关系中必不可少的一个因素。而简单因果关系中的原因和结果之间却并不一定存在这种作用力，如研究致使概念时学者们常会引用的一个例子：

(8) 因为庄上人家大多数姓赵，所以这个村子叫赵庄。（郭锐、叶向阳，2001）

在明清汉语语料库中，也有类似的例句，如：

(9) 我这妹妹比我小十来多岁，我爹妈没了，是我们两口子把他养大了聘的，所以他们待我最好。（《儿女英雄传》三回，p52-53）

(10) 这贾蓝贾菌亦系荣府近派的重孙，这贾菌少孤，其母疼爱非常，书房中与贾蓝最好，所以二人同坐。（《红楼梦》九回，p74）

这些句子的前后两个分句均具有逻辑上的因果关系，但这些句子并不表示致使关系。郭锐、叶向阳指出，“这不是一个事件对另一个事件的作用力，而只是指某种理据、缘由”①。这些例句所表达的因果情景中均缺乏“致使力”这个重要因素，因此它们均没有致使义，只是表达简单因果关系。

由此可知，同样的两个事件，如果我们用不同的结构来表达，意义就会不一样。如，事件A“这婆子撮合西门庆和这妇人”和事件B“西门庆和这妇人刮剌上了”，当我们采用不同的形式来表述时，分别是：

(11) 这婆子撮合得西门庆和这妇人刮剌上了。（《金瓶梅词话》六回，p63）

(12) 因为这婆子撮合西门庆和这妇人，所以西门庆和这妇人刮剌上了。

同样的两个事件组成的因果关系，例（11）采用“V得”致使构式的形式

---

① 郭锐，叶向阳．致使表达的类型学和汉语的致使表达［C］．新加坡国立大学：第一届肯特岗国际汉语语言学圆桌会议论文集，2001.

来表达，包含“致使力”这个因素，表示的是致使关系；例（12）采用因果复句来表达，缺少“致使力”这个因素，只能表示简单因果关系。

综上所述，本书采纳致使“双事件说”，即致使关系包含两个事件，致使原因事件和致使结果事件，两个事件由致使力相连，构成一个完整的致使情景。一个致使情景中包含致使者、致使力、被致使者、致使结果等四个基本要素。

2.1.1.2 关于构式

要论证“V得”致使结构是构式，就要先从构式的定义说起。本书采用Goldberg构式理论，该理论是不断修订和完善的。Goldberg在2019年曾指出，在过去十年，构式语法的研究方法是语言学理论中“增长最快的跨学科认知功能方法”（fastest growing and interdisciplinary cognitive-functional approach）[①]。

在过去二十多年，单单关于构式的定义，Goldberg就进行了数次更新修正。Goldberg于1995年第一次对构式下的定义是：

> “C是一个构式，当且仅当C是一个形式和意义的匹配体〈Fi，Si〉，且C的形式（Fi）或意义（Si）的某些方面不能从C的构成成分或其他先前已有的构式中得到完全预测”。[②]

这是目前汉语学界进行构式研究时采用较多、使用范围较广、认可度较高的定义版本。然而不少语言学家并不认同这一定义，提出过反对意见。如从心理学角度提出意见的Langacker，他认为，“将规则的、固定的表达式排除在构式之外是不科学的，频率、固化度和规约度也应该被考虑进来，这些因素都是与使用相关的”。[③] 后来，2006年，Goldberg对她的构式定义作了一定的修正，表述如下：

> “任何语言结构，只要在形式或功能的某个方面不能从其组成部分或其他已知构式中严格预测出来，就可视为构式。即使是能够被完全预测出来的语言结构，只要有足够的出现频率，也可被视为构式”[④]。

---

① GOLDBERG A E. Explain Me This: Creativity, Competition, and the Partial Productivity of Constructions [M]. Princeton: Princeton University Press, 2019.

② GOLDBERG A E. A Construction Grammar Approach to Argument Structure [M]. Chicago: University of Chicago Press, 1995.

③ LANGACKER R W. Construction Grammars: Cognitive, Radical, and less so [M] // MENDOZA I F J R, PEÑA C M S. Cognitive Linguistics: Internal Dynamics and Interdisciplinary Interaction. Berlin: Mouton de Gruyter, 2005.

④ GOLDBERG A E. Constructions at Work: The Nature of Generalization in Language [M]. Oxford: Oxford University Press, 2006.

可以看到，在这一版定义中，Goldberg不再将“不可预测性”当作确认构式的必要条件，只要有足够的出现频率，可完全预测的语言结构也可被视为构式。

数年以后，Goldberg又对构式的定义进行了数次修订，其中2013年版本的表述如下：

> 构式是具有不同复杂性和抽象程度并具有规约化、习得性的形式与功能配对体。[①]

在这一版中，Goldberg将构式的定义在范围上进行了延展，意味着与形式进行匹配的不再只是意义，还有功能。这种匹配关系从形式与意义相匹配延伸到形式与功能相匹配，而功能所涵盖的不仅局限于语义分析，还包括语义、语用和认知分析，于是大大扩展了构式定义的范围。

2019年，Goldberg又提出了构式定义的新版本，她从心理学层面对构式进行描述如下：

> 构式是基于共享形式、功能和语境三个维度在高（超）维度概念空间集结的、涌现的有损记忆痕迹簇（emergent clusters of lossy memory traces）。[②]

这是目前Goldberg关于构式定义的最新版本。由于这一版本的定义是从心理层面进行描述，目前在判定时无法明确量化指标，且该定义是2019年刚刚更新修订的，还未完全经受学界的验证检验，本书拟采用Goldberg前几次（1995、2006、2013）对构式的定义来对“V得”致使构式进行界定。

第一，构式的一大特点是“形式与意义（或功能）的配对”，其中形式指的是音义结合的表达形式，包括音系特征、结构类型、形态特征、句法特征等；意义（或功能）指的是构式义，包括语义特征、语用特征、篇章功能特征等。形式与语义（或功能）的配对关系是构式观的基本内容，也是构式语法的基础和研究焦点，此二者是对某一构式进行界定时必不可少的条件。第二，虽然在后两次修订中，“不可预测性”不再作为确认构式的必要条件，但汉语研究跟英语不一样，汉语的一词多义现象比英语多得多，在必要的时候，“不可预测性”目前依然可以作为对构式进行判定的一个条件加以研究。第三，构式作为有特定含义的固定搭配，“高频使用”是其本质之一。

---

① GOLDBERG A E. Constructionist Approaches [M] //HOFFMANN T, TROUSDALE G. The Oxford Handbook Construction Grammar. Oxford: Oxford University Press, 2013.

② GOLDBERG A E. Explain Me This: Creativity, Competition, and the Partial Productivity of Constructions [M]. Princeton: Princeton University Press, 2019.

综上，本节将从“构式的形式与意义（或功能）的配对”“不可预测性”及“高频率使用”这几个方面对“V得”致使构式进行界定。

2.1.2 “V得”致使构式形式与意义的配对

2.1.2.1 “V得”致使构式的形式及其判定标准

从结构上看，汉语中“V得”补语结构由三部分组成：“V得”前成分、“V得”、“V得”后成分。“V得”前成分与“V得”的形式相对简单，而“V得”后成分的形式丰富复杂、结构种类多样，有动词、形容词、副词性词语、名词性词语、主谓结构等，如“走得动”“跑得快”“优雅得很”“气得一身汗”“制得他服服帖帖”等。汉语里的这些“V得”补语结构，根据“得”后成分的不同形式可以表达不同的语义。而关于什么样的“V得”结构才能表示致使含义，即“V得”致使构式在形式上的判定标准是什么，学界有一些不同的见解。

目前学界主要有两种看法，一种倾向于认为大部分“V得”补语句都是致使句，如郑湖静、陈昌来认为应该将“得”字句分为两类，一类是非致使义句，即描写类的，一类是致使义句，即陈述类的。在他们看来，表致使义“得”字句的补语成分是比较开放的，几乎所有的实词类和短语类都能进入“得”的后段，例如“小红吓得尿了”“小明气得满脸惨白”“你打得他抱头跑”都属于致使义“得”字句[①]。又如魏银霞、杨连瑞认为，在NP1＋V得（＋NP2）＋VP的格式里，“李信气得哭了三天”也属于致使，它的NP1和NP2同指，属于NP2省隐且位置显示空缺的“过渡致使”[②]。

另一种看法则认为，只有“V得＋NP＋VP”类“得”后是主谓结构格式的“V得”补语结构才表示致使，目前多数学者支持这种观点。如缪锦安认为，主谓结构作补语的“得”字句，表示“动作进行到某种程度以致另一动作者依从地作出另一动作，或者某被描述者依从地处于某种状态，这种句式是带有致使义的”。[③] 范晓指出，“V得式”属于致使句范畴，但“并不是任何‘V得’句都是致使句，只有内部表示致使关系的‘A＋V得＋B＋C’构成的‘V得’句才是致使句”。[④] 张璐认为，“得”字补语句中，简单补语式如“他吃得流汗”没

① 郑湖静，陈昌来．现代汉语“得”字句的再分类［J］．语文研究，2012（1）．

② 魏银霞，杨连瑞．系统功能语法视角下的英汉迂回致使研究［J］．现代外语，2021（4）．

③ 缪锦安．汉语的语义结构和补语形式［M］．上海：上海外语教育出版社，1990．

④ 范晓．论致使结构［M］//中国语文杂志社．语法研究与探索（十）．北京：商务印书馆，2000．

有致使义，复杂补语式“这面吃得他流汗”有致使义，简单式一般表示结果的自然形成，只关注最后导致的结果，不强调致使义。[①] 郭姝慧认为“气得我直哆嗦”是致使事件，“我气得直哆嗦”不是致使事件，而是一种自立事件。[②] 牛顺心提出，汉语中“得”后的补语种类很复杂，只有“得”后补语为句子形式的补语才具有致使意义，称为隔开式，格式为 MS＋MV＋得＋SE＋EVP。[③] 宛新政也认为，“得”字句如果要表示致使意义的话，就要符合一定的句法条件和语义条件，“V 得”后接主谓短语就是其句法条件，“N1＋V 得”在语义上支配或影响“N2＋V2”就是其语义条件。[④] 以上学者都持“‘得’后是主谓结构的‘得’字句才是致使句”的观点。

本书认同后一种观点。在句法上，“V 得”致使构式的形式要求是“V 得”后的成分是主谓结构，即“V 得＋主谓结构”。而在“得”后结构复杂多样的“V 得”述补结构中，语义最容易弄混淆的就是“V 得＋简单谓语”（如“我气得暴跳如雷”）与“V 得＋主谓结构”（如“气得我暴跳如雷”）这二者。至于如何区别这两类“V 得”述补结构，我们首先需要弄清楚的一个问题是：这两类结构到底哪一类才是致使结构，还是说两者都是致使结构？为了解决这一问题，本书拟以明清汉语语料库中“得”前谓词是“气”的几个句子为例进行论证。经过穷尽性检索，我们将所检索的语料库中带“气得”的几个句子分为 A、B 两组：

A 组：

(13) 武大几遍只是气得发昏，又没人来采问。（《金瓶梅词话》一回，p54）

(14) 黛玉越发气得哭了，拿起荷包又剪。（《红楼梦》十七回，p133）

(15) 那人挣不脱手，气得乱跳道……（《西游记》十八回，p130）

B 组：

(16) 如今见老爷不但帮他银子，还要亲身送去，只气得他也顾不得甚么叫作规矩，便直言奉上说道……（《儿女英雄传》第三十九回，p819）

---

① 张璐．现代汉语“得”字补语句研究［D］．北京：北京大学，2003.

② 郭姝慧．现代汉语致使句式研究［D］．北京：北京语言大学，2004.

③ 牛顺心．汉语中致使范畴的结构类型研究［D］．上海：上海师范大学，2004.

④ 宛新政．现代汉语致使句研究［D］．上海：复旦大学，2004.

(17) 他二人将柜子抬回见我，打开看气得我捶胸蹬脚。(《跻春台·僧包头》，p553-554)

(18) 人人说你在青翠花家饮酒，气的我把频波脸儿挝的纷纷的碎。(《金瓶梅词话》第三十三回，p384)

由于这些句子结构比较复杂，为了便于分析，我们将A、B两组句子的主干抽取出来，把其他对于构式分析不需要的且删除后对分析结构没有影响的部分省略掉，两组分别简化为：

A组：

(13)' 武大气得发昏

(14)' 黛玉气得哭了

(15)' 那人气得乱跳

B组：

(16)' 气得他顾不得甚么叫作规矩

(17)' 气得我捶胸蹬脚

(18)' 气的我把频波脸儿挝的纷纷的碎

第一，从"被致使者存在与否"的角度来区分"致使因果关系"与"简单因果关系"。虽然同是"气得"述补结构，但从结构上看，A组和B组明显不一样。A组例句"得"后补语成分是"发昏""哭了""乱跳"，都是谓词结构，与"得"之间没有其他成分，分别表示各句的主语"武大""黛玉""那人"由于"气"这个动作而产生了"发昏""哭了""乱跳"等动作或状态的结果。但这些结果，是句子主语的结果，并没有另外一个新事件（致使结果事件）的出现。宛新政指出，相对于致使事件来说，这些句子所表达的都只是"自立事件"，都没有致使含义。而B组句子"得"后成分不是简单谓词，而是主谓结构，分别是"他顾不得甚么叫作规矩""我捶胸蹬脚""我把频波脸儿挝的纷纷的碎"。这些主谓结构代表的正是致使结果事件，其中主谓结构中的主语即致使结果事件中的主语，就是致使情景中的被致使者。在致使情景中，被致使者是一个关键的、必不可少的参与者，它把致使原因事件和致使结果事件这两个事件串联起来，起纽带的作用。一方面，它是致使力的承受者，另一方面，它又是致使结果事件的主体，这种"双重角色"得以把两个事件联系起来构成致使情景。因此，对于一个致使情景来说，被致使者是不可省略的。也就是说，只有被致使者存在，才能保证致使结果是一个新事件，以及这是一个致使结构。回到例句，同样表示因果关系，无被致使者的A组只是逻辑上的简单因果关系，而有被致使者的B组才是表达致使因果关系。

第二，从“致使力”角度来区分“致使结果”与“简单结果”。上文已述，郑湖静、陈昌来曾将“得”字句分为致使义和非致使义两类，对于致使义“得”字句来说，很多实词类和短语类都能进入补语槽位。[①] 按照郑、陈二人的观点，以上例句中的A组句子与B组句子一样，都属于致使句。对于此，本书持不同意见。本书看来，A组句子如“武大气得发昏”，“发昏”只是简单陈述“气”的结果，并没有强调致使力的过程，所以“发昏”只是一个简单的结果补语，这个句子属于简单结果句。在这个简单结果句中，“得”作为结构助词连接述语和补语，其后补语成分用以补充说明“气”的结果。需要注意的是，这种结果是自然形成的，是“气”这个动作的主语“武大”“黛玉”“那人”自身达成的某种结果情态，而缺乏致使关系中的必要要素“致使力”，所以不是一种致使结果，只是简单结果。真正的致使句中，致使力是必不可少的要素。所以说，A组属于简单结果句，B组才是致使句。

第三，从论元结构的时态阶层分析。Grimshaw 认为，在论元结构（argument structure）中存在一种时态阶层（aspectual hierarchy）。[②] 顾阳在介绍时态阶层时提到，某些心理动词的论元结构中存在一个使役层次，并且对于每个动词来说，它含有一个内在的事件结构，而对于一个句子来说，可以通过对该句子的时态进行分析来获得它的事件结构。Grimshaw 将事件分为复杂事件和简单事件两种，对于复杂事件来说，它由两个时态部分组成，分别是“活动”和“事态”，其中活动部分代表事件的起因，而事态部分则表示事件最终的结果；而对于一般事件来说，它只包含活动部分，不包含事态部分，也就是说不包含表示最终结果的部分，如图2.2所示。

图2.2　Grimshaw 复杂事件和简单事件示意图[③]

本书认为，“V得”致使构式代表的就是一种复杂事件，它包含的致使原因事件就是活动部分即起因，致使结果事件就是事态部分即结果。而一个事件总是要有参与者才能称其为事件，所以，对于一个致使情景来说，必须有两个或两个以上的参与者才足以满足表达致使的条件。在此基础之上我们再来看A组例句，在“武大气得发昏”一句中，只有武大一个参与者，该句描述的只是一个简单事件，即只表达“武大因生气而发昏”这一个事件；而B组例句，如

① 郑湖静，陈昌来．现代汉语“得”字句的再分类[J]．语文研究，2012(1).

② GRIMSHAW J. Argument Structure [M]. Cambridge: MIT Press, 1990.

③ 顾阳．论元结构理论介绍[J]．国外语言学，1994(1).

“他二人将柜子抬回见我，打开看气得我捶胸蹬脚”，有两个参与者，可以完成致使原因事件和致使结果事件两个事件，组成一个复杂事件。所以说，A组例句表达简单事件，B组例句表达致使事件。

综上所述，“V得”致使构式的形式的判定条件是，“V得”后的结构必须是主谓结构，这也是其显著而可辨识的结构框架。为了完整表示“V得”致使构式的形式，我们将“V得”前的成分记为S，那么，“V得”致使构式的形式便可以记作：[S+V得+主谓结构]。

2.1.2.2 “V得”致使构式的意义

上一节我们将“V得”致使构式的形式记为[S+V得+主谓结构]。而构式是“形式与意义的配对”，那“V得”致使构式所表达的构式义又是什么呢？我们认为，“V得”致使构式的构式义本质上表达的是事件之间的致使关系，即致使原因事件导致致使结果事件的发生。以本书检索的明清汉语的句子为例：

(19) 褚大姐姐也喝的脸红红的了。(《儿女英雄传》二十八回，p534)

(20) 日色照的纱窗十分明亮。(《金瓶梅词话》九十五回，p1296)

(21) 二人烧得书房火光冲天。(《跻春台·僧包头》，p549)

(22) 贾母笑的眼泪出来，只忍不住，琥珀在后捶着。(《红楼梦》四十回，p331)

以上四个例句中都包含“V得”致使构式，构式中都含有两个事件，如“褚大姐姐喝酒”“日色照耀纱窗”“二人烧书房”“贾母笑”是致使原因事件，“脸红红的”“纱窗十分明亮”“书房火光冲天”“眼泪出来”是致使结果事件。四个例句的致使关系是“褚大姐姐喝酒，使得脸红红的”“日色照纱窗，使得纱窗十分明亮” “二人烧书房，使得书房火光冲天” “贾母笑，使得眼泪都出来了”。

按照Goldberg构式语法的格式，我们将“V得”致使构式的意义记作[SEM_S　$CAUSE_{V得}$ $SEM_{主谓结构}$]。

2.1.2.3 “V得”致使构式形式与意义的配对

综合构式形式与意义的配对，我们将“V得”致使构式记为[S+V得+主谓结构]↔[SEM_S　$CAUSE_{V得}$ $SEM_{主谓结构}$]。

再以本书检索的八部明清汉语作品中的语料为例来进行解读：

(23) 我连日睡得骨头都疼，今日略健。(《型世言》四回，p56)

(24) 几句骂得秋菊忍气吞声，不言语了。(《金瓶梅词话》二十八回，p325)

(25) 那棹子从空便起，吓得妈妈呆了。(《三遂平妖传》三回，p18)

(26) 你这呆子哄得我去了，你就不哭。(《西游记》三十九回，p290)

(27) 安老爷便研得墨浓。(《儿女英雄传》十六回，p280)

(28) 狗奴！你害得我一家离散，产业销亡，也有今日！(《跻春台·活无常》，p468)

(29) 一番话，说得鲍廷玺满心欢喜。(《儒林外史》三十一回，p309)

(30) 贾母笑的手里的牌撒了一桌子。(《红楼梦》四十七回，p392)

以上各例，“得”后的成分都是主谓结构，分别是“骨头都疼”“秋菊忍气吞声，不言语了”“妈妈呆了”“我去了”“墨浓”“我一家离散，产业销亡”“鲍廷玺满心欢喜”“手里的牌撒了一桌子”等。几例的“V 得”致使构式的构式义都是表示致使关系，分别表示“我连日睡觉，使得骨头都疼”“春梅骂的一番话，使秋菊忍气吞声，不言语了”“棹子从空便起吓到妈妈，使妈妈呆掉了”“你这呆子哄我，使得我去了”“安老爷研墨，使得墨浓”“你害我，使得我一家离散，产业销亡”“（某人）说一番话，使鲍廷玺满心欢喜”“贾母笑，使得手里的牌撒了一桌子”的致使含义，它们都是表致使含义的“V 得”致使构式。

2.1.3　不可预测性及高频率使用

2.1.3.1　不可预测性

Goldberg 于 1995 年首次提出的构式定义把“不可预测性”作为判定某结构是构式的必要条件，即“构式 C 的形式（Fi）或意义（Si）的某些方面不能从构式 C 的构成成分或其他先前已有的构式中得到完全预测”[①]。上文已述，后来在

① GOLDBERG A E. A Construction Grammar Approach to Argument Structure [M]. Chicago：University of Chicago Press，1995.

某些学者的质疑下，Goldberg 在修订时不再将“不可预测性”作为构式判定的必要条件。即便这样，“不可预测性”依然可以作为确定构式的一个参考条件。且 Goldberg 对构式定义的修订主要是为了解释某些特殊构式存在的合理性。所以在必要的时候，“不可预测性”目前依然可以作为汉语构式判定的一个条件加以研究讨论。

本节将从“不可预测性”的角度，讨论明清汉语“V得”致使构式的致使义能否从它的几个构成成分中单独预测出来。以本书检索的明清汉语语料库为例：

(31) 邓氏……推得董文这醉汉东嗑了脸，西嗑了脚。(《型世言》五回，p70)

(32) 你反打得人狼号鬼哭的！(《红楼梦》五十八回，p503)

(33) 寒风吹得那窗纸有声。(《金瓶梅词话》七十一回，p926)

(34) 那闪照得个通天河彻底光明。(《西游记》九十九回，p766)

首先，我们考察除虚词“得”以外的实词性成分的意义，即分别考察“得”前动词、“得”后主谓结构中主语及谓语部分的意义。例(31)中，“得”前动词V“推”表示的意义是“向外用力使物体或物体的某一部分顺着用力的方向移动”，“得”后主谓结构中的主语“董文这醉汉”的意义是一个人，谓语部分“东嗑了脸，西嗑了脚”是“既嗑了脸又嗑了脚”的意思。例(32)中，“得”前动词V“打”表示的意义是“殴打，斗殴；攻打，进攻”，“得”后主谓结构中主语“人”是一个人，谓语部分“狼号鬼哭”表示的意义是“此人被打时像‘狼号鬼哭’一样叫唤”。例(33)中，“得”前谓词V“吹”表示的意义是“刮风”，“得”后主谓结构中主语“那窗纸”指的是“窗上贴的纸”，谓语部分“有声”表示的意义是“发出了声音”。例(34)中，“得”前谓词V“照”表示的意义是“光线照射”，“得”后主谓结构中主语“通天河”指的是一条河流，谓语部分“彻底光明”表示的意义是“看上去非常光亮”。根据以上分析，这些实词性成分自身均没有致使义。

以上考察了例句中所有实词成分的意义，那么有没有可能是虚词“得”本身具有致使义而使构式产生了致使义呢？这就需要验证“得”在这个构式中是否有致使义了。关于“得”在“V得”致使构式中是否带有致使义这个问题，学界有不同的看法，下面本书逐一进行评价并提出本书的观点。

赵长才曾讨论了助词“得”的来源与“V得C”述补结构的形成，他认为，“得”曾是弱式使令标记，持类似于“使”“令”的致使义进入两个谓词成分之间，形成“V得VP”述谓结构，然后“得”进一步虚化为结构助词，形成“V 得 C”述补结构。① 但刘子瑜反驳了赵文中认为的述补结构“V 得 C”的“得”来自带致使义的“得”，她认为六朝时的“得”确实具有致使义，但与后来形成的“V 得 C”述补结构中的“得”的来源无关。② 本书同意刘文的观点。“得”在历时上确实有一段时期带上过致使义，但并不代表其就是后来形成的“得”字述补结构中“得”的来源，也并不代表其发展到明清时期时在“V 得”致使构式中依然带有致使义。朱其智曾专门撰文《V/A 得 OC 结构中“得”具有致使义》，以期论证“得”在“V/A 得 OC”结构中带致使义。③ 朱文首先引用汪惠迪、李临定、吕叔湘、朱德熙、张豫峰的研究成果，论述“得”后的 O 是宾语，即补语部分不包括 O，只有 C 才是补语；然后又花了一定篇幅从“把”字句的转换条件和形容词、不及物动词不能带宾语这两点出发，论述在“V/A 得 OC”结构中，O 不是“V/A”的宾语，也不是“V/A……C”的宾语，而是“V/A 得”的宾语。本书认为，朱文运用“V 得 OC”结构与“把”字句的转换进行论证确实可取：朱文认为，“V 得 OC”可以转换成“把”字句，如“骂得王朗立时坠马身亡”可以转换为“把王朗骂得立时坠马身亡”。而“V 得 OC”转换成“把”字句的条件是原句中谓语动词不能只是一个光杆动词，所以“V/A 得”是一个整体，由此推论出 O 是“V/A 得”的宾语。但朱文中关于形容词、不及物动词不能带受事宾语这一部分的论证，却并不全面。朱文中所举的例子是：

(35) 缺乏流动周转资金，原料买不进，眼看……急得老周吃不下睡不着。

(36) 晚上疼得他彻夜难眠。

(37) 走得我累死了。

朱文说：以上三例中前两例的“急”和“疼”是形容词，第三例中“走”是不及物动词，其后的体词“老周”“他”和“我”不是受事，很明显“O”不是“V/A”的宾语。本书下文会提到，这种现象是构式压制所产生的。在构式理论中，构式压制是指构式对于进入它的构件有压制作用，比如可以使原本不能带宾语的形容词、不及物动词带上宾语。朱文中所举三例恰好是构式压制的现象，遗憾的是他没有提到。

---

① 赵长才．结构助词“得”的来源与“V 得 C”述补结构的形成 [J]．中国语文，2002 (2)．

② 刘子瑜．也谈结构助词“得”的来源与“V 得 C”述补结构的形成 [J]．中国语文，2003 (4)．

③ 朱其智．V/A 得 OC 结构中“得”具有致使义 [J]．汉语学习，2009 (3)．

随后，朱文将“使”字句（“使/叫/让 OC”句式）和“V/A 得 OC”句式进行比较，以期证明“V/A 得 OC”结构中的“得”具有致使义。他的理由是：“我让他离开这里”与“我气得他离开这里”一样，都是致使句，“让”具有致使义，那么“气得”也应该具有致使义。我们认同这一观点，“V 得”确实是具有致使义的。但是紧接着，他说：有了“得”，“V/A 得 OC”致使句才能成立；没有“得”，“V/A 得 OC”致使句就不能成立，比如，去掉“得”之后变成“我气他离开这里”就不能成立。由此他推出“得”具有致使义。本书认为这个推论过程太片面、武断，并不足以成立。我们认为，句式的意义并不能通过某个成分的缺省来鉴定。如果可以这样鉴定的话，那么句中不止一个成分缺失之后都会造成句子不成立，但并不能说致使义就是由这个成分带来的。比如朱文中的例句“我气得他离开这里”，如果去掉动词“离开”，此句变成“我气得他这里”，也不成立，那么他能说原句的致使义是由“离开”带来的吗？显然不能。所以朱文中关于“得”在“V/A 得 OC”带致使义的论述并不成立，并不能说明“得”在“V/A 得 OC”中具有致使义。

张璐曾撰文称，“现代汉语普通话的‘得’已不见致使义，但在一些方言中仍然保留这种意义”[①]。她所列举的例子是“湖南安仁方言：菜熟哒，得妈妈尝一下（菜熟了，让妈妈尝下）”“浙江宁波方言：电灯得伊点的（电灯让它点着）”“山西临汾方言：谁得你去哩呢（谁让你去的呢）”等。本书认为，在汉语某些方言句中，“得”确实带有类似“使、令、让”的致使义，但这些句子并不是“V 得＋主谓”结构，而是使令句式。在使令句式中，“得”字恰好占据了“使、令、让”等致使词的位置，只能说明“得”在这类句式中等同于致使词的作用，所以带有致使含义，无法说明“得”在“V 得＋主谓”结构中也具有致使义。

熊仲儒提出，对于带致使义的“得”字结构，分为两种情况：一种是“得”当助动词用，移到致使范畴位置；另一种是当句中有“使”“致”等致使词时，“得”留在达成范畴位置，或上移到其他低于致使范畴的位置。[②] 也就是说，对于“得”来说，它本身没有致使义，它所在结构的致使义是由致使范畴负载的。

关于“得”的句法性质，学术界主要有三种看法：介词说，如黎锦熙等，认为“得”是一个介词。[③] 动词后缀说，如朱德熙，认为“得”是附着在动词后的一个后缀。[④] 助词说，如范晓等，认为“得”是结构助词。[⑤] 孙银新赞同范晓

---

① 张璐．致使义“得”与致使性“得”字补语句［J］．宁夏大学学报，2015（3）．

② 熊仲儒．状态补语中的达成“得”［J］．语言科学，2014（5）．

③ 黎锦熙．新著国语文法［M］．北京：商务印书馆，1992．

④ 朱德熙．语法讲义［M］．北京：商务印书馆，1982．

⑤ 范晓．V得句的“得”后成分［J］．汉语学习，1992（6）．

的观点，认为“得”是动态助词，属于助词。[①] 本书认为，“得”应该是一个助词，而且是结构助词。从“得”字的语法化过程来看，它最开始是一个动词，后来逐渐虚化，演变形成一个助词，其本身并不带有致使义。

本书发现，在某些“V得”致使构式中，如果我们将它的“得”去掉，则可以将句子变换成兼语句，语法上仍然合格，但致使义丢失，如：

(38) 凤姐见王夫人盛怒之际，又因王善保家的是邢夫人的耳目，常时调唆的[②]邢夫人生事，纵有千百样言语，此刻也不敢说，只低头答应着。(《红楼梦》七十四回，p655)

“调唆”的主语是前一个子句中的“王善保家的”，组成完整的“V得”致使构式便是“王善保家的调唆的邢夫人生事”。致使者是“王善保家的”，V是“调唆”，被致使者是“邢夫人”，致使结果是“生事”，致使关系是“王善保家的调唆邢夫人，使邢夫人生事”，是一个典型的“V得”致使构式。如我们将例中“的”去掉，便得到：

(39) 王善保家的调唆的邢夫人生事

→王善保家的调唆邢夫人生事

去掉“的（得）”之后，新生成的句子“王善保家的调唆邢夫人生事”在句法上依然合格，“邢夫人”是“调唆”的宾语，是“生事”的主语，整个结构是一个兼语句。但是在语义上，此句不再带有致使含义，其致使义丢失。本书认为，在“V得”致使构式中，承担致使义的不是单独的谓词V，也不是单独的助词“得”，而是这个构式整体带有致使义，使得进入它的成分按照构式形式组合在一起后，整体被赋予了致使义。

另外，构式的“不可预测性”还与构式的组构性以及构式形式—语义关系的透明度（transparency）有关，此处的透明度指的是构式的形式与语义在某些方面之间的匹配或不匹配关系（见Francis和Michaelis，2003[③]；Traugott和Trousdale，2013[④]）。Langacker认为，一些组构性较高的、形式与语义关系较透

---

① 孙银新．“得”字兼语句新论［J］．汉语学习，1998（1）．

② 庚辰底本中“的”写作“着”。由于例句采纳需要，本书采用的《红楼梦》是中华书局2001年版（程甲底本），为“的”。

③ FRANCIS E J，MICHAELIS L A. Mismatch：A Crucible for Linguistic Theory［M］//FRANCIS E J，MICHAELIS L A，Mismatch：Form-Function Incongruity and the Architecture of Grammar. Stanford：CSLI Publications，2003.

④ TRAUGOTT E C，TROUSDALE G. Constructionalization and Constructional Changes［M］. Oxford：Oxford University Press，2013.

明的构式，都是能够完全被预测、且心理上较为固化的构式①。这类构式的构例特点是，当信息发出者说出的话语是规约性的句法序列，且这个序列的每个组成成分的语义都能被信息接收者所理解时，该句法序列的整体意义就可以被解读。例如“我爱你”，它的形式与语义关系的透明度很高，所以其整体的语义可以根据其组成成分“我”“爱”“你”的语义组合在一起进行解释。而在Goldberg于1995年第一次对构式下的定义中，所说的构式的“不可预测性”②，就是指构式整体的语义不能简单凭其组成成分的语义组合在一起而得到充分预测。对于这类构式来说，它们只具有部分组构性，构式形式与语义的关系不透明，或透明度较低。这类构式逐渐成为构式语法研究关注的焦点，本书所研究的汉语“V得”致使构式就是此类构式，其构式义不能从其组成部分得到完全预测。

2.1.3.2 高频率使用

对于构式来说，高频率使用是其判定的标准之一。一个结构，即便它满足“形式与意义配对”及“不可预测性”这两个条件，如果它只是偶尔被使用几次，并没有固定下来达到高频使用程度的话，它仍然不能被判定为构式。

经过统计，我们认为，“V得”致使结构有很高的使用频率。在本书所检索的明清时期的八部代表性作品中，“V得”致使构式总构例数量为1618例，其中明代《三遂平妖传》《金瓶梅词话》《型世言》《西游记》四部作品中，共有“V得”致使构式868例；清代《儒林外史》《儿女英雄传》《跻春台》《红楼梦》四部作品中，共有“V得”致使构式750例。在本书检索的唐五代至元代期间的作品中，也有千余例“V得”致使构式的用例（第7章详述）。在本书所检索的现代汉语《四世同堂》《王朔自选集》中，“V得”致使构式也大量出现，共有200余例。由此可见，这一结构在明清时期已具有很高的使用频率，且在现代汉语中依然被高频使用。所以我们认为，该结构满足“构式需被高频使用”这个条件。

根据以上内容，按照Goldberg的构式语法理论体系，在论证了汉语“V得”致使结构具有形式与意义配对、不可预测性、高频率使用等特点后，我们可以判定，“V得”致使结构是一个构式。

---

① LANGACKER R W. Construction Grammars: Cognitive, Radical, and less so [M] //MENDOZA I F J R, PEÑA C M S. Cognitive Linguistics: Internal Dynamics and Interdisciplinary Interaction. Berlin: Mouton de Gruyter, 2005.

② GOLDBERG A E. A Construction Grammar Approach to Argument Structure [M]. Chicago: University of Chicago Press, 1995.

本书提出，“V得”致使构式形式与语义的配对关系可用下式表示：

[S+V得+主谓结构] ↔ [$\text{SEM}_{\text{S(致使者)}}$ $\text{CAUSE}_{\text{V得(致使力)}}$ $\text{SEM}_{\text{主谓结构(致使结果事件)}}$]

2.1.4 本书界定的“V得”致使构式的范围

根据Traugott和Trousdale所述，在过往关于形态句法的文献中，经常出现“构式”这个词，彼时它指的是一个短语或成分，定义并不太清晰，尚未形成后来构式语法所指“形义匹配体”这个定义[①]。在构式语法发展的早期，Lakoff、Goldberg等将构式定义为“具有独立于成分的整体义的形式和意义的匹配体”[②③]。后来，Croft认为，构式是“约定俗成的复杂句法单位”[④]；Michaelis将构式概括为“能产性和内部复杂性程度各异的形式意义配对”[⑤]；按照基于使用（usage-based）的构式观点，构式的定义可简洁界定为“具有高使用频率的规约化词汇组合”。可见，即便在构式语法学派内部，关于“构式”的定义和范围也是在不断发展和改进的。

后来Goldberg于2006年将构式的定义扩大至“任何语言结构，只要形式或功能的某些方面不能严格从构成成分或其他已有的构式中预测出来，就可被视为构式。此外，只要有足够的出现频率，那些能被完全预测出来的语言结构也可作为构式储存于记忆中”[⑥]。由此可以看出，不可预测性不再被视为判断构式的充要条件；同时，构式的范围不断扩大，甚至将语素、单词、短语等多层次的语言结构囊括了进来。按大小和复杂性，Goldberg将构式概括为语素、词、复合词、（全固定）习语、（半固定）习语、句式等层次。在这样的定义下，构式的范围可以纵向跨越多个语言层次。可以这样说，各类语言结构都可以被认为是某种形式意义结合体，即都可以被判定为构式。

---

① TRAUGOTT E C，TROUSDALE G. Constructionalization and Constructional Changes [M]. Oxford：Oxford University Press，2013.

② LAKOFF G. Women，Fire，and Dangerous Things：What Categories Reveal about the Mind [M]. Chicago：University of Chicago Press，1987.

③ GOLDBERG A E. A Construction Grammar Approach to Argument Structure [M]. Chicago：University of Chicago Press，1995.

④ CROFT W. Verbs：Aspect and Causal Structure [M]. Oxford：Oxford University Press，2012.

⑤ MICHAELIS L A. Headless Constructions and Coercion by Construction [M] // FRANCIS E J，MICHAELIS L A. Mismatch：Form-Function Incongruity and the Architecture of Grammar. Stanford：CSLI Publications，2003.

⑥ GOLDBERG A E. Constructions at Work：The Nature of Generalization in Language [M]. Oxford：Oxford University Press，2006.

李艳芝指出，“构式语法将语言单位看作是得到表征的形式和意义的结合，包含各种语言单位，如形态单位、词语、短语、分句、句子、话语和篇章等”①。就汉语来说，不同的构式可能是不同的语言单位，有的构式是语素，如带前缀“老-”的是语素形式的构式；有的构式是一个词，如联绵词“踌躇”、复合词“马路”是词语形式的构式；有的构式是一个习语，如“满招损，谦受益”是习语形式的构式；有的构式是一个短语结构式，如“一X就Y”“越来越……”是短语形式的构式；有的构式是一个子句，如“把”字句是句子形式的构式；还有的构式是一个话语或篇章，如一些文学作品中表达某个特定情境含义的篇章描写，就是篇章形式的构式。总之，某个构式的范围要根据语言形式的实际情况来确定。

回到本书，本书所研究的对象“V得”致使构式，到底应该是什么范围的语言形式？是一个短语，还是一个句式？是一个句群，还是一个篇章？本书认为，“V得”致使构式应该限定在句式范围，原因有以下几点：第一，在“V得”致使构式最初出现时，它就是一个子句（后文会详述），后来由于功能扩展，它才发展为可作句子的成分；第二，语言学界目前最常见的就是在句式范围内来对一个构式进行研究，如果将“V得”致使构式的范围界定得太大，如将其界定在句群或篇章，则不好整体把握。

Croft将构式分为实体构式和半实体构式。② “实体构式是指不需要填入其他成分的固定搭配，半实体构式是指其中部分内容可填充替换的构式”③。Fillmore将半实体构式命名为图式构式（schematic construction）④，包括各类句式，只要填入具体内容就可以形成语句，如致使移动句式。按照Croft和Fillmore的分类，“V得”致使构式属于半实体构式，或称图示构式，即“其中部分内容可填充替换的构式”⑤。即在“［S＋V得＋主谓结构］”中，S、V、主谓结构都不是固定的某个词或结构，都是可以被实际替换填充的。甚至S还可以被零形式填充，即存在S隐省的现象，这个现象后文会详述。

综上所述，本书认为“V得”致使构式是一个半实体的句式构式。在具体文献中出现的某一个属于“V得”致使构式条件的例句，是一个具体的构例。

---

① 李艳芝．汉语中的构式化现象与构式宾语研究［D］．杭州：浙江大学，2015.

② CROFT W，CRUSE A. Cognitive Linguistics［M］．Cambridge：Cambridge University Press，2004.

③ 骆蓉．认知构式语法视阈下的致使移动句研究［D］．杭州：浙江大学，2015.

④ FILLMORE C J，KAY P，O' CONNOR M C. Regularity and Idiomaticity in Grammatical Constructions：The Case of Let Alone［J］．Language，1988（3）：501-538.

⑤ CROFT W，CRUSE A. Cognitive Linguistics［M］．Cambridge：Cambridge University Press，2004.

2.1.5　非致使义的形似结构

汉语"V得"致使构式与诸多形似结构在表层上都是由"V得"加上一个主谓结构组成，在形式上容易混淆。有些形式上是"N1＋V1得＋N2＋V2"的结构，其实是伪"V得＋主谓结构"，在深层义上并不表示致使义。换句话说，并非所有表层是"N1＋V1得＋N2＋V2"的结构都是"V得＋主谓结构"，并非所有"N1＋V1得＋N2＋V2"的结构都表示致使义。所以我们还需要对明清时期各类形似结构进行举例对照、说明以及区分和排除，以便于精准考察。

经本书检索、考察，明清时期不表致使义的"N1＋V1得＋N2＋V2"类结构，可以从句法性质上分为以下几类。

2.1.5.1　"V得＋宾语从句"类

在表层形式是"N1＋V1得＋N2＋V2"的结构中，有一类构例的"N2＋V2"部分，是"V得"的宾语内容，即一个宾语从句。比如明清汉语语料库中的以下几例：

(40) 那贾敬闻得长孙媳死了，因自为早晚就要飞升。(《红楼梦》十三回，p98)

(41) 醉饱之后，见得房门未掩，进见何氏横躺床上，遂去逼奸。(《跻春台·蜂伸冤》，p541)

(42) 从不听得他轻易夸一句儿子的……(《儿女英雄传》三十三回，p649)

(43) 眼见得我今日回家，又要听他吵了。(《儒林外史》五十五回，p520)

以上几例，虽然表层结构上"V得"后的成分都是主谓结构，如"长孙媳死了""房门未掩""他（安老爷）夸儿子""我今日回家"，但以上几句"V得"句都不表示致使。究其原因，是因为以上例句中"V得"后的主谓结构并不是"V得"引出的补语成分，并不是代表一个致使结果事件，而是"V得"的宾语内容，它们接在"得"后，表示"听说""见到""听到""看到"的内容，是一个宾语从句。此处的"得"正处在虚化的过程中，还未完全虚化，因而带有一点"得到"义，与前面的动词"听""见""闻""信"等一起连用，表示"听到""见到"等义，用以引出后面的宾语从句。所以，虽然以上句子在表层结构上符合"N1＋V1得＋N2＋V2"的形式，但在深层语义上它们并不是"V得"致使构式。

经考察，这类句子V的特点是：一般由表示感官或心理的动词充当，如“听”“见”“闻”“信”等。根据Payne对动词的分类，这类词都属于知觉动词(Sensation verb)，在语言类型学上具有共同点。Payne指出，“知觉动词是表达与知觉概念相关的动词，如feel，hear，see，taste等”①，它们表达的是感知者所感觉到的内容。

这类结构不能表达致使的原因是，感知类动词的语义特征决定了在这类句子结构中，“V得”后的宾语从句只能与“V得”构成动宾关系，而不能构成述补关系以描述致使结果，所以这类结构无法表示致使义。

关于此类“得”的来源，祝敏彻曾指出，它们“来自于词尾‘得’”②。在中古前期，位于动词后的“得”仍带有“获得”之意，此时“得”还是动词；而在唐代，一些位于动词后的“得”已经虚化，不再带有“获得”的意思，此类“V得”已彻底词汇化为一个动词。如：

(44) 忆得当年识君处，嘉禾驿后联墙住。(刘禹锡诗《送裴处士应制举诗》)

需注意的是，此类“得”与结构助词“得”在性质上是不同的。我们知道，结构助词“得”后所带的常是形容词或具有形容词功能的其他成分，而上例中“得”是动词词尾，这类“V得”后面所带的成分经常是动词的宾语——名词或名词词组，如上例“忆得”后的“当年识君处”就是一个名词词组。随着语言功能扩展，此类“得”后所带宾语的槽位不仅能由名词填充，还能由主谓结构填充，这样便逐渐发展出“V得+宾语从句”的句子。

2.1.5.2 副词化“喜得”类

明清汉语中，有一些形式上是“喜得+N2+V2”的结构，内部的语法关系分两种情况，一种是属于“V得”致使构式，如以下两例：

(45) 媒人又言女子美貌，嫁奁几千，喜得周氏手舞足蹈，那由丈夫作主，一口应承。(《跻春台·活无常》，p452)

(46) 喜得个邓九公双手捧起他来，说：“老贤侄，大爷可合你谦不上来了。”(《儿女英雄传》十五回，p248)

---

① PAYNE T E. Exploring the Language Structure [M]. Cambridge: Cambridge University Press, 2006.

② 祝敏彻．“得”字用法演变考 [J]. 甘肃师范大学学报副刊 (语文专号), 1960 (1): 53.

经分析，以上两例符合“V 得”致使构式的形式和意义判定标准，两例分别表示“媒人说女子美貌又嫁奁几千，让周氏欢喜，使得周氏手舞足蹈”，以及“邓九公欢喜，使得邓九公双手捧起他来并说了一番话”。所以，这两句里所包含的“V 得”结构都是“V 得”致使构式。

另一类“喜得＋N2＋V2”形似“V 得”述补结构，但实际上“喜得”已副词化，作状语，比如下例：

(47) 头上堆苔藓，耳中生薜萝。鬓边少发多青草，颔下无须有绿莎。眉间土，鼻凹泥，十分狼狈；指头粗，手掌厚，尘垢余多。还喜得眼睛转动，喉舌声和。语言虽利便，身体莫能那[①]。(《西游记》十四回，p95)

此句出自《西游记》第十四回，所描述的是情景是孙悟空被如来佛祖压在太行山下五百年，终于等来了唐三藏。由于已经被压了五百年，孙悟空当时的状态是这样的：头上有苔藓，耳中有薜萝，鬓边有青草，颔下有绿莎，眉间和鼻凹都是泥土，指头和手掌全是尘垢……总之整个状态是狼狈、被动、被压制的，语段色调也呈现出一种消极的语言色彩。那么后面的一句“喜得眼睛转动，喉舌声和”虽然是“喜得＋N2＋V2”的结构，但能理解为致使义吗？如果按照致使义来解释，意思就是“孙悟空欢喜，使得（其）眼睛转动，喉舌声和”，颇有积极的语言色彩，显然不太符合整段的语境和所烘托的孙悟空被压制的、狼狈的状态。那么应该怎么理解它呢？我们再看这一句后面紧跟着的“语言虽利便，身体莫能那（挪）”，表达一种让步关系。那么此处“喜得眼睛转动，喉舌声和”宜解释为“幸亏眼睛还可以转动，喉舌还可以发声”，表示在原本糟糕、狼狈的状下，还可以转动眼睛、发声，才不至于更糟糕、更狼狈。此处的“喜得”已经副词化，做状语，表示“幸亏、幸好”之意。所以该结构不是致使结构。明清汉语中不乏这样的例句，以《型世言》为例：

(48) 徐婆道：“喜得亲娘管店，个个道你做人和气，生意比周舍时更兴。”(《型世言》三回，p38)

(49) 喜得我囊中有银八两，如今赠你，你可将还人，不可作此短见。(《型世言》十九回，p264)

(50) 正在难过，喜得高御史知道程教谕被监，恐怕狱中人难为他，便也着长班来吩咐狱官狱卒，叫不许啰唣，又不时差人送饮食、衣服来与他。(《型世言》八回，p115)

以上几例的画线部分，虽然表层结构上与“V 得”致使构式相似，但都不

[①] “那”，上海古籍出版社 2004 年版作“那”，后通行版作“挪”。

是致使构式。以上“喜得”都是副词，表示“幸亏、幸好”，几例分别是“幸亏有亲娘管店”“幸亏我口袋里有八两银子”“幸好高御史知道程教谕被监……”之义。

2.1.5.3 “V得OC”类

明清汉语中，有一类“N1+V1得+N2+V2”不是“V得+主谓结构”，而是“V得OC”。如：

(51) 王潮儿道：“是柜底下猫捕的老鼠响。”(《金瓶梅词话》八十六回，p1190)

(52) 和尚道：“教得他们好，便不枉了用心；教得他们不好，空劳心力。可对贫僧施逞则个。”(《三遂平妖传》十回，p72)

(53) 文招讨闻言甚喜，道：“王则今日输了一阵，越守得城子紧了。”(《三遂平妖传》十九回，p128)

(54) 你虽有此善心，又蒙菩萨教诲，愿入沙门，只是我又没斧凿，如何救得你出？(《西游记》十四回，p96)

以上几例，第一例“猫捕的老鼠响”，从语义上分析，此句的意义并不能构成“猫捕老鼠，使得老鼠响”这样的致使含义，所以不是致使构式。究其原因，是因为此例V2“响”的语义并不是指向N2“老鼠”，即并不是对N2的结果进行补充说明，而是指向V1“捕”，是对“捕”这个动作进行补充描述，构成“捕得响”之意，整个结构的含义是“猫捕老鼠捕得响”，不带使动义。同样，第二例“教得他们好”“教得他们不好”，V2并不是指向N2，不是N2的结果，而是指向V1，是V1的结果，整个结构表示“教他们教得好”“教他们教得不好”的含义，而不是致使含义。第三例“王则越守得城子紧了”，V2“紧”并不是指向N2“城子”，而是指向V1“守”，意义并不是“王则守城子，使得城子紧了”，而是“王则守城子守得越紧了”。第四例分析一样。所以说，以上几例虽然结构上看似“N1+V1得+N2+V2”，但实际上是“V得OC”结构，不是“V得+主谓结构”，不表致使。

这种现象在明清之前就存在。如：

(55) 那厮骂的我好。(《元曲选·黑旋风》)

岳俊发指出，这种句子的结构序列与主谓结构作“得”补语一样，但结构关系却不同[①]。这种句子的N2与V2不发生直接的语义关系，因此N2与V2不

① 岳俊发．得字句的产生和演变[J]．语言研究，1984(2)．

能构成语法单位，就更不可能一起作 V1 的补语。N2 是 V1 支配的对象，作宾语，V2 指向 V1，补充说明 V1 作补语，整个句子是“V 得 OC”的结构。

王力曾指出，“V 得 OC”这种结构“到了《红楼梦》里，就很少了”[①]。而在现代汉语里便趋于消失了。现代汉语中此类表达一般用以下三种方式代替：一是宾语用“把”字提前，如“把城子守得越紧了”；二是重复使用动词，如“守城子守得越紧了”；三是宾语直接提前作主语，如“城子守得越紧了”。

由此我们可以推断，从句法语义的限制条件来看，当“N1＋V1 得＋N2＋V2”表达致使义时，V2 的语义必须指向 N2。李宗宏曾指出，这类“V 得”结构是古代汉语的一种遗留形式，在现代汉语中非常少见[②]。但是李宗宏对这种结构的起源、发展和消失的过程并没有论及，略显遗憾。本书将试图对此进行粗浅研究，详见第 7 章。

以上几类是结构序列与“V 得”构式一样，但语义不表致使的形似结构，在做语料考察时需要排除，才能精准研究“V 得”致使构式。

2.2　“V 得”致使构式的构件

2.2.1　“V 得”致使构式的基本要素及各构件的符号

2.2.1.1　“V 得”致使构式的基本要素

根据 Talmy 的见解，致使事件是“事物或事件 A 通过动作 B 传递给 C，致使 C 出现 D 的状态或结果”[③]。如下所示：

A→ B → C → D

石锓、刘念指出，“汉语致使结构包括四个基本要素：致使者（causer）、致使力（causative force）、被致使者（causee）和致使结果（causative result）”[④]。例如：

---

① 王力．汉语史稿［M］．北京：中华书局，1957.

② 李宗宏．现代汉语使因突显类致使构式研究［D］．上海：华东师范大学，2013.

③ TALMY L. Force dynamics in Language and Cognitive［J］. Cognitive Science，1988，12（1）.

④ 石锓，刘念．类型学视角下的明代致使结构研究［J］．中文论坛，2019（1）.

（56）怪短命，催的人手脚儿不停住。（《金瓶梅词话》二十四回，p274）

上例中，“怪短命”指代的是“陈经济”，是致使者；“催的”作为一个整体，是致使力；“人”是致使力的承受者，是被致使者；“手脚儿不停住”是致使结果。“怪短命催人”是致使原因事件，“人手脚儿不停住”是致使结果事件。

2.2.1.2 “V得”致使构式各构件的符号

我们研究构式不能只在宏观层面研究，还要从微观层面研究这个构式的组成部分。构式语法将组成一个构式的每个组成部分称为构式的“构件”，一个构式由两个或两个以上的构件组成。研究构式中各构件的特点，以及构件与构式之间的互动关系，是构式研究的必要环节，对于全面认识构式特点至关重要。那么汉语“V得”致使构式由哪几个构件组成呢？哪些构件是必须出现的，哪些构件是可以省略的？每一个构件都有哪些语法和语义特点？这是本节要讨论的重点。

学者们研究“V得”致使构式时，采用不同的符号对其格式进行表征。如宛新政将“V得”致使句的格式记为“N1＋V1得＋N2＋V2”[①]，牛顺心将隔开式（即“V得”致使句）的格式记为“MS＋MV＋得＋ES＋EVP”[②]，熊学亮、杨子将“V得”致使句的格式记为“N1＋V＋得＋N2＋VP/AP”[③]，朱其智将带致使义的“得”字补语句格式记为“VA得OC”[④]，李宗宏将“V得”致使构式格式记为“N1＋V＋得＋N2＋VP”[⑤]，等等。本书认为，以上格式的符号都不足以体现“V得”致使构式的整体结构特点及各构件之间的关系特点，原因有以下几点。

第一，关于致使者的符号。在“N1＋V得＋N2＋VP”记法中，致使者被记为“N1”，这种记法会让人认为，致使者已被限定为名词或名词性短语，但实际上，“V得”致使构式中的致使者不一定都是名词，有可能是谓词性结构甚至是句子形式的一个事件，所以采用“noun”的缩写“N”来标记致使者的记法并不妥当。更重要的是，“N1”和“N2”这种“同字母不同标号”的记法使它们的语法关系看上去像是处在平行层面，但实际上N1和N2的语法地位并不一

---

① 宛新政．现代汉语致使句研究［D］．上海：复旦大学，2004.

② 牛顺心．从类型学参项看普通话中分析型致使结构的句法类型及其语义表现［J］．语言研究，2008（1）.

③ 熊学亮，杨子．N1＋V＋得＋N2＋VP/AP构式的复合致使分析［J］．外国语文，2010（1）.

④ 朱其智．V/A得OC结构中“得”具有致使义［J］．汉语学习，2009（3）.

⑤ 李宗宏．现代汉语使因突显类致使构式研究［D］．上海：华东师范大学，2013.

样。从传统句法上看，N1作为致使者，在句法上是整个“V得+主谓结构”的大主语，而N2只是“得”后主谓结构的小主语；从Dixon的“增元说”来看，N1是给底层结构“N2+VP”所增加的一个论元①。所以N1和N2所处的语法层次不一样，故不宜采用“同字母不同标号”的“N1、N2”记法。本书认为，“V得”致使构式的致使者，可以是体词性成分也可能是谓词性成分，但无论它是什么句法成分，都位于该句式的主体论元位置上，即位于V之前的主语位置上，所以我们统一记作S。

第二，关于显著标识“V得”。对于诸如“V+得”这种将V和“得”分开的记法，本书并不认同。本书认为，“V得”在该构式中已词汇化为一个表示致使力的词汇（后文会论证），不宜用“+”分开，所以应该记为“V得”，而非“V+得”。

第三，关于“得”后主谓结构的符号。对于其主语部分来说，记为N2的方式仅能体现它是一个名词性成分，不足以体现其在构式中的语义角色（被致使者）。记为O的方式则意味着将其定义为“V得”的宾语，但实际上该成分并不是宾语，原因如下：根据陆丙甫提出的语义靠近原理②，在一个“V得”小句中，当V的主语与V的关联程度低于V与其宾语的紧密度时，也会同步体现在形式上。但我们从语言实际来看，却并非如此，如在“这场电影看得人惊心动魄”中，“电影看得”和“人惊心动魄”的紧密度高于“看得人”，“人”是“看”的主语，“电影”是“看”的宾语，但是V与主语关系的密切程度并不低于V与宾语的关系密切程度。因此对于“得”后主谓结构的主语部分这个槽位的填充者来说，它作为致使结果事件主语的功能强于做V的宾语O的功能，所以不宜记为O。再者，结合该构式的意义分析，“得”后的主谓结构表示的是致使结果事件，应该作为一个整体进行研究。从句法上，主谓结构应记为S+VP，但从语义上，这个结构整体代表的是致使结果事件，记法应该体现“结果”之义。所以我们在S、VP前分别加上R（resultive），分别记为RS、RVP，以表示这是致使结果事件中的主语和谓语部分。RS在整个构式中代表被致使者，RVP在整个构式中代表致使结果，RS+RVP代表致使结果事件。

综上所述，“V得”致使构式的各组成部分便是：S、V得、RS+RVP。其中S和RS的记法也分别体现了二者在该构式中的语法地位和所处层次不同，即S是整个“V得”结构的主语，而RS是结果事件中的主语。这样既体现了各成

---

① DIXON R M W. Basic Linguistic Theory（Vol. 3）［M］. Oxford：Oxford University Press，2012.

② 陆丙甫. 汉语的认知心理研究：结构、范畴、方法［M］. 北京：商务印书馆，2000.

分的句法地位，也体现了语义特点。综上所述，本书将“V得”致使构式的形式记为[S+V得+RS+RVP]。

根据以上分析，按照形式与语义的配对关系，我们将“V得”致使构式记为：

$$[S+V得+RS+RVP] \leftrightarrow [SEM_{S(致使者)}\ CAUSE_{V得(致使力)}\ SEM_{RS+RVP(致使结果事件)}]$$

该构式的组成部分包含三个构件：表示致使者的S，表示致使力的“V得”，表示致使结果事件的RS+RVP，其中更小的构件RS代表被致使者，RVP代表致使结果。

接下来，我们将分别对明清汉语“V得”致使构式的几个构件进行介绍。

2.2.2 “V得”致使构式的构件之一：S

按照排列顺序，汉语“V得”致使构式的第一个构件就是位于“V得”前的成分，记作S。以本书所检索的明清汉语为例：

(57) 小淫妇，害得老子好苦也！（《金瓶梅词话》五十四回，p661）

(58) 一番话，说得鲍廷玺满心欢喜。（《儒林外史》三十一回，p309）

以上几句，“V得”前的部分“小淫妇”“一番话”就是构件S，表示“V得”致使构式的致使者。

S可以从以下几个方面进行分类。

2.2.2.1 从词性角度

当S为一个词或词组，可以谈及词性时，从词性角度，S可以分为体词性致使者和谓词性致使者，下面将分别进行介绍。

1）体词性S

S为体词或体词性成分时，可以是名词、代词、人称代词、名词词组、数量词词组等，本书将其记作Sn。在明清汉语几部作品中体词性S的构例很多。体词性S在致使构式中的论元角色有以下几种情况：

袁毓林在讨论论元角色的层级关系和语义特征时，指出汉语动词的常见论元角色共有17种，其中占据句子主体论元位置即主语的语义角色，包括“施事”“感事”“致事”和“主事”四类。其中，施事角色指的是“自主性动作、行为的发出者”，如“弟弟正看电视呢”中的“弟弟”、“妹妹笑了”中的“妹妹”等；感事角色指的是“非自主的感知性事件的主体”，如“刘老师太累了”中的“刘老师”、“这孩子又困了”中的“这孩子”等。① 我们认为，在致使情景中充当致使者角色的体词性Sn，在语义关系上可以充当V的施事、感事。如：

(59) 老祖宗说的我们太不堪了。(《红楼梦》七十六回，p675)

(60) 你们也打得手困了，却该老孙取出个针儿来耍耍。(《西游记》十四回，p100)

(61) 贱妇，你哄的我与你儿子成了婚姻，敢笑我杀不得你的孩儿！(《金瓶梅词话》一百回，p1363)

(62) 安老爷便蘸得笔饱。(《儿女英雄传》十六回，p280)

上例中，致使者“老祖宗”“你们”“你”“安老爷”都是体词性成分，几个致使者分别是动词“说”“打”“哄”“蘸”的发出者，是动词V的施事。它们共有的语义特点是：自立性（independent）和使动性（causation）。自立性指的是先于动词所表示的事件独立存在；使动性指的是施行某个动作或造成某种事件或状态。如以上几例中，致使者“老祖宗”做了“说”这个事件，使得“我们太不堪了”；致使者“你们”做了“打”这个动作，使得“手都困了”；致使者“你”做了“哄”这个事件，使得“我与你儿子成了婚姻”；致使者“安老爷”做了“蘸”这个动作，使得“笔饱”。它们都具有很高的施事性。

(63) 袭人羞得脸紫涨起来，想一想，原是自己把话说错了。(《红楼梦》三十一回，p250)

(64) 公子吓得浑身乱抖，两泪直流。(《儿女英雄传》三回，p51)

上例中，致使者“袭人”“公子”都是体词性成分，它们分别是V“羞”“吓”的感事。它们的语义特点是：自立性（independent）和感知性（sentience）。自立性与施事的自立性一样，感知性指的是在由动词所表示的事件中表现出某种感知能力。如以上两例，致使者“羞人”感到了害羞、羞愧，使得“脸紫涨起来”；致使者“公子”感到惊吓、害怕，使得“浑身乱抖”。

袁毓林在对汉语动词常见的17种论元角色进行研究时，对“受事”的定义是“因施事的行为而受到影响的事物”，如“老陈吃了一个苹果”中的“苹果”、“老兵常常欺负新兵”中的“新兵”等；对“工具”的定义是“动作、行为所凭借的器具”，如“小王用水果刀切黄瓜”中的“水果刀”、“小王切这把水果刀”中的“水果刀”等。② 我们认为，在致使情景中充当致使者角色的体词性Sn，在语义关系上可以充当V的受事、工具等。如：

---

① 袁毓林．论元角色的层级关系和语义特征[J]．世界汉语教学，2002(3)．

② 袁毓林．论元角色的层级关系和语义特征[J]．世界汉语教学，2002(3)．

(65) 瘸师道：“哥哥休要焦燥，两个炊饼如何吃得我娘儿两个饱？不如只籴米煮粥吃罢！”(《三遂平妖传》九回，p62)

(66) 和尚道：“有心斋僧，这等小盏子如何吃得贫僧快活。”(《三遂平妖传》十一回，p76)

上例中，致使者“两个炊饼”是动词“吃”的受事。它的语义特点是：自立性（independent）、变化性（change of state）和受动性（causally affected）。自立性指的是先于动词所表示的事件独立存在；变化性指的是其所指的事物的状态在由动词所表示的事件中发生了变化；受动性指的是其所指事物承受由动词所表示的动作、行为的影响。致使者“小盏子”是动词“吃”的工具。它的语义特点是：自立性（independent）和位移性（movement）。自立性与施事的自立性一样，位移性指的是其所指事物在由动词所表示的事件中移动了位置。在以上例句中，“两个炊饼”“小盏子”虽然是V的受事、工具，但它们位于主语S的位置上，在致使关系中代表致使者，这种用法是“V得”致使构式的特殊构例，在语用上是为了强调致使原因，即突显使因。这种特殊构例将在下文进行专门讨论。

2）谓词性S

S也可以是谓词性成分。谓词性S在明清汉语中用例较少，目前只发现3例。分别是：

(67) 谁知道过门去就遇坷坎，女婿死害得儿身坐禁监。(《跻春台·审烟枪》，p330)

(68) 吆喝吓得美人散。(《西游记》七十九回，p607)

(69) 想娇儿，想的我，无颠无倒。(《金瓶梅词话》五十九回，p743)

以上几例，“女婿死”是主谓结构，“吆喝”是动词，“想娇儿”是动宾结构，它们在“V得”致使构式中都可以充当致使者，表示引起致使情景的原因。袁毓林在对汉语动词常见的17种论元角色进行研究时，最后一种论元就是“命题”(preposition)，他指出，命题是“由主谓结构、述宾结构或动词、形容词等谓词性成分充当的论元，它本身具有一个由谓词及其论元构成的论元结构，在外部语义功能上，它以整体充当主体论元或客体论元”[①]。所以，以上四例的谓词性致使者在它们所在的“V得”致使构式中的语义角色是命题。一般而言，谓词性结构作致使者，语义特点是使动性（即其所指的事物引发了某种感知性

---

① 袁毓林．论元角色的层级关系和语义特征[J]．世界汉语教学，2002(3)．

事件）和述谓性（即它直接或间接地指陈一个事件），正是这个致使性事件作为原因造成了致使关系的发生。

在现代汉语中，谓词性 S 的情况很常见，如：

（70）“他打喷嚏吓得我赶紧关窗户”[①]。（石锓、刘念，2019）

（71）“接过奖状高兴得李老头欣喜若狂”[②]。（石锓、刘念，2019）

在以上例句中，都是由谓词性结构“他打喷嚏”“接过奖状”充当致使者。我们由此推测，汉语“V 得”致使构式的致使者在发展过程中，从明代到现代，其事物性在减弱，事件性在加强。

2.2.2.2　从存现角度

从存现角度，S 有出现、隐省两种情况。

1）S 出现

此类构式比较典型，如：

（72）寒风吹得那窗纸有声。（《金瓶梅词话》七十回，p926）

（73）他打的我急了，没奈何，把你供出来也。（《西游记》五十六回，p426）

（74）女婿死害得儿身坐禁监。（《跻春台·审烟枪》，p330）

以上几例的 S 都显著出现，分别是“寒风”“他”“女婿死”，前两例 S 是体词性成分，即 Sn；后一例 S 是一个事件，即 Se。

2）S 隐省

只要“V 得”前没有出现 S 的，我们都将其归为 S 隐省类。S 隐省的情况又可以分为两种：① S 可以在上文直接找出；② S 不能在上文直接找出，但可以根据上下文内容推测得出。下面分别讨论。

① S 可以在上文直接找出。

这种情况的 S 又可以分为两种情况：一种是体词性成分，也可以记作 Sn；一种是由一个事件（event）充当，我们记作 Se。

隐省类 Sn 的特点是，它作为“V 得”致使构式的致使者，在“V 得”致使构式所在的子句中未出现，但在上一个子句或句子中可以找到，如：

---

① 石锓，刘念．类型学视角下的明代致使结构研究［J］．中文论坛，2019（1）．

② 石锓，刘念．类型学视角下的明代致使结构研究［J］．中文论坛，2019（1）．

(75) 这岑氏毕竟做嘴做脸，骂得这侍妾们上不得前。(《型世言》二十四回，p331)

(76) 王冕擗踊哀号，哭得那邻舍之人无不落泪。(《儒林外史》一回，p12)

(77) 杨大郎又向前踢了几脚，踢打的经济怪叫。(《金瓶梅词话》九十六回，p1309)

(78) 一年邓九公保着货船，天晚船搁了浅，船上众人只弄不起，他生恐失事，立刻跳下水去，只一肩膀，便扛得那船行动了，因此得了这个绰号。(《儿女英雄传》四十回，p906)

以上几例，在“V得”致使构式子句的范围内，致使者S都隐省掉了，但是在子句前面的另一个子句中，都能找到致使者。以上几例的致使者分别是“岑氏”“王冕”“杨大郎”“邓九公”，它们都位于“V得”致使构式前一个子句中，但是在语义上，依然是“V得”致使构式的致使者。

另一类S是由一个事件充当，也位于“V得”致使构式所在的子句之外，我们记作Se。这一类的Se可直接指陈致使情景中的致使原因事件，如：

(79) 那棹子从空便起，吓得妈妈呆了。(《三遂平妖传》三回，p18)

(80) 狗贱妇敢恶言把娘哄骗，气得我年迈人口吐青烟。(《跻春台·失新郎》，p111)

(81) 一个堂堂县令，屈尊去拜一个乡民，惹得衙役们笑话。(《儒林外史》一回，p8)

(82) 那菩萨一朵祥云，轻轻驾起，吓得个唐长老立身无地，只情跪着磕头。(《西游记》八十四回，p643)

以上例句中，致使者Se分别是“那棹子从空便起”“狗贱妇敢恶言把娘哄骗”“一个堂堂县令，屈尊去拜一个乡民”“菩萨轻轻驾起”，都是一个事件，且它们都位于“V得”致使构式所在子句范围之外。事件致使者Se的语义特点也是使动性（即其所指的事物引发了某种感知性事件）和述谓性（即它直接和间接地指陈一个事件），正是这个致使性事件作为原因造成了作为结果的某种感知性事件，也就是说，Se本身就是一个子句，直接指陈致使原因事件。如“棹子从空便起”是“吓”的论元，表示是“棹子从空便起这件事”吓到了“妈妈”；“一个堂堂县令，屈尊去拜一个乡民”是“惹”的论元，表示是“县令屈尊去拜一个乡民这件事”惹得大家笑话；“菩萨一朵祥云，轻轻驾起”是“吓”的论元，表示是“菩萨轻轻驾起这件事”吓到了唐长老。

有的Se甚至不位于“V得”致使构式之前，而是位于其后，如：

（83）胡员外含糊过了一夜，次日早起，先去开柴房门看时，唬得员外呆了，只见刀在一边，剁的尸首却是一把株[1]苕帚。（《三遂平妖传》第四回，p23）

上例中，“V得”是“唬得”，Se是“刀在一边，剁的尸首却是一把株（竹）苕帚”，Se的位置并不在“V得”致使构式之前，而是位于“V得”致使构式之后。整句的致使关系是“刀在一边，剁的尸首却是一把株（竹）苕帚这个场景使员外吓得呆住了”。

为什么一个事件也可以充当致使者呢？Noonan曾指出，“原型补语从句就是充当另一个从句（主语或宾语）的论元（argument）的从句”[2]。Payne也曾指出，“主句可以拥有另一个从句作为自己的核心论元”[3]，所举例子如下：

（84）That Lady Aileron trod on his toe stunned the Duke of Wimple.

用成分分析法分析，如图2.3所示：

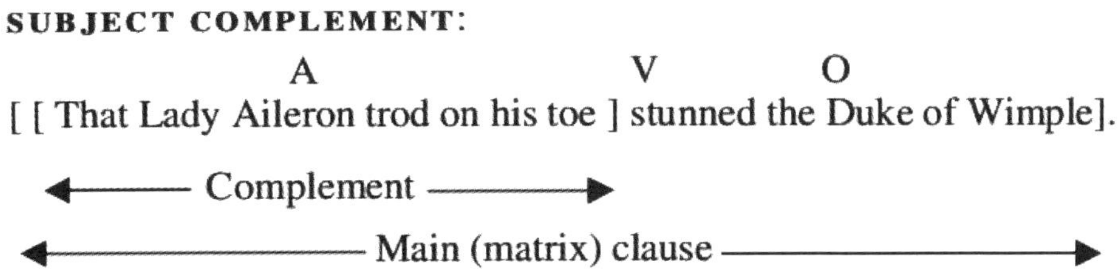

SUBJECT COMPLEMENT:

A　V　O

[[That Lady Aileron trod on his toe] stunned the Duke of Wimple].

←— Complement —→

←— Main (matrix) clause —→

图2.3　从句作论元的示意图

在这个例句中，整个句子是主句（main clause），谓词V是stunned，“That Lady Aileron trod on his toe”这个小句是V的主语，称作主语从句（subject complent）。用树形图分析，如图2.4所示。

如图2.4所示，整句的IP是“stunned the Duke of Wimple”，CP是“That Lady Aileron trod on his toe”。CP是一个句子表示的事件，也是动词stunned的主语（subjest of stunned）。这便是句子作动词论元的现象。

---

① “株”，得月楼本、清客八卷本均作“株”，疑应作“竹”。

② NOONAN M. Complementation［M］//Language Typology and Syntactic Description（Vol. 2）：Complexconstructions. Cambridge：Cambridge University Press，1985.

③ PAYNE T E. Exploring the Language Structure［M］. Cambridge：Cambridge University Press，2006.

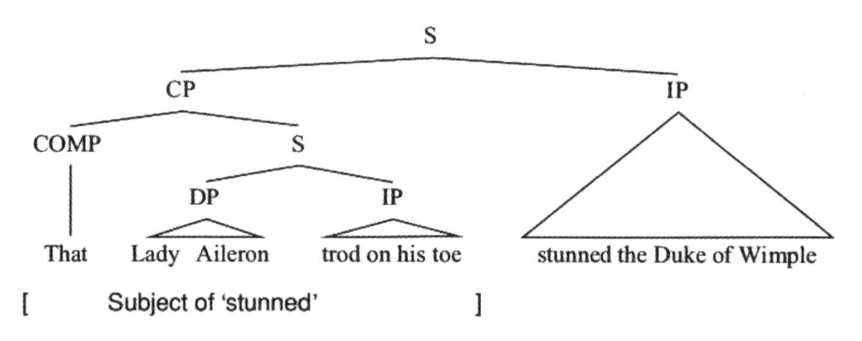

图 2.4 从句作论元的树形图①

受此启发，我们认为，对“V得”致使构式来说，存在由一个句子充当V的论元的情况，如“狗贱妇敢恶言把娘哄骗，气得我年迈人口吐青烟”，“V得”前的成分是“狗贱妇敢恶言把娘哄骗”，是一个句子形式，这便是句子作论元的情况。

综上所述，“V得”致使构式的致使者论元，完全可以由一个表事件的句子充当，即本书所提Se。在这类构式中，Se本身就代表一个事件，指陈整个致使关系中的致使原因事件。

② S不能在上文直接找出，但可以推测得出。

某些隐省类S不能在上文直接找出，即在上下文根本没有出现，不过仍然可以通过上下文的语境内容推测出来，如：

(85) 正要阳谷县抓寻哥哥，不料又在清河县做了都头。一日在街上闲游，喜不自胜。传得东平一府两县，皆知武松之名。(《金瓶梅词话》一回，p8)

(86) 官大怒，掌嘴八十，打得必达满口流血。(《跻春台·血染衣》，p498)

(87) 在灶房闯得油罐滚，满头上倾油似水淋。(《跻春台·螺旋诗》，p439)

以上几例，在上下文中均找不到致使者，但可以通过上下文推测得出。如“传得一府两县皆知武松之名”的，一定是某些人，即此例的致使者是“(传话的)人们”，此处隐省的致使者是“人们”，致使关系是“人们传武松的事迹，传得一府两县皆知武松之名”；第二例也是一样，打必达的，并不是上文出现的

① PAYNE T E. Exploring the Language Structure [M]. Cambridge: Cambridge University Press, 2006.

“官”，而是“官下面的小兵（掌嘴的人）”，是官命令下面的小兵执行掌必达嘴这个动作，所以此例隐省的致使者是“掌嘴的人”，致使关系是“（官下令，然后）掌嘴的人打必达，使得必达满口流血”；第三例是《跻春台·螺旋诗》的故事主角陈忠在描述厨房的场景，根据原文上下文意思，此句表达的是他自己在厨房闯来闯去，使得油罐滚的场景，此句隐省了致使者“陈忠”。

2.2.2.3　小结

综上所述，关于 S 的分类情况，统计如表 2.1 所示，表中最后一栏“数量”是各类构例在本书所检索的明清汉语八部作品中的数量。从表中可知，从 S 存现的角度看，S 严格出现的［S＋V 得＋RS＋RVP］格式共 212 例，而 S 隐省的［V 得＋RS＋RVP］格式共 1406 例，可见大多数“V 得”致使构例都不是规范的［S＋V 得＋RS＋RVP］格式，而是［V 得＋RS＋RVP］格式；从 Sn 和 Se 的数量来看，Sn 类构例共 810（209＋584＋17）例，Se 类构例共 808（805＋3）例，二者基本持平。

表 2.1　明清汉语“V 得”致使构式 S 的分类及数量

<table>
<tr><th>S 的存现</th><th>构式的形式</th><th colspan="2">S 的形式</th><th>构例</th><th colspan="3">数量</th></tr>
<tr><td rowspan="2">S 出现</td><td rowspan="2">S＋V 得＋RS＋RVP</td><td rowspan="2">S 显著出现</td><td>Sn</td><td>老祖宗说的我们太不堪了；
寒风吹得那窗纸有声</td><td>209</td><td rowspan="2">212</td><td rowspan="2">1618</td></tr>
<tr><td>Se</td><td>女婿死害得儿身坐禁监</td><td>3</td></tr>
<tr><td rowspan="3">S 隐省</td><td rowspan="3">V 得＋RS＋RVP</td><td rowspan="2">S 在上下文可找到</td><td>Sn</td><td>王冕擗踊哀号，哭得那邻舍之人无不落泪</td><td>584</td><td rowspan="3">1406</td><td rowspan="3">1618</td></tr>
<tr><td>Se</td><td>那棹子从空便起，吓得妈妈呆了</td><td>805</td></tr>
<tr><td>S 在上下文找不到，可推测得出</td><td>Sn</td><td>（陈忠）在灶房闯得油罐滚</td><td>17</td></tr>
</table>

2.2.3 “V得”致使构式的构件之二：V得

“V得”致使构式的第二个构件是该构式的显赫标识“V得”。在整个致使情景中，构件“V得”表示致使力。

在世界语言中，总的来说，致使力的表现形式有两种情况：第一种是通过动词的形态变化来表现致使力，第二种是用特定的词语来表现致使力。从数量上看，第一种形式在世界语言中占绝大多数，也就是说，致使力在许多语言里就是形态句法标记。Dixon根据对世界语言特点的统计，总结出表致使力动词的形态变化过程，主要包括九种方式：声调变化、重叠、元音加长、内部变化、辅音重叠、环缀、前缀、中缀、后缀。[①] 这九种方式是动词本身表致使结果，动词的形态变化形式表致使力。但是对于汉语来说，动词并不存在形态变化，致使力不可能通过形态变化来表达，只能通过在致使结果的基础上另外再加一个词语的方式来表示。在汉语“V得”致使构式中，V是该构式的核心动词，它与“得”在一起组成“V得”，这个构件表示致使力，在“致使者通过致使力‘V得’的作用产生某种致使结果”这个致使情景中充当了重要作用，可以说“V得”是该构式表示致使含义的关键一环。

以本书所检索的明清汉语为例：

(88) 轿杠撞得楼板响。(《西游记》八十四回，p646)

(89) 这一阵痛得我魂飞魄尽，好一似阎王殿走了一巡。(《跻春台·审烟枪》，p329)

(90) 王冕擗踊哀号，哭得那邻舍之人无不落泪。(《儒林外史》一回，p12)

(91) 王太守与夫人加意赠他，越惹得哥嫂不喜欢。(《型世言》十八回，p253)

以上几句，“撞得”“痛得”“哭得”“惹得”就是“V得”致使构式的第二个构件，由核心动词“V”加上结构助词“得”组成，我们记作“V得”，表示致使力。本节主要对“V得”这个构件的以下特点进行考察。

2.2.3.1 “V得”的音节数

明清汉语“V得”致使构式表致使力的构件“V得”，大多是双音节，少数是三音节，没有三音节以上的情况。如：

---

① DIXON R M W. Basic Linguistic Theory (Vol. 3) [M]. Oxford: Oxford University Press, 2012: 243.

(92) 前日冀州刘彦威领兵来，只一阵杀得他片甲不回。(《三遂平妖传》十七回，p117)

(93) 八戒急回头看，不见水晶宫门，一把摸着那皇帝的尸首，慌得他脚软筋麻，撺出水面。(《西游记》三十八回，p288)

(94) 顾贞节不居下贱，打得他血透衣衫。(《跻春台·比目鱼》，p354)

(95) 你们若只管哭时，惹得夫人心里越发不好过了。(《儒林外史》二十六回，p264)

以上“V得”都是双音节，即V是单音节谓词。“V得”是三音节的构例，在我们所检索的明清汉语语料中，只有十来例，如下：

(96) 也是天不绝人，便遇见你这义重恩深的伯父、伯母，合我师傅父女两人，同心合意，费了无限精神，成全得我何玉凤祸转为福，死里求生，合葬双亲，重归故土。(《儿女英雄传》二十五回，p461)

(97) 叫了三日三夜，烦恼得浑家没措置处。(《三遂平妖传》十二回，p92)

(98) 我正待看个分明，他又把手来影来影去，混帐得人眼花撩乱了。(《金瓶梅词话》五十四回，p657)

(99) 这妖僧骗了善王太尉三千贯钱，蒿恼得一府人不得安迹。(《三遂平妖传》十二回，p89)

(100) 看看马遂将息得棒疮好了，王则并不疑他是行苦肉计的。(《三遂平妖传》十九回，p131)

(101) 只等有了袈裟，打发得我师父好好的出门，才是你们的安乐处。(《西游记》十七回，p107)

(102) 那黑云边上镶着白云，渐渐散去，透出一派日光来，照耀得满湖通红。(《儒林外史》一回，p2)

(103) 又有在侧一干小人，心内嫉妒，挟怨凤姐，便调唆得[①]邢夫人着实憎恶凤姐。如今又听了如此一篇话，也不说长短。(《红楼梦》七十一回，p626)

(104) 这妇人每日打发武大出门，只在帘子下磕瓜子儿，一径把那一对小金莲做露出来，勾引的这伙人，日逐在门前弹胡博词、扠儿鸡，口里油似滑言语，无般不说出来。(《金瓶梅词话》一回，p12)

---

① 庚辰底本中此例无“得”。由于例句采纳需要，本书采用的《红楼梦》是中华书局2001年版（程甲底本），有“得”。

宛新政曾通过对现代汉语100万字语料的考察，发现在“得”字致使句中，V是单音节（即“V得”是双音节）的例子共147个，V是双音节（即“V得”是三音节）的仅有22个[①]，占比很低。这个比例跟我们所考察的明清汉语“V得”致使构式中“V得”双音节数和三音节数所占比例的情况差不多。

本书认为，三音节“V得”占比很低的现象与韵律语法学有关。冯胜利指出，“韵律语法学是从韵律的角度把语音和句法结合在一起，看语音如何控制语法”[②]。李芳杰曾指出，“主谓补语句的述语通常是单音节的，双音节的较少”[③]。那为什么单音节的动词能比较自由地进入主谓补语句呢？吕叔湘曾指出，“在现代汉语中双音节是占优势的基本语音段落”[④]。郭振红曾指出，“根据象似性原则(iconicity)，承载内容越丰富的词语其长度越长。在N1+V1得+N2+V2结构中，整个结构表达的语义焦点在V2上，那么，如果V1包含的内容太丰富，V2就无法突出，所以V1越简单越好，于是双音节动词进入句式就会受到限制”[⑤]。吕叔湘在考察与虚词有关的音节问题时，指出动词与补足成分之间的“得”表示实现某种结果，“该组合里的动词可以是单音节，也可以是双音节，但事实上是单音节动词占绝对优势”[⑥]。李芳杰认为，“一是因为这个结构比较偏口语化，一般来说充当述语的词较为口语性，而单音节的谓词符合这个韵律特点；二是因为在‘V得+主谓结构’中，语音停顿一般在助词‘得’之后，‘得’是紧黏附于动词和形容词的，与其后的动词和形容词连成一个整体，这样的话，‘单音节谓词+得’的组合最为顺口”[⑦]。以上分析都是从韵律影响音节的角度进行分析的。

三音节“V得”与双音节“V得”在词汇化程度上也有差异，一般来说，双音节“V得”的词汇化程度更高。而至于三音节“V得”是何时产生的，为什么会产生，也是一个很重要的问题。关于此问题，本书第7章将尝试探讨。

2.2.3.2 V的词性

V可以是动词，也可以是形容词。如：

---

① 宛新政．现代汉语致使句研究 [D]．上海：复旦大学，2004.

② 冯胜利．汉语韵律语法问答 [M]．北京：北京语言大学出版社，2016.

③ 李芳杰．主谓补语句 [J]．世界汉语教学，1992 (3).

④ 吕叔湘．现代汉语单双音节问题初探 [J]．中国语文，1963 (1).

⑤ 郭振红．N1 V1得 N2 V2句式的构式分析——兼谈构式语法在汉语研究中的应用 [J]．浙江海洋学院学报，2010 (2).

⑥ 吕叔湘．现代汉语单双音节问题初探 [J]．中国语文，1963 (1).

⑦ 李芳杰．主谓补语句 [J]．世界汉语教学，1992 (3).

(105) 只杀得那洞中霞采欠光明，岩上芳菲俱掩压。(《西游记》七十九回，p607)

(106) 先霹栗扑碌把手一掠，打得这些僧帽满地滚。(《型世言》三十四回，p477)

以上两例，V都是动词。明清汉语中能进入“V得”致使构式“V”的槽位的谓词大多都是动词。一些形容词也能进入该构式V的槽位，如：

(107) 却说行者合在金铙里，黑洞洞的，燥得满身流汗，左拱右撞，不能得出。(《西游记》六十五回，p113)

(108) 说着，只恶心得他回过头去向旮旯儿里吐了一口清水唾沫。(《儿女英雄传》三十七回，p766)

以上几例中，“V得”的“V”分别是“燥”“恶心”，均为形容词。为什么形容词能进入这个构式？这涉及构式压制的问题，后文会详述。

2.2.3.3 V的分类

程琪龙在《致使概念语义结构的认知研究》中，从致使动词的词法角度将致使句分为三类：由只带致使义的动词构成的致使句，由同时还带有其他词汇义的动词构成的致使句，以及由不带有致使义的动词构成的致使句。[①] 受此启发，经过考察，本书将“V得”致使构式的V从词法角度分为以下三类。

第一类我们记作V1，是指不带使动含义的纯实义动词，如“打”“骂”“照”等，这一类V作为构式的核心谓词指陈致使原因事件。如：

(109) 昨夜先生骂我是杂种，又打得儿皮破血流。(《跻春台·假先生》，p359)

(110) 几句骂得秋菊忍气吞声，不言语了。(《金瓶梅词话》第二十八回，p325)

第二类我们记作V2，是带使动义的实义动词，如“惊”“气”“急”“唬”等，此类V本身带有使动含义。如“吓”这个动词本身就具有两种意义，一种是纯实义的“惊吓、受到惊吓”，一种是带使动义的“使……受到惊吓”。此类V常用于表示使动义的“X人”结构，如“烦人”“吓人”“急人”等，表示“使人感到X”或“使人产生与X相关的感觉”。如：

(111) 猛然一阵狼虫过，吓得人心趷蹬蹬惊。(《西游记》第二十回，p145)

---

① 程琪龙．致使概念语义结构的认知研究［J］．现代外语，2001（2）.

（112）两个一齐走到轩内，慌的西门庆凑手脚不迭。（《金瓶梅词话》第二十七回，p311）

第三类我们记作V3，是类致使词[①]，如“弄”“惹”“闹”等。“V得”可当做一个类似于“使”“令”等的致使词。宛新政将此类V定义为泛义动词，并指出“在这些泛义动词前面一般是个事件……而作为事件链，这个前面的事件又会导致引发新的事件结果。那么人们在叙述时，一般动词不能胜任，而泛义动词由于其语义概括性，正好可以满足这一要求”[②]。如：

（113）一个堂堂县令，屈尊去拜一个乡民，惹得衙役们笑话。（《儒林外史》一回，p8）

（114）婆婆口顽，媳妇耳顽，弄得连儿子也不得有孝顺的名。（《型世言》六回，p79）

（115）却说安老爷的话，一层逼进一层，引得个邓九公雄辩高谈，真情毕露。（《儿女英雄传》十六回，p270-271）

综上所述，本书从词法角度对V的分类如表2.2所示。

表2.2　明清汉语“V得”致使构式V的分类

V的类型	特点	示例
V1	不带使动含义的纯实义动词	打、骂、说、撞、压、吹、刮、搅、杀、照、喝、吃等
V2	带使动含义的实义动词	惊、气、急、慌、唬等
V3	类致使词	弄、惹、闹、招、引等

这只是对V进行分类的其中一种方式，还可以从其他角度对V进行分类，关于此后文在需要时会详述。

2.2.4　“V得”致使构式的构件之三：RS+RVP

“V得”致使构式的第三构件是RS+RVP。在“V得”致使构式中，“V得”后的主谓结构RS+RVP是整个构式表达的重点，也是该构式的常规焦点，指陈致使情景的致使结果事件。它又由两个更小的构件组成，即RS、RVP。在致使情景的参与角色中，被致使者（causee）由主谓结构的主语部分RS充当，

① 此类“V得”的作用类似于一个致使词“使”，本书将这类“V得”的V称为“类致使词”。

② 宛新政．现代汉语致使句研究［D］．上海：复旦大学，2004.

致使结果（caused result）由主谓结构的谓语部分 RVP 充当。如：

（116）不知这钗儿却是李侍讲马夫拾得，又是长班先看见，两个要分，争夺起来，且闹得李侍讲知道。（《型世言》十二回，p174）

（117）这一阵哭得咽喉哽。（《跻春台·义虎祠》，p69）

（118）却教我打了他十下，惹的你奶奶心中不自在起来。（《金瓶梅词话》九十四回，p1283）

以上几例，“V得”后的主谓结构“李侍讲知道”“咽喉哽”“你奶奶心中不自在起来”就是致使情景中的使果事件，其中“李侍讲”“咽喉”“你奶奶”是被致使者 RS，“知道”“哽”“心中不自在起来”是致使结果 RVP。范晓、张豫峰认为，“得”后的主谓短语是整个“V得”致使句的重心[①]，是整句的焦点，指陈被致使者在致使力作用下所发生的结果和变化。

2.2.4.1 RS

“V得”后主谓结构的主语部分 RS 就是致使构式的被致使者，一般来说，它是致使力“V得”的作用对象。如：

（119）这一阵夹得我魂飞魄尽，已经在阎王殿走了一巡。（《跻春台·六指头》，p205）

（120）行者大怒，喝了一声，把牙一嗟，唬得那一家子跌跌蹡蹡，往后就走。（《西游记》五十三回，p401）

以上两例的“我”“那一家子”是被致使者。它们位于“V得”后，是致使力“V得”的作用对象；位于“得”后主谓结构的主语位置，是致使结果事件的主语。我们认为，在致使情景中，被致使者这一参与角色是整个致使情景必不可少的要素。在致使结果事件中，它是结果事件的主事，在致使原因事件中，它又是致使力的承受者。这种双重角色身份使得它作为纽带将致使原因事件和致使结果事件这两个事件联系起来，构成一个完整的致使关系链。因此，在“V得”致使构式中，被致使者是不可缺少的构件。

一般来说，被致使者 RS 的形式结构单一，基本都是体词或体词性结构，其中名词占比最大，另外还有人称代词、名词词组等结构。如：

（121）我被那怪一口风喷将来，吹得我眼珠酸痛，这会子冷泪常流。（《西游记》二十一回，p151）

① 范晓，张豫峰．得后主谓结构的语义分析［M］//吴兆路．中国学研究．济南：济南出版社，2001.

（122）老师既把这个人托我，我若不把他就叫了来见老师，也惹得老师笑我做事疲软。（《儒林外史》一回，p8）

（123）一路也过了四五处烟村，也过了两三条镇市，那两面锣接连十三棒敲的不断，惹得那些路上行人，深闺儿女都彼此闲论。（《儿女英雄传》三十六回，p746）

（124）只见西门庆掀帘子进来，慌的吴妗子和薛姑子、王姑子往李娇儿屋里走不迭。（《金瓶梅词话》五十一回，p605）

以上几例的RS，“我”是人称代词，“老师”是名词，“那些路上行人，深闺儿女”“吴妗子和薛姑子、王姑子”是名词词组。

有的构例中，RS的位置看上去像是介词短语，如：

（125）一句话说得满屋里都笑起来。（《红楼梦》十一回，p86）

上例中，“满屋里”看似介词短语，但实际根据后面RVP“笑”可以知道，这里的RS是“满屋里的人”省略了“的人”，所以实际RS依然是体词，是一个定中名词短语。

2.2.4.2 RVP

“V得”后主谓结构的谓语部分RVP就是致使构式的致使结果，表示被致使者在致使力的作用下产生的某种结果。如：

（126）慌得个舅太太连忙也跪下。（《儿女英雄传》四十回，p862）

（127）百姓们都烧香顶礼道：“好个龙图包相公！”治得开封府一郡人民无不欢喜。（《三遂平妖传》九回，p59-60）

以上两例，“连忙也跪下”是该致使构式的致使结果，与被致使者“舅太太”一起组成致使结果事件，也称被致使事件；“无不欢喜”是该致使构式的致使结果，与被致使者“开封府一郡人民”一起构成致使结果事件，也称被致使事件。

RVP的形式多变、结构丰富，相对应的，语义上也更为丰富多样，有很大的研究空间。有的RVP是动词，表示被致使者在致使力的作用下产生的动作行为，如：

（128）邓九公……便扛得那船行动了，因此得了这个绰号。（《儿女英雄传》四十回，p906）

（129）若打交昏晕好了，或者打得他这把刀落……（《型世言》二十二回，p306）

有的 RVP 是形容词，表示被致使者在致使力的作用下呈现的性质或状态，如：

(130)（婆子）抹得桌子干净，便取出那绸绢三匹来。（《金瓶梅词话》一回，p36）

(131) 这阵哭得咽喉涨。（《跻春台·双金钏》，p5）

有的是复杂谓词性结构，表示被致使者在致使力的作用下呈现的情状或发生的动作，如：

(132) 月娘与众姊妹吃了一回，但见银河清浅，珠斗烂斑，一轮团圆皎月从东而出，照得院宇犹如白昼。（《金瓶梅词话》二十四回，p272）

(133) 及开榜把客请来，靳氏将三子藏了，急得开榜眼泪双流，与弟商量，就抚次子。（《跻春台·仙人掌》，p87）

有的 RVP 是复句形式，表示被致使者在致使力的作用下发生的一系列的动作或心理反应，如：

(134) 姑娘刚才打老太太那边回来，身上觉着不大好，唬的我们没了主意，所以哭了。（《红楼梦》九十七回，p861）

(135) 店主逼住要担，把杨一呹二，骂得杨口不能开，头不敢抬。（《跻春台·川北栈》，p262）

甚至有的 RVP 是名词形式，通常这个名词充当谓语表示的也是被致使者的一种状态，如：

(136) 他此时才进门来，那一身家什已经压得满头大汗。（《儿女英雄传》三十四回，p690）

本书对八部明清时期汉语作品中的“V 得”致使构式进行了穷尽性检索、调查和分析，并对 RVP 的形式分别为动词、形容词、名词、复杂谓词性结构、复句等各种类型的语料例句进行了分析、统计、归类，各类 RVP 所在构例的数量统计如表 2.3 所示。后文在讨论构式的层级互动时，会将 RVP 的形式分别为动词、形容词、名词的三类归为甲式子构式，届时再详述。

如表 2.3 所示，在明清汉语“V 得”致使构式中，RVP 为动词的构例有 224 例，占比较小；RVP 为形容词的构例有 195 例，占比也较小；RVP 为名词的构例有 21 例，占比最小；RVP 为复杂谓词性结构的构例有 798 例，占比最大；RVP 为复句的构例有 380 例，占比较大。

表 2.3　明清汉语“V得”致使构式 RVP 的分类及数量

作品简称		《金》	《三》	《西》	《型》	《儿》	《红》	《跻》	《儒》	总计
“V得”致使构例数量		365	44	396	63	156	288	244	62	1618
RVP的形式种类	动词	55	2	33	9	26	53	29	13	224
	形容词	33	14	29	5	21	45	31	13	195
	名词	9	0	2	0	8	2	0	0	21
	复杂谓词性结构	166	18	207	28	61	131	164	24	798
	复句	102	10	125	21	40	57	20	12	380

2.3　本书对“V得”致使构式的分类

本节将确定本书对明清汉语“V得”致使构式的分类方法，为下文研究搭建好框架。

关于“V得”致使句的分类，学界有不同的看法，之前的研究大多是在语义层面进行区别分类。有的学者根据“得”后补语部分的语义指向来进行分类，如熊仲儒认为“V得”致使句可分为两类：“得”后补语指向N2，如“他哭得眼泪掉下来”；“得”后补语指向V，如“我找得你们好苦”。① 范晓、张豫峰则认为，“‘得’后的主谓短语的语义是针对N2（被致使者）进行说明，因此其语义总是指向N2”②。有的根据“得”前V的语义指向来划分，如宛新政认为，“V的语义指向有三种类型，第一种向前指向N1（致使者），如‘老拳说得我心都寒了’，说明致使力是由N1发出的，导致N2（被致使者）产生了一种变化；第二种向后指向N2，如‘羡慕得瓜瓜伸长了脖子’，致使力来自N2；第三种情况比较特殊，如‘这一声叫得我心里哆嗦起来’，V既不指向N1也不指向N2，N1不是V的施事，‘这一声’是‘叫’的客事”③。总之，以往研究的分类方法，基本都是从V和RVP这两个谓词性构件的语义指向层面入手，都不足以体

① 熊仲儒．现代汉语中的致使句式［M］．合肥：安徽大学出版社，2004.

② 范晓，张豫峰．得后主谓结构的语义分析［M］//吴兆路．中国学研究．济南：济南出版社，2001.

③ 宛新政．现代汉语致使句研究［M］．杭州：浙江大学出版社，2005.

现“V 得”致使构式“形式与意义配对”的特点。本书将采用新的“V 得”致使构式分类方法。

2.3.1 从 S 的角度进行分类

本书在大框架下从 S 的角度对该构式进行分类。原因有以下几点：

第一，从学理上看。在［S＋V 得＋RS＋RVP］中，有 S、V 得、RS、RVP 这几个构件。其中，表致使力的“V 得”是一个半图示性构式，是一个已确定的对象，是一个整体，从构式宏观层面看，不应再分析；经考察，从 RS、RVP 这两个构件角度进行分类意义不大；而 S 是致使事件的总发起者，它具有高度概括性，所以从 S 的角度进行分类便于把握全局。

第二，从研究意义看。第 2 章第 2 节已述，S 在形式上分为体词性致使者（Sn）、谓词性成分致使者（Se）两大类（参见表 2.1），本书通过多方位考察发现，Sn 类构式与 Se 类构式在构件搭配、构式语义特征、致使事件框架及互动规律等方面均存在明显区别，也就是说，S 的不同类型对应了构式的不同语义特征及互动规律。这说明，从 S 的角度进行分类具有实际的研究意义。

第三，从统计角度看。本书通过对明清时期八部代表性作品做穷尽性考察发现，Sn 与 Se 在数量上近似持平（Sn 类 810 例，Se 类 808 例），作为定量对比研究非常合适。

综上所述，本书认为，根据 S 的特点将该构式分为 Sn 类与 Se 类，是比较科学、合理的方法，也是一种创新的分类方法。

那么 Sn 类构式、Se 类构式分别怎么命名呢？第一，本书第 2 章第 2 节已述，Sn 均为体词性成分，一般为名词（词组）、代词（词组）、名量成分等，且大多是名词（词组）类，具有名词特点，本书将其称为“涉名类 S”；Se 为谓词性结构或一个句子，表达一个动作或一个事件，且大多是表达一个事件，本书将其称为“涉事类 S”。第二，从语义角度来说，S 在中观构式[①]层面的语义角

---

① Hudson 曾于 1984 年提出网络假设（Network Postulate）：“语言是一个概念网络”［Hudson RICHARD A. 1984. Word Grammar. Oxford：Blackwell，1984.］。Hoffman（2017）指出，“这个网络通过分类层级关系（taxonomic hierarchy）表征”［HOFFMAN T. Construction Grammar［M］//DANCYGIER B. The Cambridge Handbook of Cognitive Linguistics. Cambridge：Cambridge University Press，2017.］，同时他认为，位于层级最底层的是具体构式或微观构式（micro-constructions），位于中间层级的是次图式性构式或中观构式（meso-constructions），是对具体构式的概括；位于最高层级的是图式性构式或宏观构式（macro-constructions），是对次图式性构式的进一步概括。

色是“致使者”，在宏观构式层面的语义角色为“致事”，无论S是“涉名类”还是“涉事类”，它所处的位置都是构式的主体论元位置（主语），所充当的语义角色都是致使事件中的“致事”。所以结合以上两点，本书将Sn、Se分别命名为“涉名致事”和“涉事致事”，将“V得”致使构式分为“涉名致事类‘V得’致使构式”和“涉事致事类‘V得’致使构式”两大类，如表2.4所示。

表2.4 “V得”致使构式基于S的分类

构式的分类	S的种类	S的特点	构例	数量
涉名致事类“V得”致使构式	Sn	均为体词性成分；可以是人（有生命），也可以是物（无生命）	贾母笑的手里的牌撒了一桌子。 寒风吹得那窗纸有声。 小淫妇，害得老子好苦也。	810
涉事致事类“V得”致使构式	Se	均为谓词性成分或句子，指陈一个事件	狗贱妇敢恶言把娘哄骗，气得我年迈人口吐青烟。 那棹子从空便起，吓得妈妈呆了。	808

从数量上看，涉名致事类构式共810例，涉事致事类构式共808例，数量基本持平。本书经过考察，发现二者在句法、语义、语用等方面均存在区别。本书在大框架上从S的角度，将“V得”致使构式分为涉名致事类“V得”致使构式、涉事致事类“V得”致使构式，在第3、4章分别对两类子构式展开详细研究。

2.3.2 从各构件语义关系模式的角度进行分类

在确定了大框架分类方法后，本书在实际处理语料时，还会对“V得”致使构式进行更细的分类。比如，根据各构件的特点及组合方式将“V得”致使构式分为A式、B式、C式三大类（A式为涉名致事类子构式，B式、C式为涉事致事类子构式）；又比如，基于各构件之间的语义关系模式将“V得”致使构式分为A1、A2、A3、A4、A5、B1、B2、C八类子构式。另外，根据致使情景的致使关系链数量还可以将“V得”致使构式分为双事件致使构式和三事件致使构式。分类方法将在第三、四章详述。

2.4 小　　结

本章第 1 节对“V 得”致使构式进行了判定，认定它是一个构式，给出了它形式与意义的配对，并对结构上是“N1＋V 得＋N2＋V2”但语义上不表致使的伪“V 得＋主谓结构”结构进行了排除，进一步缩小、精确了“V 得”致使构式的范围。第 2 节对该构式的几个构件进行了定义和解析，从句法层面对几个构件进行了介绍和描写。第 3 节对明清汉语“V 得”致使构式进行分类，从 S 的角度将“V 得”致使构式分为涉名致事类“V 得”致使构式、涉事致事类“V 得”致使构式两大类，并简要介绍了基于各构件之间语义关系模式的分类方法，为下文的研究奠定了框架基础。

第3章
明清汉语涉名致事类“V得”致使构式研究

本书第2章将“V得”致使构式分为涉名致事类“V得”致使构式、涉事致事类“V得”致使构式两大类。本章将运用构式语法理论对明清汉语涉名致事类“V得”致使构式进行研究，主要内容包括：明清两个时期涉名致事类“V得”致使构式的使用概况、各构件的特点、语义表达特征、特殊构例、时代特征与地域特征等。

3.1 明清汉语涉名致事类“V得”致使构式的使用状况

涉名致事类“V得”致使构式的形式为：[Sn+V得+RS+RVP]。本节我们对明清汉语涉名致事类“V得”致使构式的使用面貌进行描写概括。通过对明代、清代汉语八部代表性作品中的涉名致事类“V得”致使构式进行穷尽性检索和分析，依次介绍各作品中该构式的使用概况。

3.1.1 明清各作品中涉名致事类“V得”致使构式的使用概况

本小节我们对明清汉语涉名致事类“V得”致使构式的使用概况进行描写梳理。本书主要检索的明清时期作品有《三遂平妖传》《金瓶梅词话》《西游记》《型世言》《儒林外史》《红楼梦》《儿女英雄传》《跻春台》。下面依次按照作品逐一进行举例和描写。

3.1.1.1　《三遂平妖传》涉名致事类“V 得”致使构式使用概况

经过穷尽性考察和统计，《三遂平妖传》中，“V 得”致使构式共有 44 例，其中涉名致事类“V 得”致使构式共有 18 例，在该作品所有“V 得”致使构式中占比 40.91%。构例如：

(137) 一阵恶风吹得我迷踪失路。(《三遂平妖传》十九回，p127)

(138) 看看马遂将息得棒疮好了，王则并不疑他是行苦肉计的。(《三遂平妖传》十九回，p131)

(139) 这等小盏子如何吃得贫僧快活。(《三遂平妖传》十一回，p76)

(140) 一声响亮，只见火光迸散，震得一只手木麻了半晌。(《三遂平妖传》七回，p46)

以上四例中各构件及对应的致使角色是：Sn 分别是“一阵恶风”“马遂”“这等小盏子”“一声响亮”，都是名词，为致使者；“V 得”分别是“吹得”“将息得”“吃得”“震得”，为致使力，V 都是单纯实义动词；RS 分别是“我”“棒疮”“贫僧”“一只手”，为被致使者；RVP 分别是“迷踪失路”“好了”“快活”“木麻了半晌”，为致使结果。四例的致使关系分别是“一阵恶风吹过，使得我迷踪失路”“马遂休息，使得棒疮好了”“贫僧吃这等小盏子食物，如何使得贫僧快活”“声响震手，使得手木麻了半晌”，四例的致使关系链中都包含两个事件，即致使原因事件和致使结果事件。

3.1.1.2　《金瓶梅词话》涉名致事类“V 得”致使构式使用概况

经过穷尽性考察和统计，《金瓶梅词话》中，“V 得”致使构式共有 365 例，其中涉名致事类“V 得”致使构式共有 179 例，在该作品所有“V 得”致使构式中占比 49.04%。构例如：

(141) 几句骂得秋菊忍气吞声，不言语了。(《金瓶梅词话》二十八回，p325)

(142) 寒风吹得那窗纸有声。(《金瓶梅词话》七十回，p926)

(143) 杨大郎又向前踢了几脚，踢打的经济怪叫。(《金瓶梅词话》九十六回，p1309)

(144) 日色照的纱窗十分明亮。(《金瓶梅词话》九十五回，p1296)

以上四例中各构件及对应的致使角色是：Sn 分别是“几句”“寒风”“杨大

郎”“日色”，都是名词，为致使者；“V得”分别是“骂得”“吹得”“踢打的”“照的”，为致使力，V都是单纯实义动词；RS分别是“秋菊”“那窗纸”“经济”“纱窗”，为被致使者；RVP分别是“忍气吞声，不言语了”“有声”“怪叫”“十分明亮”，为致使结果。四例的致使关系分别是“（春梅）骂秋菊的几句，使得秋菊忍气吞声，不言语了”“寒风吹窗纸，使得窗纸有声”“杨大郎踢打陈经济，使得他怪叫”“日色照耀纱窗，使得纱窗十分明亮”，四例的致使关系链中都包含两个事件，即致使原因事件和致使结果事件。

3.1.1.3　《西游记》涉名致事类“V得”致使构式使用概况

经过穷尽性考察和统计，《西游记》中，“V得”致使构式共有396例，其中涉名致事类“V得”致使构式共有122例，在该作品所有“V得”致使构式中占比30.81%。构例如：

（145）只是风搅得烟来，把一双眼熵红了。（《西游记》七回，p45）

（146）想是轿杠撞得楼板响。（《西游记》八十四回，p646）

（147）他打的我急了，没奈何，把你供出来也。（《西游记》五十六回，p426）

（148）雷惊的虎豹藏形。（《西游记》九十九回，p766）

以上四例中各构件及对应的致使角色是：Sn分别是“风”“轿杠”“他”“雷”，都是名词，为致使者；“V得”分别是“搅得”“撞得”“打的”“惊的”，为致使力，V都是单纯实义动词；RS分别是“烟”“楼板”“我”“虎豹”，为被致使者；RVP分别是“来”“响”“急了”“藏形”，为致使结果。四例的致使关系分别是“风搅动使得烟被搅来”“轿杠撞楼板使得楼板响”“他打我，使得我着急了”“打雷使得虎豹受惊，使得它们藏行”，四例的致使关系链中都包含两个事件，即致使原因事件和致使结果事件。

3.1.1.4　《型世言》涉名致事类“V得”致使构式使用概况

经过穷尽性考察和统计，《型世言》中，“V得”致使构式共有63例，其中涉名致事类“V得”致使构式共有36例，在该作品所有“V得”致使构式中占比57.14%。构例如：

（149）我连日睡得骨头都疼。（《型世言》四回，p56）

（150）胡似庄与杨兴对酌，灌得杨兴一些动不得。（《型世言》三十一回，p441）

(151) 军士们又日在雪中，冻得手足都僵。(《型世言》八回，p117)

(152) 孟端与李左丞计议……杀得吕珍大败而走。(《型世言》十四回，p203)

以上四例中各构件及对应的致使角色是：Sn分别是“我”“胡似庄”“军士们”“孟端与李左丞”，都是名词，为致使者；“V得”分别是“睡得”“灌得”“冻得”“杀得”，为致使力，V都是单纯实义动词；RS分别为“骨头”“杨兴”“手足”“吕珍”，为被致使者；RVP分别是“疼”“一些动不得”“僵”“大败而走”，为致使结果。四例的致使关系分别是“我连日睡觉，使得骨头都疼了”“胡似庄灌杨兴，使杨兴一些动不得”“军士们受冻，使得手足都僵硬了”“孟端与李左丞合计一起攻打吕珍，使得吕珍大败而走”，四例的致使关系链中都包含两个事件，即致使原因事件和致使结果事件。

3.1.1.5　《儒林外史》涉名致事类“V得”致使构式使用概况

经过穷尽性考察和统计，《儒林外史》中，“V得”致使构式共有62例，其中涉名致事类“V得”致使构式共有48例，在该作品所有“V得”致使构式中占比77.42%。构例如：

(153) 那黑云边上镶着白云，渐渐散去，透出一派日光来，照耀得满湖通红。(《儒林外史》一回，p2)

(154) 有甚好处到你老人家，却说这样的话！越说得我们心里不安。(《儒林外史》九回，p98)

(155) 那穿元色的……劈脸就是一个大嘴巴，打的乌龟跪在地下磕头如捣蒜。(《儒林外史》二十二回，p229-230)

(156) 忽然起一阵怪风，刮的树木都飕飕的响。(《儒林外史》一回，p13-14)

以上四例中各构件及对应的致使角色是：Sn分别是“日光”“你老人家”“那穿元色的”“一阵怪风”，都是名词，为致使者；“V得”分别是“照耀得”“说得”“打的”“刮的”，为致使力，V都是单纯实义动词；RS分别是“满湖”“我们”“乌龟”“树木”，为被致使者；RVP分别是“通红”“心里不安”“跪在地下磕头如捣蒜”“都飕飕的响”，为致使结果。四例的致使关系分别是“日光照耀满湖，使得满湖通红”“你老人家说这样的话，使得我们心里不安”“那穿元色的打乌龟，使得乌龟跪在地下磕头如捣蒜”“一阵怪风刮过，使得树木都飕飕的响”，四例的致使关系链中都包含两个事件，即致使原因事件和致使结果事件。

3.1.1.6 《红楼梦》涉名致事类“V得”致使构式使用概况

经过穷尽性考察和统计，《红楼梦》中，“V得”致使构式共有288例，其中涉名致事类“V得”致使构式共有160例，在该作品所有“V得”致使构式中占比55.56%。构例如：

(157) 贾母笑的手里的牌撒了一桌子。(《红楼梦》四十七回，p392)

(158) 平儿哭得眼红，听见贾母带着王夫人宝玉宝钗过来，疾忙出来迎接。(《红楼梦》一百零七回，p946)

(159) 又因王善保家的是邢夫人的耳目，常时调唆的邢夫人生事。(《红楼梦》七十四回，p655)

(160) 你只别嚷的众人知道，你要怎样我都依你。(《红楼梦》十五回，p113)

以上四例中各构件及对应的致使角色是：Sn分别是“贾母”“平儿”“王善保家的”“你”，都是名词或代词，为致使者；“V得”分别是“笑的”“哭得”“调唆的”“嚷的”，为致使力，V都是单纯实义动词；RS分别是“手里的牌”“眼”“邢夫人”“众人”，为被致使者；RVP分别是“撒了一桌子”“红”“生事”“知道”，为致使结果。四例的致使关系分别是“贾母笑，使得手里的牌撒了一桌子”“平儿哭，使得眼睛都红了”“王善保家的调唆邢夫人，使得邢夫人生事”“你嚷，使得众人都知道”，四例的致使关系链中都包含两个事件，即致使原因事件和致使结果事件。

3.1.1.7 《儿女英雄传》涉名致事类“V得”致使构式使用概况

经过穷尽性考察和统计，《儿女英雄传》中，“V得”致使构式共有156例，其中涉名致事类“V得”致使构式共有92例，在该作品所有“V得”致使构式中占比58.97%。构例如：

(161) 面前却立着合他同砚的一个新安毕生，手里拿着一方界尺，拍的那桌子乱响。(《儿女英雄传》缘起首回，p8)

(162) 邓九公……便扛得那船行动了，因此得了这个绰号。(《儿女英雄传》第四十回，p906)

(163) 那邓九公直喝的眼睛有些粘糊糊的，舌头有些硬橛橛的了。(《儿女英雄传》第三十二回，p638)

(164) 他那奶头儿里的奶……呛得那孩子又是咳嗽又是嚏喷。(《儿女英雄传》第三十九回，p831)

以上四例中各构件及对应的致使角色是：Sn分别是“一个新安毕生”“邓九公”“那邓九公”“奶头儿里的奶”，都是名词，为致使者；“V得”分别是“拍的”“扛得”“喝的”“呛得”，为致使力，V都是单纯实义动词；RS分别是“桌子”“船”“眼睛舌头”“那孩子”，为被致使者；RVP分别是“乱响”“行动了”“有些粘糊糊的，有些硬橛橛的了”“又是咳嗽又是嚏喷”，为致使结果。四例的致使关系分别是“一个新安毕生拍桌子，使得桌子乱响”“邓九公扛船，使得船行动了”“邓九公喝多了，使得眼睛有些粘糊糊的，舌头有些硬橛橛的了”“奶头里的奶呛到了孩子，使得那孩子又是咳嗽又是喷嚏”，四例的致使关系链中都包含两个事件，即致使原因事件和致使结果事件。

3.1.1.8　《跻春台》涉名致事类“V得”致使构式使用概况

经过穷尽性考察和统计，《跻春台》中，“V得”致使构式共有244例，其中涉名致事类“V得”致使构式共有155例，在该作品所有“V得”致使构式中占比63.52%。构例如：

(165) 众客不敢不从，射得梦虫身上箭如雨下，矢似飞蝗。(《跻春台·双金钏，p16)

(166) 太阳大晒得我皮焦肉紧，把遗体都现出好不羞人。(《跻春台·巧姻缘》，p178)

(167) 昨夜先生骂我是杂种，又打得儿皮破血流。(《跻春台·假先生》，p359)

(168) 再说刁氏到三更后喊二子放火，二人烧得书房火光冲天。(《跻春台·僧包头》，p549)

以上四例中各构件及对应的致使角色是：Sn分别是“众客”“太阳”“先生”“二人”，都是名词，为致使者；“V得”分别是“射得”“晒得”“打得”“烧得”，为致使力，V都是单纯实义动词；RS分别是“梦虫”“我”“儿”“书房”，为被致使者；RVP分别是“身上箭如雨下，矢似飞蝗”“皮焦肉紧”“皮破血流”“火光冲天”，为致使结果。四例的致使关系分别是“众客射梦虫，使得他身上箭如雨下，矢似飞蝗”“太阳晒，使得我皮焦肉紧”“先生打我，使得我皮破血流”“二人烧书房，使得书房火光冲天”，四例的致使关系链中都包两个事件，即致使原因事件和致使结果事件。

3.1.2 小结

根据以上统计描写，在本书所检索的八部作品中，涉名致事类“V得”致使构式的数量和占比情况如表3.1所示。

表3.1 明清汉语各作品中涉名致事类“V得”致使构式的数量分布

作品简称	《三》	《金》	《西》	《型》	《儒》	《红》	《儿》	《跻》	总计
涉名致事类“V得”致使构式数量	18	179	122	36	48	160	92	155	810
“V得”致使构式数量	44	365	396	63	62	288	156	244	1618
占比	40.91%	49.04%	30.81%	57.14%	77.42%	55.56%	58.97%	63.52%	50.06%

从上表可以看出，本书所检索的八部明清时期作品中，涉名致事类“V得”致使构式共有810例，在所有“V得”致使构式中占比的平均值为50.06%，即大约占了一半的比例。涉名致事类“V得”致使构式占比最高的作品是《儒林外史》，为77.42%；占比最低的作品是《西游记》，为30.81%。

3.2 明清汉语涉名致事类“V得”致使构式各构件研究

涉名致事类“V得”致使构式的构件在形式上最大的特点就是S为体词性结构，除此之外，各构件还分别有什么特点？这是本节要考察的主要内容。

3.2.1 S的特点

S作为“V得”致使构式的构件之一，有的可以在上下文找到，有的无法在上下文找到但可以根据语境推测得出。换句话说，它的存现要求并不严格，它可以出现，也可以隐省。无论是出现还是隐省，涉名致事类“V得”致使构式的致使者S都是体词（Sn）。下面从S的分类和S的语义特点两方面对Sn进行考察。

3.2.1.1　Sn的分类

本书按照Sn的来源将其分为施事性致使者、受事性致使者、工具性致使者等几类。

施春宏曾在研究汉语致使结构时对致使原因事件中致事的来源进行过考察，他认为，致事可以分为三种类型：一是由述语动词的施事提升而来，如“小王打碎了花瓶”，称为“显性致事”；一是由述语动词的受事提升而来，如“那场报告听得他无精扣采”，称为“隐性致事”；还有一种由独立于述语动词和补语动词的参与者提升而来，如“那场症疫病死了不少人”，称为“外在致事”①。几种致事列举如下：

小王打碎了花瓶。（显性致事）
那场报告听得他无精打采。（隐性致事）
那场症疫病死了不少人。（外在致事）

我们借用施春宏对述结结构致事来源的研究成果，对明清汉语涉名致事类“V得”致使构式的Sn来源进行考察。首先需要指出的是，一个致使情景由致使原因事件和致使结果事件组成，构式与这两个事件以及它们的参与者之间是存在互动的。这种互动关系体现在：两个事件中不同的参与者投射到构式的句法结构上，分别占据Sn和RS的槽位。根据本书考察，在涉名致事类“V得”致使构式中，RS的槽位一般只能由致使结果事件的主体（施事或感事）投射占据，而Sn的槽位却可以由致使原因事件中的任一参与者投射占据，比如述语动词的施事（或感事）、受事、工具等，它们都可以投射到句法结构上占据Sn的槽位。受此启发，本书根据“V得”致使构式的实际情况，将明清汉语“V得”致使构式的Sn来源分为以下几类。

一是由致使原因事件中述语动词的施事（或感事）提升而来，本书将其称为“施事性致使者”，例如：

（169）安老爷便研得墨浓。（《儿女英雄传》十六回，p280）

（170）你们也打得手困了，却该老孙取出个针儿来耍耍。（《西游记》十四回，p100）

第一例表达的致使关系是“安老爷研墨，使墨浓”，致使原因事件是“安老

① 施春宏．汉语动结式的句法语义研究［M］．北京：北京语言大学出版社，2008．

爷研墨”，Sn“安老爷”的来源是致使原因事件中述语动词“研”的施事；第二例表达的致使关系是“你们打，使得手困”，致使原因事件是“你们打”，Sn“你们”的来源是致使原因事件中述语动词“打”的施事。

二是由致使原因事件中述语动词的受事提升而来，本书将其称为“受事性致使者”，例如：

(171) 瘸师道：“哥哥休要焦燥，两个炊饼如何吃得我娘儿两个饱？不如只籴米煮粥吃罢！”(《三遂平妖传》九回，p62)

(172) 婆婆接得在手，看了炊饼道：“好却好了，这一个如何吃得我饱，何不都与了我？”(《三遂平妖传》第二回，p11)

(173) 姐姐，你想得我好苦！(《儿女英雄传》二十回，p355)

前两例所包含的“V得”致使构式是“两个炊饼如何吃得我娘儿两个饱”“一个炊饼如何吃得我饱”，所表达的致使关系是“我娘儿两个吃两个炊饼，如何使得我娘儿两个饱”“我吃一个炊饼，如何使得我饱”，Sn“两个炊饼”“一个炊饼”的来源是致使原因事件中述语动词“吃”的受事。第三例中该致使构式是两个句子的整合：致使原因事件“我想你”，致使结果事件“我好苦”，致使关系是“我想你，使得我（心里）好苦”。该例是一个合格的“V得”致使构式，Sn“你”的来源是述语动词“想”的受事。

三是由其他参与者角色充当致使者，如“工具性致使者”，例如：

(174) 和尚道：“有心斋僧，这等小盏子如何吃得贫僧快活。”(《三遂平妖传》十一回，p76)

(175) 头一次四十掌牙关打烂，打得儿血淋淋说话不祷。(《跻春台·审烟枪》，p331)

上例所包含的“V得”致使构式是“小盏子如何吃得贫僧快活”“四十掌打得儿血淋淋说话不祷”，所表达的致使关系是“贫僧吃一小盏子酒，如何使得贫僧快活”“（某人）用四十掌打儿，使得儿血淋淋说话不祷”。Sn“小盏子”“四十掌”的来源是致使原因事件“贫僧吃一盏子酒”“用四十掌打儿”中的工具。

那么，在致使原因事件中哪些语义上的参与者比较容易投射到Sn的槽位，从而在句法地位上提升为构式的Sn呢？哪些参与者不太容易在句法上提升为Sn呢？理论上，使因事件中的所有参与者角色都能提升到S的位置上。不管是由哪个参与者提升而来，在本质上都是通过转喻作用，用使因事件的某个参与者来代表整个使因事件，比如用“安老爷”转喻“安老爷研磨”这个事件，用“两个炊饼”转喻“我娘儿俩吃两个炊饼”这个事件。然而，这几种类型在提升时难易程度是不一样的。经过对明清时期八部作品的穷尽性考察和统计，我们发现，施事性致使者最容易实现这种提升，也就是说，核心述语动词V的施事最容易提升为致使者。这是因为，施事最具有施动能力，对行为动作的控制度最大，最接近致使构式中致使者这个角色的原型特征和核心特征。所以，该构式的原型致使者就是施事性致使者。

3.2.1.2 Sn的语义特点

Sn在语义上有何特点呢？Dixon从类型学的角度分析了致使结构的九种语义参项，其中与“致使者”有关的有“直接性”“故意性”“自然性”和“参与度”四种[①]。以上语义参项在世界语言中的体现形式大致可以分为两类，一是通过动词的不同附加形式来体现，二是通过不同的形态标记来体现。当论及汉语致使结构，我们知道，汉语并没有形式变化，所以不存在通过以上两种形式来体现Sn语义特点的情况。不过，由于明清汉语Sn自身的特殊性，它也具有一些独特的语义特点，主要表现在以下几点。

第一，Sn既可以是有生命的，也可以是无生命的。如：

(176) 小淫妇，害得老子好苦也！（《金瓶梅词话》五十四回，p661）

(177) 安老爷便研得墨浓。(《儿女英雄传》十六回，p280)

(178) 金莲听了……打得经济鲫鱼般跳。（《金瓶梅词话》四十八回）

(179) 遇牧童骂得我还不起声。(《跻春台·巧姻缘》，p569)

以上几例中，Sn“小淫妇”“安老爷”“金莲”“牧童”都是生命度等级最高的人。作为致使者，他们对被致使者“老子”“墨”“经济”“我”有极强的操控性、致使性、自主性和意志性。

Sn也可以是无生命的，或生命度等级极低的，如：

(180) 忽然从门外一阵风儿吹得那窗棂檽[②]纸忒楞楞长鸣。(《儿女英雄传》二十四回，p453)

(181) 那火光照耀得四处通红，两边喊声大震。(《儒林外史》十六回，p172)

(182) 那雷振得个通天河鱼龙丧胆。(《西游记》九十九回，p766)

(183) 一声震得人方恐，回首相看已化灰。(《红楼梦》二十二回，p175)

---

① DIXON R M W. Basic Linguistic Theory (Vol. 3) [M]. Oxford: Oxford University Press, 2012: 269.

② “檽”，同“棂”。

以上四例的Sn“一阵风儿”“那火光”“那雷”“一声”都是无生命的物体或有生命但生命度等级极低的物体，它们本不具备致使能力，但在进入该构式后都充当了致使者。

第二，语义上Sn具有“施事性”和“感事性”的特点。按照袁毓林的语义角色分类，主体论元按语义角色可以分为“施事”“感事”“致事”和“主事”等四类。施事指的是“自主性动作、行为的发出者”，如“弟弟正看电视呢”中的“弟弟”、“妹妹笑了”中的“妹妹”等。感事指的是“非自主的感知性事件的主体”，如“刘老师太累了”中的“刘老师”、“这孩子又困了”中的“这孩子”等。致事指的是“某种致事性事件的引起因素”，如“老师的批评使孩子们无比沮丧”“父亲和蔼的样子叫我们很欣慰”，“老师的批评”直接指陈老师批评孩子们这件事，“父亲和蔼的样子”直接指陈父亲样子和蔼这件事情，它们都是代表一个事件。[①] 从逻辑上讲，在致使结构中，致使者都代表一个事件，即致使原因事件，所以，致使者都是致事。但对于明清汉语涉名致事类“V得”致使构式中的致使者来说，它们绝大多数都是有很高生命度等级的体词或体词性结构，所以在语义特征上，它们既是“某种致使性事件的引起因素”，又是“自主性动作、行为的发出者”；在语义角色上，它们既是致事，又是施事。因此，我们可以认为，明清汉语涉名致事类致使者的施事性突出，如：

(184) 我当时劈脑壳就是一棍，打得他吐鲜血一命归阴。(《跻春台·南山井》，p413)

(185) 这个当儿，那边承书中签的两个外帘官早已研得墨浓。(《儿女英雄传》第三十五回，p714)

(186) 大丈夫就死，也须搅得天下不太平，怎束手就缚。(《型世言》第十七回，p237)

以上几例的S“我”“两个外帘官”“大丈夫”都是“V”的动作发出者，是施事。它们共有的语义特点是自立性（independent）和使动性（causation），自立性指的是它们是先于动词所表示的事件独立存在，使动性指的是它们施行某个动作或造成某种事件或状态。如以上几例中，致使者“我”做了“打”这个事件，使得“他吐鲜血一命归阴”；致使者“两个外帘官”做了“研墨”这个动作，使得“墨浓”；致使者“大丈夫”做了“搅”这个事件，使得“天下不太平”，它们都具有很高的施事性。

有些涉名致事类“V得”致使构式的致使者还兼具有感事性。如：

---

① 袁毓林．论元角色的层级关系和语义特征［J］．世界汉语教学，2002（3）．

（187）贾母听了，又急得眼泪直淌。（《红楼梦》第一百零七回，p944）

（188）丁言志羞得脸上一红二白，低着头，卷了诗，揣在怀里，悄悄的下楼回家去了。（《儒林外史》第五十四，p526）

以上两例的S"贾母""丁言志"不是施事，属于感事，它们的语义特点是自立性和感知性（sentience），即在由动词所表示的事件中表现出某种感知能力。如致使者"贾母"感到了着急，使得"眼泪直淌"；致使者"丁言志"感到了"害羞、羞愧"，使得"脸上一红二白"。这些Sn都是感事，具有感事性。

3.2.2　"V得"的特点

在涉名致事类"V得"致使构式中，对于"V得"这个构件，我们主要从谓词的角度对V的特点进行考察、归纳。

3.2.2.1　V的及物性

V可以是及物动词，也可以是不及物动词。如：

（189）他（吕达）又摸手摸脚去撩他（李良雨），撩得李良雨紧紧把手掩住胯下，直睡到贴床去。（《型世言》三十七回，p516）

（190）只听他那两只脚踹得地蹬蹬蹬的山响，掀开帘子就出去了。（《儿女英雄传》二十七回，p506）

（191）（大圣）即去耳中掣出如意棒……打得那九曜星闭门闭户，四天王无影无形。（《西游记》七回，p46）

以上几例中，V分别是"撩""踹""打"，都是二价及物动词，可以携带两个论元。其中V的主语"吕达""他两只脚""大圣"充当V的施事，V的宾语"李良雨""地""九曜星"充当V的受事，施受关系是"吕达撩李良雨""脚踹地""大圣打九曜星"。

明清汉语涉名致事类"V得"致使构式中，一些不能带宾语的不及物动词也能进入V的槽位。如：

（192）他大兵已到，跑得个灰尘四起，天地都黑，两边乱砍。（《型世言》九回，p135）

（193）看看马遂将息得棒疮好了，王则并不疑他是行苦肉计的。（《三遂平妖传》十九回，p131）

（194）倒还是一路上来的人，哭的那两家邻舍无不恓惶。（《金瓶梅词话》九回，p95）

以上几例，“得”前V分别是“跑”“将息”“哭”，均为一价不及物动词，单独使用时本身只能携带一个论元，但也进入了该构式。这种现象产生的原因与构式压制有关，第5章会详述。

3.2.2.2 V的语义特点

Dixon在类型学视角下，着重分析了致使结构的九种语义参项。其中两项与句中“动词”有关，即“状态与动作”和“及物性”①。我们在分析V的语义特点时，也可以参照Dixon提出的“状态与动作”“及物性”两个参项。“及物性”在上一小节已经讨论过，在这里我们主要从“状态与动作”“自主与非自主”“V的语义指向”“V的意义分类”等四方面分析V的语义特点。

其一，从“状态与动作”角度看，明清汉语“V得”致使构式的“V”既可以表状态，也可以表动作。如：

（195）回身把风窗门关上，点得灯明了，壁炉上汤罐内汤沸沸地滚了。（《三遂平妖传》一回，p4）

（196）况且宝玉才好了些，连我们也不敢说话，你反打得人狼号鬼哭的！（《红楼梦》五十八回，p503）

（197）花纹醉得眼都反了。（《型世言》十五回，p210）

前两例的V“点”“打”是表动作的动词；后一例的V“醉”是表状态的动词。

其二，从“自主与非自主”的角度看，V可以是自主动词，也可以是非自主动词，如：

（198）王冕擗踊哀号，哭得那邻舍之人无不落泪。（《儒林外史》一回，p11）

（199）是夜，太朴弟兄陪饮，劝得大魁醺醺大醉。（《跻春台·僧包头》，p546）

（200）金莲吃月娘数说，羞的脸上红一块白一块。（《金瓶梅词话》八十五回，p1173）

（201）娘闻言急得咽喉哽，跌锔锔破命把儿寻。（《跻春台·义虎祠》，p69）

---

① DIXON R M W. Basic Linguistic Theory（Vol. 3）［M］. Oxford：Oxford University Press，2012：268.

前两例的V“哭”“劝”是自主动词，后两例的V“羞”“急”是非自主动词。

其三，从语义指向上看，V的语义指向呈现出多样化的特点。构件“V得”表示致使力，而V的语义指向跟致使力的来源是有关的，有的前指，有的后指，有的既不前指也不后指。前指指向的是致使者，如：

(202) 你们也打得手困了，却该老孙取出个针儿来耍耍。(《西游记》十四回，p100)

(203) 安老爷便蘸得笔饱，手下一面写……(《儿女英雄传》十六回，p280)

(204) 须臾，胡似庄买了酒食回来，胡似庄与杨兴对酌，灌得杨兴一些动不得，还未住。(《型世言》第三十一回，p441)

(205) 儿的父一见咽喉哑，抱姣儿哭得泪巴纱。(《跻春台·吃得亏》，p281)

以上几例的V向前指向Sn，说明致使力是由Sn发出的，导致被致使者产生某种结果。如第一例V“打”指向致使者“你们”，说明致使力是由“你们”发出的，作用在被致使者“手”上；第二例V“蘸”指向致使者“安老爷”，说明致使力是由“安老爷”发出的，作用在被致使者“墨”上；第三例V“灌”指向致使者“胡似庄”，说明致使力是由“胡似庄”发出的，作用在被致使者“杨兴”上；第四例V“哭”指向“儿的父”，说明致使力是由“儿的父”发出的。

V也可以后指，指向被致使者，如：

(206) 姐姐，你想得我好苦！(《儿女英雄传》二十回，p355)

(207) 瘸师道：“哥哥休要焦燥，两个炊饼如何吃得我娘儿两个饱？不如只籴米煮粥吃罢！”(《三遂平妖传》九回，p62)

以上几例的V向后指向RS，说明致使力是由RS发出的，导致被致使者产生某种结果。如第一例V“想”指向“我”，说明致使力是由被致使者“我”发出的；第二例V“吃”指向“我娘儿两个”，说明致使力是由被致使者“我娘儿两个”发出的。

还有一种情况，V既不后指，也不前指，如：

(208) 一席说得人人泪流。(《型世言》第十回，p150)

(209) 一番话，说得鲍廷玺满心欢喜。(《儒林外史》第三十一回，p309)

(210) 几句骂得秋菊忍气吞声，不言语了。(《金瓶梅词话》第二十八回，p325)

以上几例的V既不前指，也不后指，而是指向除了致使者和被致使者的第三者，如第一例V“说”的施事并不是“一席”，而是说这一席话的人；第二例V“说”的施事并不是“一番话”，而是说这一番话的人；第三例V“骂”的施事并不是“几句”，而是骂这几句话的人（即潘金莲）。

其四，从V的意义分类上看，明清时期能够在涉名致事类“V得”致使构式中出现的“V”比较少，似乎受到某些意义限制。石锓、刘念曾指出，“V从意义上大致可以分为三种：第一种使用频率最高，动词数量也最多，包括‘唬得’‘气得’‘慌得’‘惊得’‘急得’‘吓得’等表示人类心理活动的动词；第二种“打得”‘哄得’‘哭得’‘走得’‘骂得’等是表示人类日常活动的动词；第三种的数量最少，包括‘冻得’‘刮得’‘吹得’等，表示自然致使力”[①]。

根据Payne于2006年提出的观点，动词可以分为以下几种：state（状态）、processes（过程）、motion（移动）、actions（行为）、action-processes（行为-过程）、factive（叙实的）、cognition（认知）、sensation（知觉）、emotion（情感）、utterance（言说）、manipulation（操控）等类型[②]。本书第2章第2节已论述，根据汉语实际特点，我们从词法语义类别上将“V得”致使构式中的V分为单纯实义动词、带使动义的实义动词、致使词三大类，分别记作V1、V2、V3。本书对所检索的明清汉语语料进行穷尽性统计，经过重新分类，发现：涉名致事类“V得”致使构式的V全部属于单纯实义动词（即V1）。单纯实义动词按照意义类别进一步分类，又可以分为日常生活类、心理活动或状态类、生理反应类、自然力类四小类。

明清汉语涉名致事类“V得”致使构式中，日常生活类V最多，主要是一些表示日常动作、状态的谓词，共有构例588例，在涉名致事类“V得”致使构式中占比72.6%，出现频率最高，如：

(211) 两旁许多穿衣戴帽的家人看了，只望着华忠笑，笑得华忠倒有些不好意思。(《儿女英雄传》二十八回，p523)

(212) 店主逼住要担，把杨一映二嗰，骂得杨口不能开，头不敢抬。(《跻春台·川北栈》，p262)

---

① 石锓，刘念．类型学视角下的明代致使结构研究［J］．中文论坛，2019（1）：195-226.

② PAYNE T E. Exploring the Language Structure［M］. Cambridge：Cambridge University Press，2006.

(213) 张金凤现身说法，十层妙解，讲得个何玉凤侠气全消；何玉凤立地回心，一点灵犀悟彻，那安龙媒良缘有定。(《儿女英雄传》二十七回，p501)

表心理活动或状态类的V数量不多，共有构例156例，在所有“V得”致使构式中占比19.3%，如：

(214) 那雪娥唬的脸蜡查也似黄了。(《金瓶梅词话》九十回，p1234)

(215) 老奶奶吓得两脚软了，一步也挪不动。(《儒林外史》十六回，p172)

(216) 说几处都嫌我家贫无底，妈知道定然要忧得泪滴。(《跻春台·东瓜女》p44)

表生理反应类的V最少，所在例句共有10例，在所有“V得”致使构式中占比1.2%，如：

(217) 却说行者合在金铙里，黑洞洞的，燥得满身流汗，左拱右撞，不能得出。(《西游记》六十五回，p496)

(218) 我记得得病的时候儿……疼的眼睛前头漆黑。(《红楼梦》八十一回，p724-725)

(219) 思义痛得汗流夹背。(《跻春台·南乡井》，p378)

(220) 我已是饿的两眼都看不见了。(《儒林外史》三回，p34)

表自然力类的V较少，所在例句共56例，占比6.9%，如：

(221) 只是风搅得烟来，把一双眼熵红了。(《西游记》七回，p45)

(222) 瞧这雨，下得天漆黑的。(《儿女英雄传》二十四回，p437)

(223) 一轮明月升上来，照得满船雪亮。(《儒林外史》四十一回，p405)

(224) 太阳大晒得我皮焦肉紧，把遗体都现出好不羞人。(《跻春台·巧姻缘》，p178)

以上几类都是单纯实义谓词，只表示动词本身的实义，我们将它们统一记为V1。

经过穷尽性统计，明清汉语涉名致事类“V得”致使构式所有V的语义类别分布如表3.2所示（第二列示例后括号里的数字代表该示例出现的次数）。

表 3.2　明清汉语涉名致事类“V得”致使构式 V 的语义类别分布列表

V的语义类别	示例（出现次数）	构例数	所占比例
日常生活类	打（101）、说（110）、哭（39）……	588	72.6%
心理活动或状态类	急（28）、吓（26）、气（22）、羞（15）……	156	19.3%
生理反应类	痛（3）、疼（2）、饿（2）……	10	1.2%
自然力类	吹（10）、刮（10）、烧（9）、照（9）……	56	6.9%
总计	810	810	100%

从上表可以看出，明清汉语涉名致事类“V得”致使构式中表日常生活类的V最多，占比72.6%，其中“打”“哭”“说”出现的频率最高，这类V有及物动词也有不及物动词；表心理活动或状态类的V占比19.3%，居第二，其中“急”“吓”“气”“羞”出现的频率最高，这类V都是不及物动词或形容词；表生理反应类的V最少，占比1.2%，全是不及物动词或形容词；表自然力类的较少，占比6.9%，多是不及物动词。

3.2.3　RS+RVP的特点

“V得”致使构式的第三个构件是主谓结构RS+RVP，表示致使结果事件。其中RS是该主谓结构的主语，也是整个致使链中的被致使者角色，RVP是该主谓结构的谓语，也是整个致使链中的致使结果。本节分别考察涉名致事类“V得”致事构式RS、RVP的特点。

3.2.3.1　RS的特点

RS在致使情景中是受致使力影响而产生致使结果的对象，即被致使者。在存现要求上，本书第2章已论证，被致使者RS不可以省略，必须严格出现，如此才能保证“V得”致使构式的成立。在形式上RS都是体词或体词性结构。那么，在语义方面RS有什么特点呢？

Dixon从类型学的角度分析了致使结构的九种语义参项。其中，与“被致使者”有关的有三种，分别是“受控性”“自愿性”和“受影响性”[①]。在世界语言中，这三类语义参项的表现形式包括被致使者的生命度等级、被致使者附带相关的附加形式。鉴于明清涉名致事类“V得”致使构式被致使者自身的特殊性，它有一些独特的语义特点，主要表现在以下几个方面。

① DIXON R M W. Basic Linguistic Theory（Vol. 3）[M]. Oxford：Oxford University Press，2012：269.

其一，被致使者既可以是有生的，也可以是无生的。黄成龙提出：“致使结构中最常见的情况就是致使者为指人所指、被致使者为非人所指。”[①] 与致使等级联系起来就是，在所有致使结构中，致使度越强，被致使者越倾向于使用非人所指；致使度越弱，被致使者越倾向于使用指人所指。经考察，明清汉语涉名致事类“V 得”致使构式的被致使者既可以是有生命的，又可以是无生命的，如：

(225) 他那奶头儿里的奶就像激箭[②]一般往外直冒……呛得那孩子又是咳嗽又是嚏喷。(《儿女英雄传》三十九回，p831)

(226) 几句话说得春梅闭口无言。(《金瓶梅词话》九十四回，p1317)

(227) 一阵恶风吹得我迷踪失路。(《三遂平妖传》十九回，p127)

(228) 他便加鞭赶上……打的那些贼人一个个抱头鼠窜，丢了银鞘，如飞的逃命去了。(《儒林外史》三十四回，p346)

以上几例的被致使者 RS“那孩子”“春梅”“我”“那些贼人”都是有生命的人。

(229) 透出一派日光来，照耀得满湖通红。(《儒林外史》一回，p2)

(230) 安老爷便研得墨浓。(《儿女英雄传》十六回，p280)

(231) 胡员外回身把风窗门关上，点得灯明了。(《三遂平妖传》一回，p4)

(232) 当下这婆子非钱而不行，得了这根簪子，吃得脸红红，归家去了。(《金瓶梅词话》八回，p83)

以上几例的被致使者“满湖”“墨”“灯”“脸”都是无生命或生命度等级极低的物体。

其二，被致使者 RS 与 V 的语义关系呈现多样化的特点。RS 既可以是 V 的受事，即作用力的承受者；也可以是 V 的施事，即作用力的发出者；还可以与 V 没有语义联系。如：

(233) 瓦飞似燕，打得客旅迷踪失道。(《金瓶梅词话》七十一回，p933)

---

① 黄成龙．类型学视野中的致使结构［J］．民族语文，2014 (5)：9.

② “箭”，同“筒”。

(234) 他的嘴长耳大，脑后鬃硬，搠得我慌。(《西游记》四十回，p303)

(235) 邓九公……便扛得那船行动了，因此得了这个绰号。(《儿女英雄传》四十回，p906)

以上几例，第一例致使原因事件是“瓦飞”，致使力“打得”作用在被致使者“客旅”身上，产生“客旅迷踪失道”的致使结果，被致使者“客旅”是动词V“打”的受事；第二例致使原因事件是“他的鬃搠我”，致使力“搠得”作用在被致使者“我”身上，产生“我慌”的致使结果，被致使者“我”是动词V“搠”的受事；第三例的致使力“扛得”作用在被致使者“船”身上，产生“船行动了”的致使结果，被致使者“船”也是动词V“扛”的受事。此类子构式的特点是：V一般是生活类的动词，且是及物动词，可以带宾语，且所带宾语就是RS。这一类的构例与上文所提“S是V的施事”的情况，恰好完全对应。

RS也可以是V的施事，如：

(236) 这等小盏子如何吃得贫僧快活。(《三遂平妖传》十一回，p76)

(237) 姐姐！你想得我好苦！(《儿女英雄传》二十回，p355)

以上几例，第一例RS“贫僧”是V“吃”的施事，是RS发出“吃”这个行为，产生了致使结果；第二例的RS“我”是V“想”的施事，是RS发出“想”这个行为，产生了“我好苦”的致使结果。此例与上文所提“S是V的受事”完全对应，即S是V的受事，RS是V的施事。这类构例的施受关系和顺序与汉语常规的SVO顺序恰好相反，属于特殊构例，本书将其称为“施受颠倒”类，后文会详述。

以上五例，被致使者是V的受事或施事，参与到致使原因事件中，此时被致使者的语义角色与致使原因事件中动词V的某个论元融合。而有的时候被致使者与V不存在语义联系，如：

(238) 几句说的金莲闭口无言，往屋里匀脸去了。(《金瓶梅词话》第四十三回，p509)

上例表达“别人说了一番话，使得潘金莲闭口无言，往屋里匀脸去了”的致使含义，RS“金莲”与V“说”没有直接的语义联系，不是V的题元角色，是别人说的一番话被致使者产生了致使结果。此例的被致使者未参与到致使原因事件中，被致使者的语义角色与致使原因事件中的动词论元不相融合。

其三，被致使者具有“受事性”和“主事性”的特点。在袁毓林对语义角色的定义中，“受事”指的是“因施事的行为而受到影响的事物”，对“主事”的定义是“性质、状态或变化性事件的主体”①。我们认为，明清汉语“V 得”致使构式中的被致使者具有“受事性”和“主事性”的特点。如：

（239）窗外一阵风儿扫得窗棂纸簌落落的响。（《儿女英雄传》第三十五回，p708）

上例的被致使者“窗棂纸”因 V 的行为而受到影响，是受事。它的语义特点是：自立性（independent）、变化性（change of state）和受动性（causally affected）。自立性指的是先于动词所表示的事件独立存在；变化性指的是其所指的事物的状态在由动词所表示的事件中发生了变化；受动性指的是其所指事物承受由动词所表示的动作、行为的影响。

（240）两旁许多穿衣戴帽的家人看了，只望着华忠笑，笑得华忠倒有些不好意思。（《儿女英雄传》二十八回，p523）

上例的被致使者“华忠”是性质、状态或变化性事件的主体，是主事。它的语义特点是：自立性（independent）和变化性（change of state）。

3.2.3.2　RVP 的特点

涉名致事类“V 得”致使构式 RVP 的结构形式和属性非常丰富、复杂，有动词、形容词、复杂谓词性结构、复句等，如：

（241）想是轿杠撞得楼板响。（《西游记》八十四回，p646）

（242）一轮团圆皎月从东而出，照得院宇犹如白昼。（《金瓶梅词话》二十四回，p272）

（243）一夕话，说得薛蟠后悔不迭，反来安慰金桂。（《红楼梦》七十九回，p712）

涉名致事类“V 得”致使构式 RVP 在语义上有何特点呢？Dixon（2012）主要从“状态与动作”“及物性”这两方面考察表示致使结果的动词。受此启发，我们也主要从这两方面进行考察，发现明清汉语涉名致事类“V 得”致使构式的 RVP 在语义上有以下特点。

其一，RVP 大部分表示 RS 在致使力作用下呈现的状态或情状，少部分表示 RS 在致使力作用下发生的动作，如：

---

① 袁毓林．论元角色的层级关系和语义特征［J］．世界汉语教学，2002（3）．

(244) 一轮明月升上来，照得满船雪亮，船就一直荡上去。(《儒林外史》四十一回，p405)

(245) 那王婆陪着吃了几杯酒，吃的脸红红的，告辞回家去了。(《金瓶梅词话》八回，p86)

(246) 你看那娘娘一断片云情雨意，哄得那妖王骨软筋麻。(《西游记》七十一回) p541)

(247) 邓九公……便扛得那船行动了，因此得了这个绰号。(《儿女英雄传》四十回，p906)

以上几例，致使结果“雪亮”“红红的”“骨软筋麻”，表示被致使者在致使力的作用下呈现的性质或状态；“行动”表示动态动作。

其二，致使结果没有及物性。上文已述，涉名致事类“V得”致使构式中，出现在致使结果位置上的有动词、形容词、复杂谓词性结构、复句等。对于形容词、复杂谓词性结构以及复句形式来说，其语义特点是体现致使结果的状态，均不涉及及物性。即使是动词出现于表致使结果的位置，该动词一般也没有及物性。如：

(248) 只道西门庆来到，敲的门环儿响。(《金瓶梅词话》三十八回，p450)

(249) 凤姐听了，气的浑身乱战。(《红楼梦》四十四回，p364)

3.3 明清汉语涉名致事类“V得”致使构式的语义研究

本节主要探究涉名致事类“V得”致使构式在语义上的特点。首先我们尝试绘制出涉名致事类“V得”致使构式的事件图示，然后根据涉名致事类“V得”致使构式各构件的语义关系结构模式将其分成几个子构式类别，最后总结各子构式对应的语义特征。

3.3.1 涉名致事类“V得”致使构式的图示

我们知道，致使关系链一定包含至少两个事件，一个致使原因事件，一个致使结果事件，两个事件之间用致使力相连，用图示表示便是：

(使因事件) → {致使} → (使果事件)

本书认为，在具体的某个致使构式中，哪些构件参与了致使原因（使因）事件，哪些构件表示致使力，哪些构件参与了致使结果（使果）事件，都可以用图示进行表示。在涉名致事类"V得"致使构式中，Sn是体词性成分，在致使关系链中是致使者（causer），也是使因事件中的一个参与者角色，一般与V一起组成致使原因事件；V与使因事件存在重叠区域，同时V是致使原因事件的核心动词，它的作用有二，一是指陈致使原因事件，二是与"得"一起组成"V得"表示致使力；RS+RVP指陈致使结果事件。我们将涉名致事类"V得"致事构式记为A式，其整个事件关系可用图3.1表示。

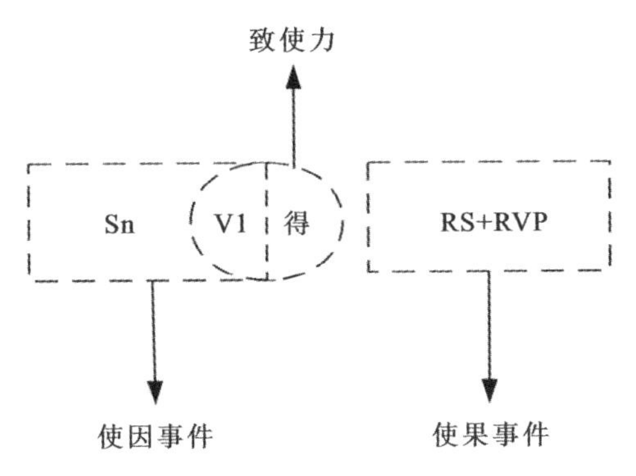

图3.1 A式结构、语义图示

涉名致事类"V得"致使构式的使因事件由V指陈，同时V还承担"V得"致使力的表达功能。以一句为例：

(250) 贾母笑的手里的牌撒了一桌子。（《红楼梦》四十七回，p392）

在上例中，Sn是"贾母"，是名词性致使者；致使原因事件是"贾母笑"，使因事件的核心动词由"笑"承担，动词"笑"的作用之一是指陈使因事件；同时，"笑"与"的"一起组成"笑的（得）"，表示致使力，这是动词"笑"的第二个作用；"手里的牌撒了一桌子"是使果事件。用图示表示如下：

（使因事件）贾母笑→｛致使｝→（使果事件）手里的牌撒了一桌子

3.3.2 涉名致事类"V得"致使构式各子构式的语义特征

宛新政于2004年提出了句模的概念，他指出，"句模是一个句子组成部分之间的语义关系模式。在形成句子的过程中，某个组成部分的语义成分会映射到句法平面，使语义、句法成分进行再次配置。句模将动词及其论元成分在句法结构中联结起来，可以体现组成成分之间的句法、语义关系"①。如：

① 宛新政．现代汉语致使句研究［D］．上海：复旦大学，2004.

施事＋动作核1＋得 → 受事/使事/施事＋动作核2
我们打得敌人逃跑了。
咱们打得他们乱叫！
主事/领事＋动作核＋得 → 系事/使事/属事＋性状核
她哭得眼睛红肿。
刘四爷气得脸上飞红。

以上“V得”致使句中，两个动核结构与该句型的句法结构联合起来，形成了不同的句模。受此启发，本书认为，对于构式来说也是如此。对于“V得”致使构式的几个构件S、V得、RS、RVP来说，RVP总是指向RS的，所以能体现各构件之间语义关系的就是S、RS与核心谓词V这几个构件。鉴于此，本书将明清汉语涉名致事类“V得”致使构式按照S、RS与V之间不同的语义关系模式分为A1、A2、A3、A4、A5等五类不同的子构式类别，分别进行说明，并对每一类子构式的语义特征进行考察归纳。

3.3.2.1 A1式：施事＋V得＋受事＋受事的结果

此类子构式的各构件按照“施事＋V得＋受事＋受事的结果”的语义关系模式排列，记作A1式。在本书所检索的作品中，A1式共有237例，在明清汉语涉名致事类“V得”致使构式中占比29.2%。构例如：

(251) 胡似庄与杨兴对酌，灌得杨兴一些动不得。(《型世言》三十一回，p441)

(252) 这婆子撮合得西门庆和这妇人刮刺上了。(《金瓶梅词话》六回，p63)

(253) 你害得我一家离散，产业销亡。(《跻春台·活无常》，p468)

(254) 只听他那两只脚踹得地蹬蹬蹬的山响，掀开帘子就出去了。(《儿女英雄传》二十七回，p506)

此类子构式模式是涉名致事类“V得”致使构式的原型模式，其语法特点是：V为及物动词，能带两个论元，一般为日常生活类动词；V的施事提升为致使者Sn，受事提升为被致使者RS；RVP表示受事RS在致使力作用下所呈现的结果。也就是说，此类子构式的致使者Sn是V的施事，而被致使者RS是V的受事。我们知道，一般来说，汉语句子最基本的无标记语序为：施事＋动作＋受事。A1式的Sn、V、RS的语义关系符合这种正常语序，如“胡似庄灌杨兴”“这婆子撮合西门庆和这妇人”“你害我”“两只脚踹地”。所以，A1式各构件之间的语义关系模式最符合汉语的基本语序，是最自然的表达，构例数量也最多，是涉名致事类“V得”致使构式的原型子构式。

A1 式子构式在语义表达上有以下特点：① 从所举例句来看，它们所表达的致使关系都带有故意处置的意味，即 Sn 特意通过 V 这个动作或事件，来使 RS 产生 RVP 的结果。② 所表达的致使关系都是“他致使”，即致使力的发出者和接受者不同。致使力来源于 Sn，作用于 RS，RS 与 Sn 是不同的人或物，且不具有领属关系。③ 该子构式凸显强调致使结果，即致使关系的焦点在致使结果上。综上所述，A1 式子构式所表达的语义特点是：故意性、他致使、凸显结果。

3.3.2.2 A2 式：施事/主事 1+V 得+主事 2+主事 2 的结果

此类子构式的各构件按照“施事/主事 1+V 得+主事 2+主事 2 的结果”的语义关系模式排列，记作 A2 式。在本书所检索的作品中，A2 式共有 301 例，在明清汉语涉名致事类“V 得”致使构式中占比 37.2%。构例如：

(255) 张金凤现身说法，十层妙解，讲得个何玉凤侠气全消。(《儿女英雄传》二十七回，p501)

(256) 环儿一去，必是嚷得满院里都知道了。(《红楼梦》第九十四回，p841)

(257) 倒还是一路上来的人，哭的那两家邻舍无不恓惶。(《金瓶梅词话》九回，p95)

(258) 火气冲上，冲得耗子乱跑，因此在响。(《跻春台·双血衣》，p477)

此类子构式的语法特点是：V 为不及物谓词，只能带一个论元（即 Sn），一般为日常生活类动词、自然力类动词；V 的施事或主事提升为致使者 Sn；V 与 RS 无语义联系，RS 是独立于使因事件的另一结果事件的独立主事；RVP 表示受事 RS 在致使力作用下所呈现的结果。也就是说，此类子构式的致使者 Sn 是 V 的施事或主事，而被致使者 RS 与 V 没有语义关系。如以上几例中，致使者“张金凤”是“讲”的施事，被致使者“何玉凤”与“讲”无语义关系；致使者“环儿”是“嚷”的施事，被致使者“满院里（的人）”与“嚷”无语义关系；致使者“一路上来的人”是“哭”的施事，被致使者“那两家邻舍”与“哭”无语义关系；致使者“火气”是“冲”的施事，被致使者“耗子”与“冲”无语义关系。

A2 式子构式在语义表达上有以下特点：① 从所举例句来看，它们都是无意致使，即 S 并非特意通过 V 这个动作或事件来使 RS 产生 RVP 的结果，而只是 V 这个动作，使得 RS 顺带产生了致使结果，所以这种致使是无意的。② 都是“他致使”，即致使力来源于 S，作用于 RS，RS 与 S 是不同的人或物，且不具有领属关系，致使力的发出者和接收者不一样。③ 该子构式凸显强调致使结果，即致使关系的焦点在致使结果上。综上所述，A2 式子构式所表达的语义特点是：无意性、他致使、凸显结果。

3.3.2.3 A3 式：主事＋V 得＋属事＋属事的结果

此类子构式的各构件按照“主事＋V 得＋属事＋属事的结果”的语义关系模式排列，记作 A3 式。在本书所检索的作品中，A3 式共有 227 例，在明清汉语涉名致事类“V 得”致使构式中占比 28.0%。构例如：

(259) 那玉箫倒吃相[①]的脸飞红。（《金瓶梅词话》四十六回，p549）

(260) 先生登时大怒，气得浑身乱抖。（《儿女英雄传》十八回，p315）

(261) 那五儿早已羞得两颊红潮。（《红楼梦》一百零九回，p962）

(262) 刘氏已哭得气不能回。（《跻春台·审烟枪》，p332）

此类子构式的语法特点是：V 为不及物谓词，只能带一个论元（即 Sn），一般为日常生活类动词、心理活动状态类动词或形容词；Sn 是 V 的主事，RS 隶属于 S 的身体部位（简称“属事”），RVP 表示受事 RS 在致使力作用下所呈现的结果。也就是说，此类子构式的致使者 Sn 由 V 的主事提升而来；被致使者 RS 一般由属于 Sn 的某一身体部位提升而来，如以上四例中，被致使者“脸”隶属于致使者“玉萧”，被致使者“浑身”隶属于致使者“先生”，被致使者“两颊”隶属于致使者“五儿”，被致使者“气”隶属于致使者“刘氏”。A3 式子构式属于“V 得”致使构式的特殊子构式，本书称之为“反身类‘V 得’致使构式”，下一节会详述。

A3 式子构式在语义表达上有以下特点：① 从所举例句来看，它们所表达的致使关系基本都是无意致使，即 Sn 并非特意通过 V 来使 RS 产生 RVP 的结果，而只是 V 这个动作，使得其自己的属事 RS 顺带产生了某种致使结果，所以这种致使是无意的。② 所表达的致使关系都是“自致使”，即致使力来源于 S，作用于 S 本身的所属部位上，致使力的发出者和接收者为同一事物或人，这是一种顺其自然的“自致使”。③ 该子构式凸显强调致使结果，即致使关系的焦点在致使结果上。综上所述，此类子构式的语义特点是：无意性、自致使、凸显结果。

---

① “相”，人民文学出版社 1985 年版作“抢”，2000 年版改为“相”。

3.3.2.4　A4 式：受事/工具＋V 得＋施事＋施事的结果

此类子构式的各构件按照“受事/工具＋V 得＋施事＋施事的结果”的语义关系模式排列，记作 A4 式。在本书所检索的作品中，A4 式共有 8 例，在明清汉语涉名致事类“V 得”致使构式中占比 1.0%。构例如：

(263) 瘸师道：“哥哥休要焦燥，两个炊饼如何吃得我娘儿两个饱？不如只籴米煮粥吃罢！”（《三遂平妖传》九回，p62）

(264) 婆婆接得在手，看了炊饼道：“好却好了，这一个如何吃得我饱，何不都与了我？”（《三遂平妖传》二回，p11）

(265) 姐姐！你想得我好苦！（《儿女英雄传》二十回，p355）

(266)（一杯酒）吃得他杏眼微饧，桃腮添晕。（《儿女英雄传》三十二回，p637）

此类子构式的语法特点是：V 为及物动词，能带两个论元，一般为日常生活类词；V 的施事提升为被致使者 RS，其受事提升为致使者 Sn；RVP 表示 RS 在致使力作用下所呈现的结果。也就是说，此类子构式的致使者 Sn 是 V 的受事/工具，被致使者 RS 是 V 的施事。A4 式子构式最大的特点是：核心动词 V 的施事和受事位置颠倒了，属于“V 得”致使构式的特殊子构式，本书称之为“施受颠倒类‘V 得’致使构式”。如以上几例中，致使者“两个炊饼”是“吃”的受事，被致使者“我娘儿两个”是“吃”的施事；致使者“一个（炊饼）”是“吃”的受事，被致使者“我”是“吃”的施事；致使者“你”是“想”的受事，被致使者“我”是“想”的施事；“一杯酒”是“吃”的受事，被致使者“他”是“吃”的施事。关于这类特殊子构式，下一节会详述。

实际上 Sn 除了由 V 的受事充当，还可以由 V 的其他参与者角色充当，如 V 的工具，即第 2 章中提及的“工具类致使者”。构例如：

(267) 和尚道：“有心斋僧，这等小盏子如何吃得贫僧快活。”（《三遂平妖传》十一回，p76）

(268) 头一次四十掌牙关打烂，打得儿血淋淋说话不祷。（《跻春台·审烟枪》，p331）

第一例的致使者 Sn 的来源是致使原因事件“贫僧吃一盏子酒”中“一盏酒”的工具器皿“小盏子”，第二例 Sn 的来源是“某人用四十掌打儿”中的工具“四十掌”。

A4 式子构式在语义表达上有以下特点：① 从所举例句来看，它们是无意致使，即 S 并非特意通过 V 这个动作或事件来使 RS 产生 RVP 的结果，而只是 V

这个动作，使得RS顺带产生了致使结果，所以这种致使是无意的。② 都是“自致使”，致使力的发出者和接受者相同，即致使力来源于RS，又作用于RS本身，是典型的“自致使”。③ 该子构式凸显强调致使原因，即致使关系表达的焦点在致使原因上。综上所述，A4式子构式的语义特点是：无意性、自致使、强调使因。

3.3.2.5 A5式：受事＋V得＋主事＋主事的结果

此类子构式的各构件按照“受事＋V得＋主事＋主事的结果”的语义关系模式排列，记作A5式。在本书所检索的作品中，A5式共有37例，在明清汉语涉名致事类“V得”致使构式中占比4.6%。构例如：

(269) 一席话儿，说的西门庆如醉方醒。(《金瓶梅词话》二十五回，p291)

(270) 如此谣言，说的大家没趣。(《红楼梦》九回，p74)

(271) 几声喝的秋菊往厨下去了。(《金瓶梅词话》八十三回，p1152)

(272) 几句话，说得贾政心中甚实不安。(《红楼梦》八十四回，p751)

(273) 一顿骂的来安儿摸门不着。(《金瓶梅词话》八十回，p1123)

此类子构式的语法特点是：V一般为言说、传说类动词，如“说”“骂”“喝(呵)”“传”等，本身可以带两个论元，但在构式中只出现一个论元，即受事Sn；Sn是V的受事，V的施事未出现。RS与V无语义联系，是独立于使因事件的另一结果事件RVP的独立主事；RVP表示受事RS在致使力作用下所呈现的结果。也就是说，此类子构式的致使者Sn由V的受事提升而来；被致使者RS与V没有直接的语义关系。如以上几例中，第一例致使者“一席话”是“说”的内容，但是构式中未出现“说”的施事，说明这一席话是谁说的并不重要，总之是这一席话对被致使者产生了致使作用，由此可以看出，整个构式意在强调致使原因“一席话”；第二例致使者“谣言”是“说”的内容，但是“说”的施事并未出现，说明这个谣言是谁说的并不重要，重要的是这个谣言使得“大家无趣”；第三例致使者“几声”是“喝(呵)”的内容，但是“喝”的施事并未出现，说明这几声是谁喝的并不重要，重要的是这几声产生了致使作用，使得“秋菊往厨下去了”；第四例致使者“几句话”是“说”的内容，但是“说”的施事并未出现，说明这几句话是谁说的并不重要，重要的是这几句话产生了致使作用，也就是该子构式强调使因；第五例“骂”的施事也并未出现，说明是谁骂的并不重要，重要的是这一顿骂产生了致使作用，也就是该子构式强调使因。

A5式子构式在语义表达上有以下特点：① 从所举例句来看，它们所表达的致使关系基本都是无意致使。② 都是“他致使”，即致使力来源于Sn的施事，但是这个施事并未出现，致使力又作用于RS，致使力的发出者和接受者不一样，且不具有领属关系。③ 该子构式凸显强调致使原因，即致使关系的焦点在致使原因上。综上所述，此类子构式的语义特点是：无意性、他致使、凸显使因。

3.3.3　小结

根据上节讨论，各子构式的V有不同的语法特点，且不同子构式在语义表达上有以下差异：① 从“故意性”角度来讲，各类子构式表示的致使义有故意性/无意性的差别；② 从“致使力的作用方向”角度来讲，各类子构式的致使力有他致使/自致使的差别；③ 从致使焦点来说，各类子构式有强调致使原因/强调致使结果的区别。

现在，我们将每一类子构式的语法、语义特征及构例数量进行汇总，得到表3.3（表格中的“＋”表示有此项语义特点）：

表3.3　明清汉语涉名致事类“V得”致使子构式的语法、语义特征

<table>
<tr><th rowspan="2">子构式</th><th rowspan="2">RS、S与V的语义关系模式</th><th rowspan="2">语法特点</th><th colspan="2">故意性</th><th colspan="2">致使力的方向</th><th colspan="2">焦点所在</th><th rowspan="2">数量</th><th rowspan="2">占比</th></tr>
<tr><th>有意</th><th>无意</th><th>他致使</th><th>自致使</th><th>使果</th><th>使因</th></tr>
<tr><td>A1式</td><td>施事＋V得＋受事＋受事的结果</td><td>V是及物动词，一般为日常生活类；Sn是V的施事，RS是V的受事</td><td>＋</td><td></td><td>＋</td><td></td><td>＋</td><td></td><td>237</td><td>29.2%</td></tr>
<tr><td>A2式</td><td>施事/主事1＋V得＋主事2＋主事2的结果</td><td>V是不及物动词，一般为日常生活类、自然力类；Sn是V的施事或主事</td><td></td><td>＋</td><td>＋</td><td></td><td>＋</td><td></td><td>301</td><td>37.2%</td></tr>
</table>

续表

子构式	RS、S与V的语义关系模式	语法特点	故意性		致使力的方向		焦点所在		数量	占比
			有意	无意	他致使	自致使	使果	使因		
A3式	主事+V得+属事+属事的结果	V是不及物动词，一般为日常生活类、心理活动状态类；Sn是V的主事，RS隶属于S的身体部位		+		+	+		227	28.0%
A4式	受事/工具+V得+施事+施事的结果	V一般为日常生活类及物动词；RS是V的施事，Sn是V的受事/工具		+		+		+	8	1.0%
A5式	受事+V得+主事+主事的结果	V一般为言说、传说类动词；Sn是V的受事，V的施事未出现		+	+			+	37	4.6%

从表3.3可以看出，明清汉语涉名致事类“V得”致使构式的各子构式在语法特点、语义表达、数量分布上有如下特点。

在语法特点方面：① 核心谓词V都是单纯实义动词（V1），可及物可不及物，以日常生活类谓词为主，另外还包括自然力类、心理活动状态类、言说类谓词；② Sn、RS与V的语义关系多样，Sn可以是V的施事、受事、工具等，RS可以是V的受事、施事或与V无关等。

在语义表达方面：① 故意性方面，各类子构式以表示无意致使居多，但A1式也可以表示有意致使；② 在致使力的作用方向上，各子构式以表示“他致使”居多，但A3、A4式可以表示“自致使”，是特殊子构式；③ 在构式表达的焦点上，各子构式以强调结果居多，但A4、A5式可以强调使因，即李宗宏所研究的“使因凸显类致使构式”，恰好这两类子构式的致使者都是V的受事或工具，也是特殊子构式。

在数量方面：A1式共有237例，占比29.2%；A2式共有301例，占比37.2%；A3式共有227例，占比28.0%；A4式共有8例，占比1.0%；A5式共有37例，占比4.6%。可以看出，A1、A2、A3式的数量都比较多，A4、A5式比较少。我们推测，A1、A2、A3式出现较早（A1出现最早，后逐渐发展出A2、A3式），这三类子构式的Sn都是V的施事或主事，是涉名致事类“V得”致使构式的原型子构式、典型成员；A4、A5类子构式是更晚时候发展成熟的，数量很少，且这两类子构式的Sn都是V的受事或工具，属于涉名致事类“V得”致使构式中的边缘成员。以上关于涉名致事类“V得”致使构式发展过程的推测，我们将在第7章进行验证。

3.4　明清汉语涉名致事类“V得”致使构式的特殊构例

构式语法理论强调构式形式与意义的配对，形式包括语音、形态、句法等特征范畴，意义包括语义、语用、篇章功能等特征范畴。语言研究的目的应该是建立形式与意义的对应关系，将二者有机地结合起来，以全面地、立体地揭示汉语的特点。与生成语法倾向于研究语言的核心成员不同，构式语法注重研究语言中的边缘、特殊现象。构式语法认为，一个理论机制如果可以用来解释非核心结构，一定也可用来解释核心结构。彭睿指出，任何图式性构式都有一个范围模糊的“边界”，这种边界涉及“边缘构例”[①]，即构式语法所指的低核心程度的特殊现象。Goldberg曾指出，通过研究非核心结构可以加深对某一语言的深入了解。

从认知的角度看，特殊现象涉及典型和非典型的区别，这与范畴有关。在认识语言学中，范畴化指的是人类在对事物认知的基础上，通过对可分辨的事物进行分类并形成概念的过程，是研究语言最基本的一个步骤，也是人类高级认知中最重要的概念之一。Lakoff曾提出，对个体的范畴进行分类时依据的不是其基本特征，而是其属性；范畴中成员有典型与非典型之分，典型成员与非典型成员一起形成一个非离散性的连续统。举例来说，在“鸟类”这个范畴中，“麻雀”是典型成员，“企鹅”是非典型成员。

明清汉语涉名致事类“V得”致使构式中有一些非典型子构式，我们将其称为特殊子构式。本章就从形式与意义的对应关系这个角度，对这些特殊构例进行考察。

① 彭睿．图式性构式的边界：边缘构例和变异构例［J］．世界汉语教学，2020（3）．

3.4.1 反身类“V得”致使子构式

明清汉语涉名致事类“V得”致使构式中，A3式是特殊的一类。从某种意义上说，它既可以被分析为“V得”致使构式，又可以不被分析为“V得”致使构式，我们将其称为次典型“V得”致使子构式，或反身类“V得”致使子构式。

3.4.1.1 反身类“V得”致使子构式的概况

我们先举例：

(274) 宝玉羞得满面紫涨。(《红楼梦》三十二回，p262)

(275) 那老者见了，吓得面容失色。(《西游记》七十四回，p566)

(276) 余大先生气得两脸紫涨。(《儒林外史》四十六回，p455)

(277) 德辉骇得浑身打战，无言可辩。(《跻春台·阴阳帽》，p290)

以上几例，在构件的语义关系上，有一个共同的特点，即满足A3式的语义关系模式：其RS和Sn之间具有领属关系，RS隶属于Sn的身体部位或者与Sn的身体部位有关。如RS“满面”是隶属于Sn“宝玉”的，是“宝玉”的身体部位；RS“面容”是跟Sn“老者”身体部分相关的；RS“两脸”是Sn“余大先生”的身体部位；RS“浑身”是Sn“德辉”的身体部位。关于这一现象，学者们做过一些探究。如宋玉柱认为，“他哭得肩膀抖动”和“你逼得爹没有一点路可走”是不同的句型[①]。牛顺心认为在“V得”补语结构中，“得”后名词与“得”前名词具有领属关系时，结构没有致使含义[②]。宛新政举的“V得”致使结构的例句中包含了“得”后名词与“得”前名词具有领属关系的句子，说明他认为这类结构具有致使义[③]。但是本书认为，这种结构是否属于致使构式，并不是一概而论的。

本书认为，对于这种类型的“V得”构式，“V得”后的“满面紫涨”“面容失色”“两脸紫涨”“浑身打战”从形式上分析，有两种方法：一是可以看作主谓结构，主语都是S的身体部位（或者与S身体部位相关的），分别是“满面”“面容”“两脸”“浑身”等，谓语部位是“紫涨”“失色”“紫涨”“打战”等；

① 宋玉柱．论带“得”兼语式[J]．徐州师范学院学报，1979(1)．

② 牛顺心．汉语中致使范畴的结构类型研究[D]．上海：上海师范大学，2004．

③ 宛新政．现代汉语致使句研究[D]．上海：复旦大学，2004．

二是可以将“满面紫涨”“面容失色”“两脸紫涨”“浑身打战”整体看作一个词组，形容 S 的某种状态或达到的程度，相当于一个形容词的作用。

如果按照第一种分析方法，把“得”后成分看作主谓结构，那么该构式的形式符合 [V 得＋主谓结构]，语义符合“双事件说”，构式所表达的是致使情景。在这种分析方法下，以上每句都包含两个事件：“宝玉羞”“老者被吓到”“余大先生生气”“德辉骇”是致使原因事件，“满面紫涨起来”“面容失色”“两脸紫涨”“浑身在打战”是致使结果事件，其中 RS 分别是“满面”“面容”“两脸”“浑身”，充当整个致使情景中的被致使者。几个构例的致使关系是“宝玉因为害羞，使得（自己的）满面紫涨”“老者因为被吓到，使得（自己的）面容都失色了”“余大先生因为生气，使得（自己的）两脸紫涨”“德辉因为惊骇，使得（自己的）浑身打战”。这样的解释便符合“V 得”致使构式的句法和语义判定标准。

按照第二种分析方法，把“得”后成分看作一个整体的形容词词组，那么构式的形式为 [V 得＋adj]，在意义上就不符合“双事件说”，不表致使。具体来说，“满面紫涨”“面容失色”“两脸紫涨”“浑身打战”作为形容词词组，形容“紧张的状态”“害怕的状态”等。以上几句表示主语“宝玉”“老者”“余大先生”“德辉”自身造成的“满面紫涨”“面容失色”“两脸紫涨”“浑身打战”等结果或状态。这种结果或状态，是自然形成，且依然是指向句子的主语 S，并没有另外一个事件（被致使事件）出现。第 2 章已述，宛新政指出，相对于致使事件来说，这些句子所表达的都是“自立事件”[①]，不是致使情景。所以在这种分析下，该构式只是简单的表普通结果或状态的“得”字结果补语构式，而非致使构式。

上面两种分析方法都说得通，对于这类两种解释皆可的构式，它本身可以带有致使义，也可以不带致使义。在需要强调致使含义的时候，可以将它分析为致使事件，在不需要强调致使含义的时候，则可以将其分析为自立事件。本书将这种“V 得”构式定义为次典型“V 得”致使构式。由于该子构式作用力的发出者和承受者相同，我们也将其称为反身类“V 得”致使子构式。

经过穷尽性统计，在本书所研究的八部明清时期的作品中，反身类“V 得”致使构式的数量为 482 例，在所有构式中占比为 29.8%。

3.4.1.2　反身类“V 得”致使子构式的特点

经考察，反身类“V 得”致使子构式有以下特点。

① 宛新政．现代汉语致使句研究 [D]．上海：复旦大学，2004.

1） RS隶属于S的身体部位或与其身体相关

反身类“V得”致使构式各构件之间的语义关系模式为：主事＋V得＋属事＋属事的状态或动作。Sn一般都是体词性成分，且是V的主事，RS是Sn的身体部位或者与Sn的身体相关。这一点正是该子构式的作用力具有“反身”特点的证明。

2）可通过将S移位至“V得”之后，转换成典型致使构式

反身类“V得”致使构式的Sn可以从“得”之前移位至“得”之后，移位之后转换成典型致使构式，如：

(278) 宝玉羞得满面紫涨
→<u>羞得宝玉满面紫涨</u>

(279) 德辉骇得浑身打战
→<u>骇得德辉浑身打战</u>

能发生以上转换的前提是，该构式的被致使者RS隶属于致使者Sn的身体部位，所以Sn可以移位至RS前，在语义上领属RS。

转换之后，原Sn进入“V得”后主谓结构中RS的槽位，角色从致使者转变为被致使者。该构例的形式也由“既可以是[V得＋adj]也可以是[V得＋主谓结构]”变为“只能是[V得＋主谓结构]”，该构式也从次典型“V得”致使构式转换为典型“V得”致使构式，致使义加深、致使度加强。

3） V大多是心理活动或状态类谓词

按照本章第2节对核心谓词V的语义分类，反身类“V得”致使构式的核心谓词V大多属于心理活动类或状态类谓词，如“羞”“气”“唬”“骇”“慌”“吓”等，例：

(280) 那张四气的眼大大的，敢怒而不敢言。(《金瓶梅词话》七回，p77)

(281) 香菱却唬的心头乱跳，自己连忙转身回去。(《红楼梦》一百回，p891)

经统计，这类构例在A3式中共有149例，占比65.6%。

除此之外，反身类“V得”致使构式的V也可以是日常生活类谓词，如“哭”“喝”等，例：

（282）玳安哭的两眼红红的，如此这般。（《金瓶梅词话》第十二回，p124）

（283）褚大姐姐也喝的脸红红的了。（《儿女英雄传》二十八回，p534）

经统计，这类构例在 A3 式中共有 69 例，占比 30.4%。

还有部分 V 是生理感受类谓词，如“饿”“冻”等，例：

（284）我已是饿的两眼都看不见了。（《儒林外史》三回，p34）

（285）我生怕别人贴坏了，亲自爬高上梯，贴了半日，这会儿还冻得手僵呢。（《红楼梦》八回，p68）

经统计，这类构例在 A3 式中只有 9 例，占比 4.0%。

可以看出，在反身类“V 得”致使构式中，V 以心理活动类或状态类谓词最多，日常生活类谓词其次，生理感受类谓词最少。

3.4.2　多结果“V 得”致使子构式

在明清汉语涉名致事类“V 得”致使构式中，对于大多数构例来说，“V 得”后的主谓结构所代表的致使结果事件都只包含一个被致使者、一个致使结果，但也有一些构例“V 得”后的结构可以代表多个致使结果事件，即包含多个被致使者、多个致使结果，我们将这类构例简称为“多结果‘V 得’致使子构式”。如：

（286）只是哭得粉光惨淡，鬓影蓬松，低头坐在那里垂泪，看着好生令人不忍。（《儿女英雄传》七回，p113）

此句的构例是“（女孩儿）哭得粉光惨淡，鬓影蓬松”，“哭得”后的结构“粉光惨淡，鬓影蓬松”看上去是一个并列结构，但实际上，它是由两个主谓结构组成，代表了两个事件，分别是“粉光惨淡”“鬓影蓬松”，这两个事件一起组成致使结果事件。该构例的致使关系是“女孩儿哭，使得（自己）粉光变得惨淡，鬓影变得蓬松”，一个致使原因事件，产生两个结果事件。

致使结果事件包含两个被致使者、两个致使结果的构例，我们称为“双结果子构式”；致使结果事件包含三个被致使者、三个致使结果的构例，我们称为“三结果子构式”，以此类推。

3.4.2.1 双结果子构式

1）双结果子构式的概况

明清汉语多结果“V得”致使构式中，双结果子构式的数量最多。如：

（287）山中有一只吊睛白额虎，食得路绝人稀。（《金瓶梅词话》一回，p4）

（288）王则惊得心荒胆落。（《三遂平妖传》十四回，p104）

（289）那和尚在窗眼儿里看见，就吓得骨软筋麻，慌忙往床下拱。（《西游记》三十六回，p271）

（290）云开夫妻哭得目肿声嘶。（《跻春台·失新郎》，p99）

（291）贾政看了，气得头昏目晕。（《红楼梦》九十三回，p831）

以上几例，“路绝人稀”“心荒胆落”“骨软筋麻”“目肿声嘶”“头昏目晕”看上去像是并列结构，但从意义上讲则是两个事件组合在一起构成的致使结果事件。具体来说，这几个例句中“V得”后的结构形式为［RS1＋RVP1，RS2＋RVP2］，代表致使结果事件中有两个不同的被致使者RS1、RS2，分别是“路、人”“心、胆”“骨、筋”“目、声”“头、目”；有两个谓语RVP1、RVP2，代表两个独立的致使结果，分别是两个形容词“绝、稀”、两个动词“荒、落”、两个形容词“软、麻”、两个形容词“肿、嘶”、两个形容词“昏、晕”。每一例的两个主语和两个谓语所代表的是两个独立的致使结果事件，两个事件在一起组成致使结果事件。以上几例的致使含义分别是“吊睛白额虎食人，使得路变绝路、人变稀少”，“王则因为受惊而使得（自己的）心变荒、胆子都掉了”，“和尚看到了受到了惊吓，使得（自己的）骨头都软了、筋都麻了”，“云开夫妻哭了，使得（自己的）眼睛都肿了、声音都嘶哑了”，“贾政因为生气，使得（自己的）头昏、眼睛晕”。它们都可以表达完整的致使含义，只不过它们的致使结果有两个事件。

2）双结果子构式的特点

（292）王则惊得心荒胆落。
→惊得王则心荒胆落。

（293）安老爷急得目瞪口呆。
→急得安老爷目瞪口呆。

（294）贾政看了，气得头昏目晕。
→贾政看了，气得贾政头昏目晕。

以上几例双结果子构式，多数都属于次典型“V得”致使构式，其双结果的结构既可以分析为两个致使结果事件，又可以分析为一个形容词词组。以“目瞪口呆”为例，既可以将其分析为两个致使结果事件，表示“安老爷着急，使得（自己的）眼睛瞪圆、嘴巴呆住”的致使情景；又可以将其看作一个形容词词组，形容发愣发傻的样子，那么“急得目瞪口呆”就不是致使结构，而只是一个状态补语结构。所以，它同是一个“反身类‘V得’致使构式”。

这些属于反身类“V得”致使构式的双结果子构式，也有反身类“V得”致使构式的特点。首先是其被致使者隶属于致使者的身体部位或与之相关，如被致使者“心、胆”是致使者“王则”的身体部位或器官，被致使者“目、口”是致使者“安老爷”的身体部位，被致使者“头、目”是致使者“贾政”的身体部位。第二，V大多是心理活动类或状态类谓词，如以上几例的“惊”“急”“气”等。第三，致使者可以从“得”之前移位至“得”之后。这些属于反身类“V得”致使构式的双结果子构式，都可以通过将致使者Sn后移到“V得”之后，来转换成典型“V得”致使构式，提升其致使程度。且转换之后，这些双结构致使子构式就变成了单结果的典型致使子构式。

但双结果子构式也并非全都属于反身类“V得”致使构式。有些双结果子构式是典型“V得”致使构式，如（287）例，被致使者“路、人”跟致使者“白额虎”不存在领属关系，致使者“白额虎”也不能后移至“V得”之后，构式只能分析为“白额虎吃人，使得路变绝路、人变稀少”这样典型的致使含义。另例：

（295）熊氏那里肯休？吵得鸡啼犬吠。（《跻春台·孝还魂》p523）

（296）（妇人）檀口轻盈，勾引得蜂狂蝶乱。（《金瓶梅词话》第八回，p92）

以上两例，第一例的被致使者“鸡、犬”跟致使者“熊氏”不存在领属关系，致使者“熊氏”也不能后移至“V得”之后，此句只能分析为“熊氏吵闹，使得鸡都叫了、狗也叫了”的典型致使含义。第二例的被致使者“蜂、蝶”跟致使者“妇人”不存在领属关系，致使者“妇人”也不能后移至“V得”之后，此句只能分析为“妇人（嘴唇红艳、身姿曼妙），勾引使得蜜蜂都狂飞、蝴蝶也乱飞”的致使含义。所以它们都是典型双结果“V得”致使构式。

这类构例的判断标准还跟词汇化有关，现代汉语“鸡啼犬吠”“蜂狂蝶乱”已经词汇化为四字成语了，那么这个结构就是［V得＋adj］的补语结果结构；但本书认为，在明清时期，“鸡啼犬吠”“蜂狂蝶乱”还未成词，那么这个结构就仍属于“V得”致使构式。

另外，形式上，双结果子构式的RS+RVP，以四字居多，如以上例子中的“路绝人稀”“心荒胆落”“骨软筋麻”等。不过也有多字的情况，如：

(297) 只是哭得粉光惨淡，鬓影蓬松，低头坐在那里垂泪，看着好生令人不忍。(《儿女英雄传》七回，p113)

(298) 大圣一条如意棒，翻来覆去战天神。杀得那空中无鸟过，山内虎狼奔。(《西游记》第五回，p37)

(299) 蚬蛤之类腾身似炮石弹子般一齐打去，打得那些龟鼋缩颈、鳅鳝蜿蜒。(《型世言》三十九回，p543)

以上几例，其致使结果事件都是多字的形式，它们包含两个致使结果事件，都是双结果“V得”致使构式。

3.4.2.2 三个及以上结果的子构式

除了双结果“V得”子构式，多结果“V得”子构式包括三结果子构式，如：

(300) 老怪一饮而干……往外又吐，吐得头晕眼花，黄胆都破了，行者越发不动。(《西游记》七十五回，p579)

(301) 每人一夹二十大棍，打得皮开肉绽，鲜血迸流，响声震天，哀号恸地。(《金瓶梅词话》六十四回，p895)

以上两例，第一例的致使结果事件部分，包含三个事件，分别是“头晕了、眼花了、黄胆破了”，全句表达“老怪吐了，使得（自己）头晕了、眼花了、黄胆破了”的致使含义。第二例的致使结果事件部分，也包含三个事件，分别是“皮开了、肉破了、鲜血喷出来了”，全句表达“每人被打二十大棍，使得皮开了、肉破了、鲜血喷出来了”的致使含义。

最多的，有六结果子构式，即致使结果部分包含六个结果事件，如：

(302) 行者连问三声……照道士脸上一刮，可怜就打得头破血流身倒地，皮开颈折脑浆倾。(《西游记》四十四回，p334)

(303) 行者就行起凶来……望小妖脑后一下，可怜就打得头烂血流浆迸出，皮开颈折命倾之！(《西游记》七十回，p535)

这些多结果子构式大多出自《西游记》，主要是描述与妖魔鬼怪打斗的激烈场景。本书认为，在这些场景中使用多结果“V得”致使构式的原因是，《西游记》本身就是一部传奇色彩很浓的浪漫主义小说，其想象力丰富奇特，故事情节离奇曲折。由于故事需要，其语言特色生动鲜明，在描写打斗场景时经常采用像诗词一样的对仗句子，可以更好地表达这种夸张传奇浪漫的色彩。多结果

“V得”致使构式便是这种表达最好的选择，不仅读起来朗朗上口，还可以用较短的句子表达丰富的语义，如由激烈打斗造成的一系列致使结果事件。总之，多结果“V得”致使子构式的使用更利于塑造人物、渲染场景，使人物形象栩栩如生、激烈场景跃然纸上。

3.4.3　施受颠倒类“V得”致使子构式

在明清汉语涉名致事类“V得”致使构式中，A4式也是特殊的一类，其特殊点在于语义角色的语序与常规不同。A4式各构件之间的语义关系模式为[受事/工具+V得+施事+施事的结果]。如：

(304) 瘸师道：“哥哥休要焦燥，两个炊饼如何吃得我娘儿两个饱？不如只籴米煮粥吃罢！”(《三遂平妖传》九回，p62)

(305) 姐姐！你想得我好苦！(《儿女英雄传》二十回，p355)

以上两例的共同点是，核心动词V的施事和受事位置颠倒了。我们知道，汉语的常规语序是SVO，施事或主事在动词前，受事在动词后。但上述例句中，处于核心动词V的主语位置上的不是其施事，而是受事；核心动词的受事不在动词之后，而是位于动词之前。如第一例的“V得”致使构式是“两个炊饼如何吃得我娘儿两个饱”，表示“我娘儿俩吃两个炊饼，不能使得我们饱了”，动词是“吃”，Sn“两个炊饼”处于整个构式主语的位置，担任致使者角色，但是它是“吃”的受事；RS“我娘儿两个”位于动词“吃”之后的宾语位置，担任被致使者角色，但它是“吃”的施事。第二例的“V得”致使构式是“你想得我好苦”，语义关系是“我想你，使我好苦”，动词是“想”，“我”是动词的施事，但位于动词后，“你”是动词的受事，但位于动词前。

关于这类特殊构式的命名，学者们也给出了不同的意见。有的称其为“倒置致使句”，如郭姝慧、张翼；有的称之为“主事居后‘得’字句”，如宛新政、韩丹；有的将其命名为“使因突显类‘得’字致使构式，如李宗宏。李宗宏指出，这类致使句子的特殊性并不在于发生了句法位置反转，而是用使因事件中的一个特定成分来转喻整个使因事件。一些学者认为，此类构例的致使原因应归于致使客体，李宗宏认为这个观点也不全面，因为还存在将致使原因归结于工具、角色、材料等情况，如“那床厚被子捂了宝宝一身汗”“阿Q演红了严顺开”等。李宗宏还进一步指出，从语义上来说，这是一种“自致使义”结构，表达了“事件主体发出的行为对其自身造成了非预期后果”的意思，与突显句末自然焦点的“他致使义”结构不同，它们的特殊性在于突显了致使因在致使情景中的重要作用。因此，将其命名为“使因突显类致使结构”。

本书认为，以上命名方法都未能完全体现该类特殊构式的句法语义特征。

这类构例的特点是语义角色的顺序异常，与汉语常规语序不同，这种异常主要体现在施事和受事的顺序颠倒，所以本书将其称为“施受颠倒类‘V得’致使构式”。

“V得”致使结构中的这种“施受颠倒”现象，并不是现在才发现的，20世纪就有部分学者对其进行过研究。如杨建国认为，这种结构是“补语的一个小类”[①]，同时从语言发展角度论述了该结构是补语发展到清代时产生的变化之一。李临定在《带“得”字的补语句》中也提到这种句子，认为它是在“得”字句中最特别的小类，“受事占据主语的位置，施事反而占据‘得’字后面的位置”[②]。范晓、张豫峰对这类特殊结构的语义关系进行了深入而细致的分析。宛新政从语篇角度出发对此类句子的结构特征、意义形式和语用功能进行了考察。韩丹从构式语法的角度对这类构式的构式义及构式压制等特征进行了认知解读。[③] 张翼以认知语法中的行为链模式为切入点，总结了这类句式的概念基础和表征方式。[④] 李宗宏从构式语法的角度对这类句式的句法特点、语义特点及话语功能进行了详细的描写，指出了它们与一般“V得”致使句的不同特点。[⑤]

需要注意的是，“我想得你好苦”跟“你想得我好苦”看上去相似，从表层结构上看也属于［S＋V得＋RS＋RVP］，但只有“你想得我好苦”是致使构式，“我想得你好苦”并不是致使构式。朱德熙曾指出，“我想得你好苦”这种句子不属于主谓短语做“V得”补语的结构，而属于动补结构中插入宾语的结构。[⑥] 换句话说，“想得”后的“你”与“好苦”并不构成语义上的联系，“好苦”指向的是全句的主语“我”，而不是“你”。这种句子即使表层结构满足致使构式的形式条件，其深层语义也无法表达致使含义，所以它不是一个致使构式。类似的，“我等得你好心焦”不是致使构式，“你等得我好心焦”才是致使构式；“我找得你们好心急哇”不是致使构式，“你找得我们好心急哇”才是致使构式。它们都是表层套用了［N1＋V1得＋N2＋V2］结构，但内部语义关系不一样。汉语学界的经典歧义句“那孩子追得老人直喘气”，其产生歧义的原因也在于，不同的语义组合套用了相同的句法格式。由此应知，语言的意义和形式是互相对应、紧密联系的。我们在研究“V得”致使构式时，应该在重视语

---

① 杨建国．补语式发展试探［M］//中国语文杂志社．语法论集（第三集）．北京：中华书局，1959．

② 李临定．带“得”字的补语句［J］．中国语文，1963（5）．

③ 韩丹．“主事居后‘得’字句”的构式义及其认知解读［J］．浙江外国语学院学报，2009（2）．

④ 张翼．汉语得字致使句式研究［J］．解放军外国语学院学报，2011（3）．

⑤ 李宗宏．现代汉语使因突显类致使构式研究［D］．上海：华东师范大学，2013．

⑥ 朱德熙．语法讲义［M］．北京：商务印书馆，1982．

法研究的同时重视语义研究，将二者有机结合起来，才能全面揭示“V 得”致使构式的特点。

本书经过穷尽性统计考察，发现此类“施受颠倒”的特殊构例在所检索的明清几部作品中只有 8 例，构例数并不多。在这些为数不多的构例中，V 为“吃”的居多，共有 5 例。本书第 7 章会详述，现代汉语中此类构例的数量并不少，而且动词大多为日常生活类常用动词。从这一点我们可以推测，明清时期的此类特殊构例还处于发展过程中，或者说尚未发展得很成熟，而到现代汉语时期就比较成熟、数量比较多了。

其实汉语的“施受颠倒”类致使构式，并不是只存在于“V 得”致使构式中，在其他致使构式中也存在。如以下例句：

（306）那个瓶子摸了我一手油。（李宗宏，2013）

此例表示“我摸那个瓶子，使得我摸了一手油”的致使含义。其中“那个瓶子”是“摸”的受事，位于“摸”之前，“我”是“摸”的施事，位于“摸”之后，施事和受事颠倒了。

（307）感冒药吃死了老张。（李宗宏，2013）

此例表示“老张吃感冒药，使得老张死了”的致使含义，其中“感冒药”是“吃”的受事，位于“吃”之前，“老张”是“吃”的施事，位于“吃”之后，施事和受事也颠倒了。

（308）这么多脏衣服把她洗累了。（李宗宏，2013）

此例是“把”字构式与动结构式的结合式，表示“她洗这么多脏衣服，使她累了”的致使含义，其中“脏衣服”是“洗”的受事，位于“洗”之前，“她”是“洗”的施事，位于“洗”之后，施事和受事也颠倒了。

以上例句说明，“施受颠倒”现象并不是“V 得”致使构式的专属特例，而是普遍存在于汉语各类致使构式中。“施受颠倒”类句子在语用上的特点都在于突显致使因的重要作用，即它们在认知上具有相同的形成动因。将汉语中的这类特殊致使构式作为一个系统来进行研究，有重要的价值和意义。

总结起来，汉语“施受颠倒”类特殊致使构式的表层句法形式特点是，主要动词的受事作为致使者置于句首，使其话题化，强调使因；语义特点是，事件主体发出的行为对其自身造成了非预期后果，在致使力方向上，它是一种“自致使”；认知形成动因是，说话人对致使情景已经有了主观认定，从而可以通过转喻突显和概念整合的方式将这种认定变成句法形式。也就是说，选择使用这种构式的原动力是为了突显外在致使因的重要作用。

3.4.4 语用功能扩展类“V得”致使子构式

还有一类特殊的子构式，不是构式本身的语法关系特殊，而是构式与外部语言形式的关系特殊，它们在语用功能上发生了扩展。

本书界定的“V得”致使构式是在子句范围内，如果致使者S出现，则以[S+V得+RS+RVP]的形式独立成句，如果致使者S隐省，一般以[V得+RS+RVP]的形式直接充当子句的谓语成分。但在明清时期，有的涉名致事类“V得”致使构例出现在子句当中，充当起谓词的宾语从句、兼语句的一部分、存现句的一部分等，还有的出现了与“被”字句的套用，有的动词还出现了被动用法等。这些也是具有特殊语用功能的构例，主要来说包括以下几种情况。

3.4.4.1 “V得”致使构式作宾语从句

(309) 那潘姥姥正歪[①]在里间屋里炕上，听见金莲打的秋菊叫。(《金瓶梅词话》五十八回，p718)

(310) 安太太见他姊妹一个哭的眼睛红红儿的，一个还不住的在那里擦眼泪，自己不禁又伤起心来。(《儿女英雄传》四十回，p859)

(311) 听着萧萧落叶打的窗子响。(《儒林外史》五回，p62)

(312) 一会儿，王夫人进来，已见凤姐哭的两眼通红。(《红楼梦》九十六回，p858)

(313) 看看马遂将息得棒疮好了，王则并不疑他是行苦肉计的。(《三遂平妖传》十九回，p131)

以上例句所包含的“V得”致使构式分别是“金莲打的秋菊叫”“他姊妹一个哭的眼睛红红儿的”“萧萧落叶打的窗子响”“凤姐哭的两眼通红”“马遂将息得棒疮好了”，但这几个构例并不是独立成句，而是属于句中动词“听见”“见”“听着”“见”“看看”的宾语，相当于一个宾语从句，表示所见到、所听到的内容。这是涉名致事类“V得”致使构式作宾语从句的情况，属于在语用功能上的扩展。经统计，该构式作宾语从句的用法在本书所检索的明清作品中共有33例。

3.4.4.2 “V得”致使构式作兼语句的后部分

除了作宾语从句，明清时期作品中的该构式还可以作兼语句的后部分，如：

---

① “歪”，人民文学出版社1985年版作“歪”，2000年版作“扌+歪”。

（314）我才去寻树子前来吊颈，遇牧童骂得我还不起声。（《跻春台・巧姻缘》，p178）

（315）李瓶儿夜间独宿在房中……恍恍然恰似有人弹的窗棂响。（《金瓶梅词话》六十回，p746）

以上两句所包含的涉名致事类“V 得”致使构式“牧童骂得我还不起声”“人弹的窗棂响”是兼语句“遇牧童骂得我还不起声”“有人弹的窗棂响”的一部分。我们知道，兼语句的特点是由前部分和后部分组成，前一个动词的宾语兼做后一个动词或形容词的主语。在以上两例中，动词“遇”“有”后面跟的是“V 得”致使构式，动词“遇”“有”的宾语“牧童”“人”分别是后面所接“V 得”致使构式的主语，整个句子形成兼语句，“V 得”致使构式作兼语句的后部分。

经统计，明清时期涉名致事类“V 得”致使构式作兼语句后部分的用法在本书所检索的明清作品中共有 2 例，即上文所举 2 例。

3.4.4.3　“V 得”致使构式与“被”字句的套合使用

明清时期，涉名致事类“V 得”致使构式还存在与“被”字句套用的情况，用法形式是“被＋Sn＋V 得＋RS＋RVP”。如：

（316）当时被伯爵一席话，说的西门庆心地透彻，茅塞顿开，也不哭了。（《金瓶梅词话》六十二回，p798）

（317）无奈了山庙前又寻自尽，被农人打得我脸痛头昏。（《跻春台・巧姻缘》，p178）

以上两句所包含的“V 得”致使构式“一席话，说的西门庆心地透彻，茅塞顿开”“农人打得我脸痛头昏”，与“被”字句套合使用，形成“被伯爵一席话说的西门庆心地透彻，茅塞顿开”“被农人打得我脸痛头昏”的形式。我们知道，汉语“被”字句的格式为“被＋N＋VP”，在以上两例中，涉名致事类“V 得”致使构式占据了“被”字句“N＋VP”的槽位，成为其谓语部分的一部位。

经统计，明清时期涉名致事类“V 得”致使构式构式与“被”字句套合使用的用法在本书所检索的明清作品中共有 3 例。

3.4.4.4　动词的被动用法

明清时期涉名致事类“V 得”致使构式的 V 可以表达被动用法，是一种词类活用现象。如：

(318) 那蒋竹山，打的那两只腿剌八着，走到家，哭哭啼啼哀告李瓶儿，问他要银子，还与鲁华。(《金瓶梅词话》十九回，p212)

(319) 那宋仁打的两腿棒疮，归家着了重气，害了一场时疫，不上几日，呜呼哀哉死了。(《金瓶梅词话》二十七回，p308)

以上两例，“打”都表示“被打”的意思，是动词的被动用法。两例的“打”并不是主动含义，第一例致使情景并不是“蒋竹山打别人，使得别人的两只腿剌八着走到家”，而是“蒋竹山被打，使得他的两只腿剌八着走到家”；第二例的致使情景并不是“宋仁打别人，使得别人两腿棒疮”，而是“宋仁被别人打，使得他两腿棒疮”。

经统计，这种现象只在《金瓶梅词话》中出现，共有2例，即上文所举2例。

3.4.4.5 小结

综上所述，明清时期，涉名致事类“V得”致使构式的功能扩展类特殊用法包括作宾语从句、作兼语句的后部分、与“被”字句的套合使用等，另外核心动词V的被动用法的词类活用现象，也一并归为特殊现象。各类特殊用法的举例和数量归纳如表3.4所示。

表3.4 涉名致事类“V得”致使构式功能扩展类特殊子构式

特殊子构式用法	用例	数量
作宾语从句	听见金莲打的秋菊叫	33
作兼语句的后部分	遇牧童骂得我还不起声	2
与“被”字句的套合使用	被农人打得我脸痛头昏	3
V的被动用法	那宋仁打的两腿棒疮	2

3.5 明清汉语涉名致事类“V得”致使构式的时代特征与地域特征

本书的主要语料来自明清时期具有代表性的八部作品，兼顾南北地域官话特色。八部作品分别是《三遂平妖传》《金瓶梅词话》《西游记》《型世言》《儒林外史》《红楼梦》《儿女英雄传》《跻春台》。八部作品的简要介绍在前文已述，在此将一些基本情况进行集中对比，如表3.5所示。

表3.5 本书所考察明清八部作品的基本情况汇总表

作品	作者	题材及体裁	成书时期	语言地域种类	篇幅（万字）
《三遂平妖传》	罗贯中	长篇神魔小说	14世纪 明洪武十四年（1381）	尚未定论	7.8
《金瓶梅词话》	兰陵笑笑生	长篇世情小说	16世纪 明嘉靖年间（1522—1566）	山东一带官话	83
《西游记》	吴承恩	长篇神魔小说	16世纪 明万历前中期 （1573—1592）	江淮官话	82
《型世言》	陆人龙	拟话本世情小说集	17世纪 明崇祯五年（1632）	吴语	33
《儒林外史》	吴敬梓	长篇讽刺小说	18世纪 清乾隆十四年（1749）前后	江淮官话	37
《红楼梦》	曹雪芹 高鹗	长篇世情小说	18世纪 清乾隆年间（1736—1796）	北京话	96
《儿女英雄传》	文康	长篇侠义小说	19世纪中叶 清道光年间（1821—1850）	北京话	55
《跻春台》	刘省三	拟话本世情小说集	19世纪后期 清光绪二十五年（1899）前后	西南官话	32

从表3.5可以看出，几部作品的成书时间各不相同，分别代表从明初到清末（从14世纪到19世纪末）的时代语言风格，且兼顾南北地域官话特色。本小节以涉名致事类"V得"致使构式为研究对象，分别从时间上对比涉名致事类"V得"致使构式在明代与清代的时代特征，从空间上对比涉名致事类"V得"致使构式在南方官话和北方官话中的地域特征。

3.5.1 涉名致事类"V得"致使构式的时代特征

从表3.5可以看出，在这八部明清作品中，《三遂平妖传》的成书时期（明初，14世纪）最早，《跻春台》的成书时期（清末，19世纪后期）最晚。本小节将对比涉名致事类"V得"致使构式在时间上的发展脉络，即此类构式在明代与清代的共同点和不同点。

3.5.1.1 明代与清代涉名致事类“V得”致使构式的共同点

经过考察与对比，我们发现，明代与清代的涉名致事类“V得”致使构式，有以下共同点。

第一，从结构形式上说，构成形式都是［S＋V得＋RS＋RVP］，其中S可以省略。从事件框架看，都表示双事件致使构式，即整个致使情景包括两个事件：一个是致使原因事件，核心谓词是V；一个是致使结果事件，核心谓词是RVP。

第二，从各构件的特点来看，S都是体词性成分，且Sn的有生性突出、施事性突出；V都是单纯实义类谓词，语义类别上都包括日常生活类谓词、心理状态类谓词、生理感受类谓词、自然力类谓词等几类；RS都是既可以有生命也可以无生命，受事性突出；RVP的形式多样，都可以分为简单谓词、复杂谓词性结构、复句等几类。

第三，从各构件之间的语义关系模式看，都可以分为A1、A2、A3、A4、A5等几个子构式类型，A1、A2、A3等三式在八部作品中均出现，说明发展比较成熟；而A4、A5式分布并不均匀。其中A4式只在《三遂平妖传》《金瓶梅词话》《儿女英雄传》《跻春台》四部作品中出现，A5式只在《金瓶梅词话》《儒林外史》《红楼梦》三部作品中出现，且数量不多，说明A4、A5式在明清时期的发展都还尚不成熟稳定。从语义表达来看，都可以从有意致使/无意致使、他致使/自致使、凸显使因/凸显使果等几对语义参项进行研究。

第四，从特殊构式现象看，明代和清代都出现了反身类“V得”致使子构式、多结果“V得”致使子构式和施受颠倒类“V得”致使子构式。在功能扩展方面，明代和清代都出现了“V得”致使构式作宾语从句、作兼语句的一部分，以及“V得”致使构式与“被”字句的套合使用的情况。

3.5.1.2 明代与清代涉名致事类“V得”致使构式的不同点

经过考察与对比，我们发现，涉名致事类“V得”致使构式在明代与清代也存在一些不同点，主要体现在以下方面。

其一，从明代到清代，体词性致使者占比不断升高。根据本章表3.1的涉名致事类“V得”致使构式的数量分布统计，明代几部作品中涉名致事类“V得”致使构式共有355例，清代几部作品中涉名致事类“V得”致使构式共有452例，我们将各部作品成书时期及涉名致事类“V得”致使构式在各作品所有“V得”致使构式中的占比统计如表3.6所示。

表3.6 明清时期八部作品中涉名致事类“V得”致使构式在作品所有“V得”致使构式中的占比

作品	成书时期	涉名致事类“V得”致使构式在作品所有“V得”致使构式中的占比
《三遂平妖传》	14世纪 明洪武十四年（1381）	40.91%
《金瓶梅词话》	16世纪 明嘉靖年间（1522—1566）	49.04%
《西游记》	16世纪 明万历前中期（1573—1592）	30.81%
《型世言》	17世纪 明崇祯五年（1632）	57.14%
《儒林外史》	18世纪 清乾隆十四年（1749）前后	77.42%
《红楼梦》	18世纪 清乾隆年间（1736—1796）	55.56%
《儿女英雄传》	19世纪中叶 清道光年间（1821—1850）	58.97%
《跻春台》	19世纪后期 清光绪二十五年（1899）前后	63.52%

从表3.6可以看出，明代几部作品中，涉名致事类“V得”致使构式的占比为30.81%～57.14%，而清代的占比为55.56%～77.42%。就涉名致事类“V得”致使构式的占比来说，清代比明代高。这说明随着时间发展，涉名致事类“V得”致使构式的数量占比在不断升高，也就是说，体词性致使者占比不断升高，或者说，致使者的体词性逐渐加强。

其二，从Sn的有生性来看，从明代到清代，无生命的致使者趋多。虽然在明清时期，致使者的有生性突出，大多数致使者都是有生命的，只有极少数的致使者是无生命的，但是从明代到清代，无生命的致使者呈现出增多的趋势。在本书穷尽性统计中，明代的无生命致使者共有45例，清代的无生命致使者共有55例，呈增多趋势。这说明随着语言的发展，“V得”致使构式的无生性致使者逐渐增多，如表3.7所示。

表 3.7 涉名致事类“V得”致使构式中无生命的Sn在明代、清代的数量

朝代	明代	清代
无生命的Sn（数量）	45例	55例

其三，从V的语义类别来看，清代的生理感受类谓词趋多。虽然明清时期涉名致事类“V得”致使构式的V都属于单纯实义类谓词，且都包括日常生活类动词、心理状态类谓词、生理反应类谓词、自然力类谓词等几类，但其中生理感受类谓词在明代只有2例，出自《西游记》，而清代四部作品中都包含生理感受类谓词，共有7例。从明代到清代，生理感受类谓词呈增多趋势，如表3.8所示。

表 3.8 涉名致事类“V得”致使构式中生理感受类谓词在明代、清代的数量

朝代	明代	清代
生理感受类谓词（数量）	2例	7例

其四，语用功能扩展类子构式趋多。在明代，成书于14世纪的《三遂平妖传》中没有一例“V得”致使构式的语用功能有扩展，全部都是独立成句或作句子的谓语部分。而随着时间发展，在成书于16世纪的《金瓶梅词话》中，就开始出现了用作宾语从句的“V得”致使构式，语用功能发生了扩展。此后几乎每部作品中都有“V得”致使构式作宾语从句的例句。到19世纪末，《跻春台》中还出现了1例作兼语句一部分的“V得”致使构式。说明作其他句法成分的功能并不是“V得”致使构式的原型功能，都是在发展过程中发生了功能扩展而产生的。

3.5.2 涉名致事类“V得”致使构式的地域特征

从表3.5可以看出，本书所研究的几部作品，在地域上兼顾南北两地，反映了明清时期南北地区不同地域官话的历时面貌和使用特色。本节将对明清时期南北官话中的涉名致事类“V得”致使构式进行考察对比。

各部作品的语言地域特色概述如下：《金瓶梅词话》包含多地域语言特色，但最主要的还是反映山东一带的官话特色；《西游记》反映江淮官话特色；《儒林外史》采用的是江淮官话；《红楼梦》《儿女英雄传》都是北京话作品；《跻春台》是四川话代表作，反映西南官话特色。李颖指出，“目前学界一般认为《型世言》反映江浙一带的吴语方言特色”[①]，故《型世言》不属于官话区，不纳入本书地域特征讨论范围。目前学界关于《三遂平妖传》所属方言区尚无定论，故该书也不纳入本书地域特征讨论范围。具体统计如表3.9所示。

① 李颖．《型世言》词汇研究［D］．南京：南京师范大学，2013.

表 3.9　明清汉语各作品语言特色地域分布

<table>
<tr><th>作品</th><th colspan="2">所属官话区</th></tr>
<tr><td>《红楼梦》</td><td rowspan="3">北方官话</td><td>北京话</td></tr>
<tr><td>《儿女英雄传》</td><td>北京话</td></tr>
<tr><td>《金瓶梅词话》</td><td>山东一带官话</td></tr>
<tr><td>《跻春台》</td><td rowspan="3">南方官话</td><td>西南官话</td></tr>
<tr><td>《儒林外史》</td><td>江淮官话</td></tr>
<tr><td>《西游记》</td><td>江淮官话</td></tr>
<tr><td>《型世言》</td><td colspan="2">吴语（非官话）</td></tr>
<tr><td>《三遂平妖传》</td><td colspan="2">尚无定论</td></tr>
</table>

从表 3.9 中可见，本书研究的明清时期作品中代表北方官话特色的有《金瓶梅词话》《红楼梦》《儿女英雄传》，代表南方官话特色的有《跻春台》《儒林外史》《西游记》。

关于南北官话特色，张卫东曾在讨论近代南方官话的形成时指出，“明代官话分为南北两大派，北方官话的通行范围小，地位低；南方官话处于主导地位”①。翟赟指出，“目前有关明清时期南北官话的研究主要集中在语音层面”②，且关于语音的研究目前也没有形成统一的定论。语言学界在判定某一部作品属于哪一个官话区时，主要是从语音层面进行考察，但语言地域研究不应该仅限于一个方面，除了语音层面，还应该重视语法角度的研究。借助实际语料对南北官话进行考察，可以总结出南北官话在语法上的一些区别性特征。本节将从地域特征角度，以南方官话作品与北方官话作品中的涉名致事类“V 得”致使构式为切入点，总结出明清时期该构式在南北官话中的共同点和不同点，以期归纳南北官话的区别，进而观照这些区别在现代汉语中的发展变化。

3.5.2.1　南北官话涉名致事类“V 得”致使构式的共同点

明清时期，南北官话涉名致事类“V 得”致使构式的共同点是：发展均较为成熟，主要体现在以下几个方面：

---

① 张卫东．试论近代南方官话的形成及其地位［J］．深圳大学学报（人文社会科学版），1998（3）．

② 翟赟．晚清民国时期南北官话语法差异研究［M］．北京：北京大学出版社，2018．

第一，从数量上看，明清时期涉名致事类“V得”致使构式在南、北官话中的数量均较多。

每部作品中的构例数量如表3.10所示。

表3.10 南北官话涉名致事类“V得”致使构式数量分布

<table>
<tr><th colspan="2">所属官话区</th><th>作品</th><th colspan="2">涉名致事类“V得”致使构式数量</th></tr>
<tr><td rowspan="3">北方官话</td><td rowspan="2">北京话</td><td>《红楼梦》</td><td>160</td><td rowspan="3">431</td></tr>
<tr><td>《儿女英雄传》</td><td>92</td></tr>
<tr><td>山东一带官话</td><td>《金瓶梅词话》</td><td>179</td></tr>
<tr><td rowspan="3">南方官话</td><td>西南官话</td><td>《跻春台》</td><td>155</td><td rowspan="3">325</td></tr>
<tr><td rowspan="2">江淮官话</td><td>《儒林外史》</td><td>48</td></tr>
<tr><td>《西游记》</td><td>122</td></tr>
</table>

从上表可以看出，在本书所检索的明清时期几部作品中，北方官话的作品中共包含涉名致事类“V得”致使构式431例，其中北京话作品（《红楼梦》160例，《儿女英雄传》92例）共有252例，山东一带官话作品（《金瓶梅词话》）中有179例；南方官话的作品中共包含涉名致事类“V得”致使构式325例，其中江淮官话作品（《儒林外史》48例，《西游记》122例）共有170例，西南官话作品（《跻春台》）共有155例。并且，北方官话中的涉名致事类“V得”致使构式比南方官话中的要多。

第二，从语义关系模式的发展看，涉名致事类“V得”致使构式在南方官话与北方官话中都有A1、A2、A3等三个子构式类型，且数量均较多。这说明涉名致事类“V得”致使构式的这三种子构式各构件之间的语义关系模式在明清时期的发展最为成熟。

第三，从各构件的特点来看，南北官话中的Sn都是体词性成分，且Sn的有生性突出、施事性突出；V都是单纯实义类谓词，语义类别上都包括日常生活类动词、心理状态类谓词、生理感受类谓词、自然力类谓词等几类；RS都是既可有生命也可无生命，且受事性突出；RVP的形式都可以分为简单谓词、复杂谓词性结构、复句等几类。

第四，从特殊构式现象看，南北官话中都出现了反身类“V得”致使子构式和多结果“V得”致使子构式。在功能扩展方面，南北官话中都出现了“V得”致使构式作宾语从句、作兼语句的一部分，以及“V得”致使构式与“被”字句的套合使用的情况。

3.5.2.2 南北官话涉名致事类“V得”致使构式的不同点

明清时期，涉名致事类“V得”致使构式在南方官话与北方官话中的发展都较成熟，差异不大。但部分特殊构式在南北官话中存在以下不同点。

第一，少量A4式［受事/工具＋V得＋施事＋施事的结果］在江淮官话、山东一带官话中均没有出现，在北京话、西南官话中均有出现，如：

（320）姐姐！你想得我好苦！（《儿女英雄传》第二十回，p355）

（321）（一杯酒）登时吃得他杏眼微饧。（《儿女英雄传》第三十二回，p637）

（322）头一次四十掌牙关打烂，打得儿血淋淋说话不�。（《跻春台·审烟枪》，p331）

以上三例，前两例是北京话，第三例是西南官话。第三例的Sn为“四十掌”，是工具性致使者，不是受事性致使者。也就是说，施受颠倒类“V得”致使构式，在明清时期只存在于北方官话中，南方官话中未发现此类特殊构式。

第二，A5式［受事＋V得＋主事＋主事的结果］只存在于北京话、山东一带官话、江淮官话，在西南官话中未发现此类构例。如：

（323）几句说的金莲闭口无言，往屋里匀脸去了。（《金瓶梅词话》四十三回，p509）

（324）一席话，说的贾琏脸都黄了，在凤姐身背后，只望着平儿杀鸡抹脖使眼色，求他遮盖。（《红楼梦》二十一回，p166）

（325）一番话，说得老太满心欢喜。（《儒林外史》二十六回，p267）

以上几例都是A5式，本书检索出的37例A5式均出自《金瓶梅词话》《红楼梦》《儒林外史》，在西南官话中未发现此类构式。

第三，仅有的2例动词的被动用法均出自反映山东一带官话特色的《金瓶梅词话》。如：

（326）那<u>宋仁打的两腿棒疮</u>，归家着了重气，害了一场时疫，不上几日，呜呼哀哉死了。（《金瓶梅词话》二十七回，p308）

此种用法在北方官话、江淮官话、西南官话中均未发现。也就是说，被动用法是山东一带官话的特色。

第四，“V得”致使构式扩展为作宾语的现象，在西南官话中未发现。如：

（327）贾母等回来，各自归家时，薛姨妈与宝钗<u>见香菱哭的眼睛肿了</u>，问起原故，忙来瞧薛蟠时，脸上身上虽见伤痕，并未伤筋动骨。（《红楼梦》四十七回，p397-398）

上例中的“V得”致使构式“香菱哭的眼睛肿了”作“见”的宾语，是一种扩展用法。这种用法在本书所检索的八部明清时期的作品中共有33例，均出自《红楼梦》《儿女英雄传》《金瓶梅词话》《儒林外史》《西游记》，而在西南官话的《跻春台》中未出现。

可见，明清“V得”致使构式的特殊构例在西南官话中较少，在北方官话中较多。

第4章
明清汉语涉事致事类“V得”致使构式研究

本书第2章将“V得”致使构式分为涉名致事类、涉事致事类两大类，第3章对明清汉语涉名致事类“V得”致事构式进行了考察和研究。本章将对明清汉语涉事致事类“V得”致使构式进行研究，主要内容包括：明清两个时期涉事致事类“V得”致使构式的使用概况、各构件的特点、语义表达特征、特殊构例、时代特征与地域特征等方面。在此基础上，本章将对明清涉名致事类“V得”致使构式与涉事致事类“V得”致使构式进行对比研究。

4.1 明清汉语涉事致事类“V得”致使构式的使用状况

涉事致事类“V得”致使构式的形式为：[Se+V得+RS+RVP]。本节我们对明清汉语涉事致事类“V得”致使构式的使用面貌进行描写概括。通过对明代、清代汉语八部代表性作品中的涉事致事类“V得”致使构式进行穷尽性检索和分析，依次介绍各作品中该构式的使用概况。

4.1.1 明清各作品中涉事致事类“V得”致使构式的使用概况

本小节我们对明清汉语涉事致事类“V得”致使构式的使用概况进行描写梳理。本书主要检索的明清时期作品有《三遂平妖传》《金瓶梅词话》《西游记》《型世言》《儒林外史》《红楼梦》《儿女英雄传》《跻春台》。下面依次按照作品逐一进行举例和描写。

4.1.1.1 《三遂平妖传》涉事致事类“V得”致使构式使用概况

经过穷尽性考察和统计，《三遂平妖传》中，“V得”致使构式共有44例，其中涉事致事类“V得”致使构式共有26例，在该作品所有“V得”致使构式中占比59.09%。构例如：

(328) 那棹子从空便起，吓得妈妈呆了。(《三遂平妖传》三回，p18)

(329) 张鸾向知州一刀……把知州杀了。唬得厅上厅下的人都麻木了，转动不得。(《三遂平妖传》十五回，p111)

(330) 这妖僧骗了善王太尉三千贯钱，蒿恼得一府人不得安迹。(《三遂平妖传》十二回，p89)

以上几例中各构件及对应的致使角色是：Se分别是“那棹子从空便起”“张鸾向知州一刀……把知州杀了”“这妖僧骗了善王太尉三千贯钱”，都是一个事件，即致使原因事件；“V得”分别是“吓得”“唬得”“蒿恼得”，为致使力，V都是带致使义的实义动词，分别表示“使……受到惊吓”“使……被吓唬到”“使……烦恼”；RS分别是“妈妈”“厅上厅下的人”“一府人”，为被致使者；RVP分别是“呆了”“都麻木了，转动不得”“不得安迹”，为致使结果。三例的致使关系分别是“那棹子从空便起，使得妈妈受到惊吓，并使得她呆了”“张鸾向知州一刀把知州杀了，使得厅上厅下的人都被吓唬到了，并使得他们麻木了，转动不得”“这妖僧骗了善王太尉三千贯钱，使得一府人蒿恼，并使得他们不得安迹”。三例的致使关系链中都包含三个事件：一个致使原因事件A导致结果事件B产生，这是第一层致使关系；事件B又作为原因致使下一个事件C产生，这是第二层致使关系。总之，这两层致使关系包含三个事件。

4.1.1.2 《金瓶梅词话》涉事致事类“V得”致使构式使用概况

经过穷尽性考察和统计，《金瓶梅词话》中，“V得”致使构式共有365例，其中涉事致事类“V得”致使构式共有186例，在该作品所有“V得”致使构式中占比50.96%。构例如：

(331) 玉箫推小玉，小玉推玉箫，急的那大丫头赌身发咒，只是哭。(《金瓶梅词话》三十一回，p359)

(332) 人人说你在青翠花家饮酒，气的我把频波脸儿挝的纷纷的碎。(《金瓶梅词话》三十三回，p384)

(333) 大正月出门入户，不穿件好衣服，惹的人家笑话。(《金瓶梅词话》第七十八回，p1081)

(334) 却教我打了他十下，惹的你奶奶心中不自在起来。(《金瓶梅词话》九十四回，p1283)

以上四例中，前两例各构件及对应的致使角色是：Se分别是“玉箫推小玉，小玉推玉箫”“人人说你在青翠花家饮酒”都是句子形式；“V得”分别是“急得”“气得”，为致使力；V都是带使动义的实义动词，动词本身带有“使……着急”“使……生气”的使动含义；RS分别是“那大丫头”“我”，为被致使者；RVP分别是“赌身发咒，只是哭”“把频波脸儿挝的纷纷的碎”，为致使结果。两例的致使关系分别是“玉箫推小玉，小玉推玉箫，致使那大丫头着急，使得她赌身发咒，只是哭”“人人说你在青翠花家饮酒，致使我生气，使得我把频波脸儿挝的纷纷的碎”。两例的致使关系链中都包含三个事件：一个致使原因事件A导致结果事件B产生，这是第一层致使关系；事件B又作为原因致使下一个事件C产生，这是第二层致使关系。总之，这两层致使关系包含三个事件。

后两例各构件及对应的致使角色是：Se分别是“大正月出门入户，不穿件好衣服”“教我打了他十下”，都是一个事件，即致使原因事件；“V得”分别是“惹的”“惹的”，为致使力，V都是不带实义的致使词；RS分别是“人家”“你奶奶”，为被致使者；RVP分别是“笑话”“心中不自在起来”，为致使结果。两例的致使关系分别是“大正月出门入户，不穿件好衣服，使得人家笑话”“我打了他十下，致使你奶奶心中不自在起来”。两例的致使关系链中都包含且只包含两个事件，即致使原因事件和致使结果事件。

4.1.1.3 《西游记》涉事致事类“V得”致使构式使用概况

经过穷尽性考察和统计，《西游记》中，“V得”致使构式共有396例，其中涉事致事类“V得”致使构式共有274例，在该作品所有“V得”致使构式中占比69.19%。构例如：

(335) 唐僧在蛇盘山鹰愁陡涧失了马，急得孙大圣进退两难。(《西游记》十五回)

(336) 那菩萨一朵祥云，轻轻驾起，吓得个唐长老立身无地，只情跪着磕头。(《西游记》八十四回，p643)

(337) 呆子不知好歹，惹得师父连我们都怪了！(《西游记》九十六回，p740)

(338) 如今被你夺来，弄得我夫死子绝，婿丧女亡。(《西游记》六十三回，p485)

以上四例中，前两例各构件及对应的致使角色是：Se分别是“唐僧在蛇盘山鹰愁陡涧失了马”“那菩萨一朵祥云，轻轻驾起”，都是一个事件，即致使原因事件；“V得”分别是“急得”“吓得”，为致使力；V都是带使动义的实义动词，动词本身带有“使……着急”“使……被吓到”的使动含义；RS分别是“孙大圣”“唐长老”，为被致使者；RVP分别是“进退两难”“寸身无地”，为致使结果。两例的致使关系分别是“唐僧在蛇盘山鹰愁陡涧失了马，致使孙大圣着急，使得他进退两难”“那菩萨一朵祥云，轻轻驾起，致使唐长老被吓到，使得他寸身无地”。两例的致使关系链中都包含三个事件：一个致使原因事件A导致结果事件B产生，这是第一层致使关系；事件B又作为原因致使下一个事件C产生，这是第二层致使关系。总之，这两层致使关系包含三个事件。

后两例各构件及对应的致使角色是：Se分别是“呆子不知好歹”“如今被你夺来”，都是一个事件，即致使原因事件；“V得”分别是“惹得”“弄得”，为致使力，V都是不带实义的致使词；RS分别是“师父”“我”，为被致使者；RVP分别是“连我们都怪了”“夫死子绝，婿丧女亡”，为致使结果。两例的致使关系分别是“呆子不知好歹，使得师父连我们都怪了”“如今被你夺来，致使我夫死子绝，婿丧女亡”。两例的致使关系链中都包含且只包含两个事件，即致使原因事件和致使结果事件。

4.1.1.4 《型世言》涉事致事类“V得”致使构式使用概况

经过穷尽性考察和统计，《型世言》中，“V得”致使构式共有63例，其中涉事致事类“V得”致使构式共有27例，在该作品所有“V得”致使构式中占比42.86%。构例如：

(339) 两个一句不成头，打将起来，惊得帖木儿也跑出房外，一顿嚷走开。(《型世言》四十回，p554)

(340) 到主腰带子与小衣带子，都打了七八个结，定不肯解。急得小简情极，连把带子扯断。(《型世言》二十一回，p290)

(341) 这便是婆婆口顽，媳妇耳顽，弄得连儿子也不得有孝顺的名。(《型世言》六回，p79)

(342) 王太守与夫人加意赠他，越惹得哥嫂不喜欢。(《型世言》十八回，p253)

以上四例中，前两例各构件及对应的致使角色是：Se分别是“两个一句不成头，打将起来”“主腰带子与小衣带子……定不肯解”都是句子形式；“V得”分别是“惊得”“急得”，为致使力，V都是带使动义的实义动词，动词本身带有“使……惊讶”“使……着急”的使动含义；RS分别是“帖木儿”“小简”，为被致使者；RVP 分别是“也跑出房外”“情极，连把带子扯断”，为致使结果。两例的致使关系分别是“两个一句不成头便打起来这件事，致使帖木儿受到了惊吓，使得他也跑出房外”“扭扭捏捏，定不肯解这件事，致使小简着急，使得他情极，连把带子扯断”。两例的致使关系链中都包含三个事件：一个致使原因事件 A 导致结果事件 B 产生，这是第一层致使关系；事件 B 又作为原因致使下一个事件 C 产生，这是第二层致使关系。总之，这两层致使关系包含三个事件。

后两例各构件及对应的致使角色是：Se 分别是“婆婆口顽，媳妇耳顽”“王太守与夫人加意赠他”，都是一个事件，即致使原因事件；“V 得”分别是“弄得”“惹得”，为致使力，V 都是不带实义的致使词；RS 分别是“儿子”“哥嫂”，为被致使者；RVP 分别是“不得有孝顺的名”“不喜欢”，为致使结果。两例的致使关系分别是“婆婆口顽，媳妇耳顽，使得连儿子不得有孝顺的名”“王太守与夫人加意赠他，使得哥嫂不喜欢”。两例的致使关系链中都包含且只包含两个事件，即致使原因事件和致使结果事件。

4.1.1.5 《儒林外史》涉事致事类“V 得”致使构式使用概况

经过穷尽性考察和统计，《儒林外史》中，“V 得”致使构式共有 62 例，其中涉事致事类“V 得”致使构式共有 14 例，在该作品所有“V 得”致使构式中占比 22.58%。构例如：

(343) 那万中书在秦中书家厅上看戏，突被一个官员，带领捕役进来，将他锁了出去。吓得施御史、高翰林、秦中书，面面相觑，摸头不着。(《儒林外史》五十回，p486)

(344) 那陈虾子被毛二胡子一味朝死里算，弄的他酒也没得吃，肉也没得吃，恨如头醋。(《儒林外史》五十二回，p505)

以上两例中，前一例各构件及对应的致使角色是：Se 是“万中书在秦中书家厅上看戏，突被一个官员，带领捕役进来，将他锁了出去”，是一个事件，即致使原因事件；“V 得”是“吓得”，为致使力，V 是带使动义的实义动词，动词本身带有“使……受惊吓”的致使含义；RS 是“施御史、高翰林、秦中书”，为被致使者；RVP 是“面面相觑，摸头不着”，为致使结果。这一例的致使关系是“万中书在秦中书家厅上看戏，突被一个官员，带领捕役进来，将他锁了出去，致使施御史、高翰林、秦中书受到惊吓，使得他们面面相觑，摸头不着”。此例的致使关系链中包含三个事件：一个致使原因事件 A 导致结果事件 B 产生，这是第一层致使关系；事件 B 又作为原因致使下一个事件 C 产生，这是第二层致使关系。总之，这两层致使关系包含三个事件。

后一例各构件及对应的致使角色是：Se是“那陈虾子被毛二胡子一味朝死里算”，是一个事件，即致使原因事件；“V得”是“弄得”，为致使力，V是不带实义的致使词；RS是“他”，为被致使者；RVP是“酒也没得吃，肉也没得吃，恨如头醋”，为致使结果。这例的致使关系是“那陈虾子被毛二胡子一味朝死里算，使得他酒也没得吃，肉也没得吃，恨如头醋”。此例的致使关系链包含且只包含两个事件，即致使原因事件和致使结果事件。

4.1.1.6 《红楼梦》涉事致事类“V得”致使构式使用概况

经过穷尽性考察和统计，《红楼梦》中，“V得”致使构式共有288例，其中涉事致事类“V得”致使构式共有128例，在该作品所有“V得”致使构式中占比44.44%。构例如：

(345)（柳家的）说着，便向平儿磕头，慌得平儿拉起他来。（《红楼梦》六十二回，p532）

(346) 话说宝玉一听麝月的话，身往后仰，复又死去，急得王夫人等哭叫不止。（《红楼梦》一百一十六回，p1020）

(347) 都是老太太昨儿一句话，又叫他画什么园子图儿，惹得他乐得告假了。（《红楼梦》四十二回，p350）

(348) 蒋玉函也深为叹息敬服，不敢勉强，并越发温柔体贴，弄得个袭人真无死所了。（《红楼梦》一百二十回，p1066）

以上四例中，前两例各构件及对应的致使角色是：Se分别是“（柳家的）说着，便向平儿磕头”“宝玉一听麝月的话，身往后仰，复又死去”，都是一个事件，即致使原因事件；“V得”分别是“慌得”“急得”，为致使力；V都是带使动义的实义动词，动词本身带有“使……慌张”“使……着急”的使动含义；RS分别是“平儿”“王夫人”，为被致使者；RVP分别是“拉起他来”“哭叫不止”，为致使结果。两例的致使关系分别是“（柳家的）说着，便向平儿磕头，致使平儿慌张，使得平儿拉起他来”“宝玉一听麝月的话，身往后仰，复又死去，致使王夫人等着急，使得王夫人等哭叫不止”。两例的致使关系链中都包含三个事件：一个致使原因事件A导致结果事件B产生，这是第一层致使关系；事件B又作为原因致使下一个事件C产生，这是第二层致使关系。总之，这两层致使关系包含三个事件。

后两例各构件及对应的致使角色是：Se分别是“老太太昨儿一句话，叫他画什么园子图”“蒋玉函深为叹息敬服，不勉强，越发温柔体贴”，都是一个事件，即致使原因事件；“V得”分别是“惹得”“弄得”，为致使力，V都是不带实义的致使词；RS 分别是“他”“袭人”，为被致使者；RVP 分别是“乐得告假”“真无死所了”，为致使结果。两例的致使关系分别是“老太太一句话叫他画园子图使得他乐得告假了”“蒋玉函深为叹息敬服，不敢勉强，越发温柔体贴，使得袭人对其死心塌地，真无死所了”。两例的致使关系链中都包含且只包含两个事件，即致使原因事件和致使结果事件。

4.1.1.7 《儿女英雄传》涉事致事类“V 得”致使构式使用概况

经过穷尽性考察和统计，《儿女英雄传》中，“V 得”致使构式共有 156 例，其中涉事致事类“V 得”致使构式共有 64 例，在该作品所有“V 得”致使构式中占比 41.03%。构例如：

(349) 无奈这位老妈妈儿总看不出来。急得个张姑娘没法儿，只好卖嚷儿了。(《儿女英雄传》十回，p163)

(350) 紧接着便听得外间的门风吹的开关乱响，吓得个娄主政骨软筋酥，半晌动弹不得。(《儿女英雄传》三十五回，p712)

(351) 不想公子从此时起便推托不饮，倒惹得老人家追问起来。(《儿女英雄传》三十七回，p775)

(352) 却说安老爷的话，一层逼进一层，引得个邓九公雄辩高谈，真情毕露。(《儿女英雄传》十六回，p270-271)

以上四例中，前两例各构件及对应的致使角色是：Se 分别是“这位老妈妈儿总看不出来”“外间的门风吹的开关乱响”，都是一个事件，即致使原因事件；“V 得”分别是“急得”“吓得”，为致使力；V 都是带使动义的实义动词，动词本身带有“使……着急”“使……受到惊吓”的使动含义；RS 分别是“张姑娘”“娄主政”，为被致使者；RVP 分别是“没法儿，只好卖嚷儿了”“骨软筋酥，半晌动弹不得”，为致使结果。两例的致使关系分别是“这位老妈妈儿总看不出来，致使张姑娘着急，使得她没法儿，只好卖嚷儿了”“外间的门风吹的开关乱响，致使娄主政受到了惊吓，使得他骨软筋酥，半晌动弹不得”。两例的致使关系链中都包含三个事件：一个致使原因事件 A 导致结果事件 B 产生，这是第一层致使关系；事件 B 又作为原因致使下一个事件 C 产生，这是第二层致使关系。总之，这两层致使关系包含三个事件。

后两例各构件及对应的致使角色是：Se 分别是“公子从此时起便推托不饮”“安老爷的话一层逼进一层”，都是一个事件，即致使原因事件；“V 得”分别是“惹得”“引得”，为致使力，V 都是不带实义的致使词；RS 分别是“老人家”“邓九公”，为被致使者；RVP 分别是“追问起来”“雄辩高谈、真情毕露”，为致使结果。两例的致使关系分别是“公子推托不饮，使得老人家追问起来”

“安老爷的话层层逼进使得邓九公雄辩高谈，真情毕露”。两例的致使关系链中都包含且只包含两个事件，即致使原因事件和致使结果事件。

4.1.1.8 《跻春台》涉事致事类“V得”致使构式使用概况

经过穷尽性考察和统计，《跻春台》中，“V得”致使构式共有244例，其中涉事致事类“V得”致使构式共有89例，在该作品所有“V得”致使构式中占比36.48%。构例如：

(353) 狗贱妇敢恶言把娘哄骗，气得我年迈人口吐青烟！(《跻春台·失新郎》，p111)

(354) 奴材[①]说话真糊混，忧得为父血奔心。《跻春台·比目鱼》，p339)

(355) 开榜时常谏止，靳氏不听，一天叽叽呱呱，弄得开甲又病又忧，更加沉重。(《跻春台·仙人掌》，p26)

以上四例中，前两例各构件及对应的致使角色是：Se分别是“狗贱妇敢恶言把娘哄骗”“奴才说话真糊混”，都是一个事件，即致使原因事件；“V得”分别是“气得”“忧得”，为致使力，V都是带使动义的实义动词，动词本身带有“使……生气”“使……忧愁”的致使含义；RS分别是“我”“为父”，为被致使者；RVP分别是“吐青烟”“血奔心”，为致使结果。两例的致使关系分别是“狗贱妇敢恶言把娘哄骗，致使我生气，使得我吐青烟”“奴才说话真糊混，致使为父忧愁，使得他血奔心”。两例的致使关系链中都包含三个事件：一个致使原因事件A导致结果事件B产生，这是第一层致使关系；事件B又作为原因致使下一个事件C产生，这是第二层致使关系。总之，这两层致使关系包含三个事件。

后一例各构件及对应的致使角色是：Se是“开榜时常谏止，靳氏不听，一天叽叽呱呱”，是一个事件，即致使原因事件；“V得”是“弄得”，为致使力，V是不带实义的致使词；RS是“开甲”，为被致使者；RVP是“又病又忧，更加沉重”，为致使结果。这例的致使关系是“开榜时常谏止，靳氏不听，一天叽叽呱呱，使得开甲又病又忧，更加沉重”。此例的致使关系链中都包含且只包含两个事件，即致使原因事件和致使结果事件。

---

① “奴材”，同“奴才”。

4.1.2　小结

在本书所检索的八部作品中，涉事致事类“V得”致使构式的数量和占比情况如表4.1所示。

表4.1　明清汉语各作品中涉事致事类“V得”致使构式的数量分布

作品简称	《三》	《金》	《西》	《型》	《儒》	《红》	《儿》	《跻》	总计
涉事致事类“V得”致使构式数量	26	186	274	27	14	128	64	89	808
“V得”致使构式数量	44	365	396	63	62	288	156	244	1618
占比	59.09%	50.96%	69.19%	42.86%	22.58%	44.44%	41.03%	36.48%	49.94%

从上表可以看出，本书所检索的八部明清时期作品中，涉事致事类“V得”致使构式共有808例，在所有“V得”致使构式中占比的平均值为49.94%，几乎占一半的比例。涉事致事类“V得”致使构式占比最高的作品是《西游记》，为69.19%。涉事致事类“V得”致使构式占比最低的作品是《儒林外史》，为22.58%。

4.2　明清汉语涉事致事类“V得”致使构式各构件研究

涉事致事类“V得”致使构式的构件在形式上最大的特点就是S为一个句子，除此之外，各构件还分别有什么特点？这是本节要考察的主要内容。

4.2.1　S的特点

前一章已述，S作为“V得”致使构式的构件之一，有的可以在上下文找到，有的无法在上下文找到但可以根据语境推测得出，即它的存现要求并不严格，它可以出现，也可以隐省。对于涉事致事类“V得”致使构式来说，S大多是隐省的。即在“V得”致使构式的子句范围内，S并不是直接出现，大多是位于该构式所在子句之前的前一个子句，充当致事，代表致使原因事件。例如：

(356) 慌得那长老忙呼行者。(《西游记》二十三回，p171)

(357) 急的那老冯赌身罚咒，只是哭。(《金瓶梅词话》四十三回，p507)

以上两例“V得”致使构式，“V得”前的S隐省了。如果我们把“V得”致使句的前一句话甚至是一段话也摘录进来，就会发现，“V得”前其实还有一段与“V得”致使构式的语义联系紧密的句子。我们摘录出各例的原句段，并且在“V得”前加上指示代词“这”或者“这情景”“这事件”，便变成：

(358) 那里得那大厦高堂，也不是雕梁画栋，一个个都睡在松柏林中。(这情景) 慌得那长老忙呼行者。

(359) 奶子推老冯，(这) 急的那老冯赌身罚咒，只是哭。

以上各例的隐省的S可以用括号里的“这”代替，而“这”代表句号之前的句子所表达的意义，它们都是代表一个事件。乍一看上去，“V得”致使构式没有主语，关于此现象，不少学者已关注过并进行过解释。朱德熙曾提出，“汉语从先秦古汉语一直到现代口语，句子没有主语是正常现象”，“没有主语的句子跟有主语的句子同样是独立而且完备的”，并认为，“热得我满头大汗”这类句子“陈述对象不在主语位置上”，且“确定汉语句子的最终根据只能是停顿和句调”。[①] 廖秋忠曾在其论文《篇章与语用和句法研究》中提到，“在以句法为语言研究的中心的语言学里，句法的研究一般不涉及句子的运用”[②]。赵元任将汉语的句子定义为“两头被停顿限定的一截话语”，同时指出，“在汉语口语中，不完整的‘零句’占优势，这种‘零句’就是没有指主语或没有谓语的句子”。[③] 沈家煊在讨论“汉语的语法和语用不易分开”时曾提到，句法单位对应“句子”或sentence，语用单位对应“话段”或utterance，但实际上，汉语里所谓的“句子”相当于英语的utterance，而不是sentence。[④]

受以上学者研究的启发，我们可以这样认为：涉事致事类“V得”致使构式省略的致使者，其实位于“V得”致使构式范围之外。这个致使者可以用“这”或者“这件事”代替，如“这个动作/这件事让老冯着急”。实际上，致使者“这”的意义就是“V得”之前的短句内容，它们所代表的某件事情或者某

---

① 朱德熙．语法问答[M]．北京：商务印书馆，1985.

② 廖秋忠．篇章与语用和句法研究[J]．语言教学与研究，1991(4).

③ 赵元任．汉语口语语法[M]．北京：商务印书馆，1968.

④ 沈家煊．语法六讲[M]．北京：商务印书馆，2011.

个情景，可以担任致使者这个角色。如以上两例，致使关系是“那些大厦高堂一个个都睡在松柏林中，让长老惊慌，这种惊慌使得长老忙呼行者”“奶子推老冯，这（个动作）让老冯着急，使得老冯贴身诅咒只是哭”。

所以，我们认为，“V 得”致使构式中表致使义的核心部分是［V 得＋RS＋RVP］，而“V 得”前的 S，可以隐省。当 S 是体词性成分时，它是 V 的论元，当 S 是一个短句时，由于太长，只能将其放在也与这个核心结构之外，以维持整体平衡，此时这个句子 Se 依然是 V 的论元。

为什么句子也可以作论元呢？本书第 2 章已述，Noonan 曾指出，“原型补语从句就是充当另一个从句（主语或宾语）的论元（argument）的从句”（A main clause is a clause that has another clause as one of its core arguments）[①]。Payne 认为，这种现象就是“主句拥有另一个从句作为自己的核心论元”[②]。Payne 所举例句为：

（360） *That Lady Aileron trod on his toe stunned the Duke of Wimple.*

用成分分析法分析这个例句，整个句子是主句（Main Clause），其中 that Lady Aileron trod on his toe 是一个从句（Complement），stunned 是谓语动词，the Duke of Wimple 是宾语。在这个例句中，“Lady Aileron trod on his toe”这个小句充当 V 的主语，称作主语从句，用树形图表示便是图 4.1 中所示结构。

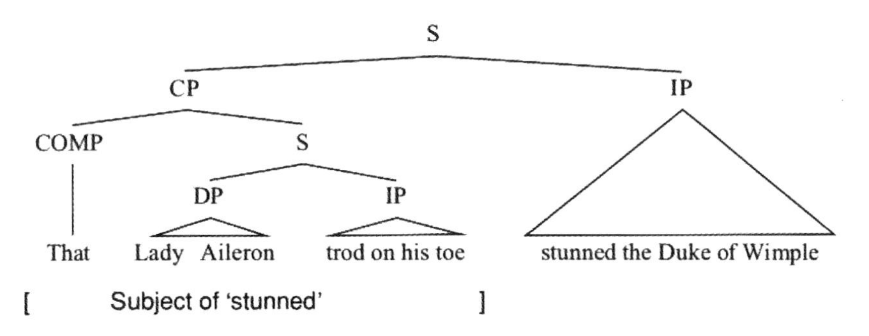

图 4.1　从句作论元的树形图[③]

① NOONAN M. Complementation［M］//SHOPEN T. Language Typology and Syntactic Description（Vol. 2）：Complexconstructions. Cambridge：Cambridge University Press，1985.

② PAYNE T E. Exploring the Language Structure［M］. Cambridge：Cambridge University Press，2006.

③ PAYNE T E. Exploring the Language Structure［M］. Cambridge：Cambridge University Press，2006.

在图4.1中，整句的IP是“stunned the Duke of Wimple”，CP是“That Lady Aileron trod on his toe”。CP是一个句子，也是动词stunned的主语（subjest of stunned）。这便是句子作动词论元的现象。

受此启发，我们认为，对“V得”致使构式来说，句子也可以作V的论元。如“狗贱妇敢恶言把娘哄骗，气得我年迈人口吐青烟”，在这个例句中，“V得”前的成分是“狗贱妇敢恶言把娘哄骗”，是一个句子，这个句子便是V的论元。

所以，“V得”致使构式的致使者论元，完全可以由一个表事件的句子充当，即本书所提Se。在这类构例中，Se本身就代表一个事件，指陈整个致使关系中的致使原因事件。

按照袁毓林（2002）的语义角色分类，位于主语位置上的Se，其语义角色是“致事”（某种致事性事件的引起因素）。Se共有的语义特点是述谓性（predicative），即它们直接或间接地指陈（denote）一个致使性的（causative）事件。正是这个致使性事件作为致使者，加上致使力的作用，导致了结果事件的发生，从而构成致使情景。

4.2.2 “V得”的特点

对于涉事致事类“V得”致使构式中“V得”这个构件，我们依然主要从谓词的角度对V的特点进行归纳。

4.2.2.1 V的指向性

关于V的指向性，不同于涉名致事类“V得”致使构式，涉事致事类“V得”致使构式的谓词V基本都是后指，即指向被致使者。如：

（361）一日，杨寡妇偶然到他家中，急得马氏茶也拿不一钟[①]出。（《型世言》三十一回，p434）

（362）这小猴子倘在地下，死了半日。慌得来昭两口子走来扶救。（《金瓶梅词话》二十八回，p325）

（363）众人见少尼拉着讲生喊夫，一齐大笑，羞得学儒书也讲不出了。（《跻春台·假先生》，p366）

以上几例，V分别是“急”“慌”“羞”，分别向后指向被致使者“马氏”“来昭两口子”“学儒”。

① “钟”，同“盅”。

4.2.2.2　V 的分类

关于 V 的意义分类，明清时期能够在涉事致事类“V 得”致使构式中出现的“V”比较少。本书第 2 章第 2 节已论述，根据汉语实际特点，从词法语义类别上将“V 得”致使构式中的 V 分为单纯实义动词、带使动义实义动词、类致使词三大类，分别记作 V1、V2、V3。本书对所检索的明清汉语语料进行穷尽性统计，发现：涉事致事类“V 得”致使构式的 V 主要由带使动义实义动词和类致使词组成，另外在语义类别上还有少量生理反应类谓词。具体来说，分以下几类情况。

1）带使动义的实义谓词

带使动义的实义谓词。这类 V 除了带有本身的实义之外，还带有使动含义。根据穷尽性统计，此类 V 所在的构例共有 584 例，在涉事致事类“V 得”致使构式中占比 72.28%，出现频率最高。如：

(364) 两个一齐走到轩内，慌的西门庆凑手脚不迭。(《金瓶梅词话》第二十七回，p311)

(365) 吓得那十七个宫娥，没命的前后乱跑乱藏。(《西游记》第三十回，p221)

(366) 这贼娘戏，他到得了银子，惊得我东躲西躲两三年。(《型世言》第二十七回，p384)

(367) 恨得贾琏无话可说，只得开了尤氏箱笼，去拿自己体己。(《红楼梦》第六十九回，p612)

这类 V 也是表示心理活动或状态类的，它们看上去与涉名致事类“V 得”致使构式中单纯实义谓词中的心理活动类 V 一样，但从深层语义关系上看，二者是有区别的。单纯实义谓词中表心理活动类的 V，其 Sn 是 V 的主事，位于 V 之前，也是整个“V 得”致使构式的致使者；而对带使动义的表心理活动类 V 来说，其主事位于 V 之后，此时 V 带有“使其……”的使动含义。下面具体举例来进行对比说明：

(368) 老奶奶吓得两脚软了，一步也挪不动。(《儒林外史》第十六回，p172)

(369) 猛然一阵狼虫过，吓得人心趷蹬蹬惊。(《西游记》第二十回，p145)

以上两例，第一例的“吓”是纯实义动词，意为“受到惊吓”，V的主事是致使者Sn“老奶奶”，位于V之前，此例的致使关系是“老奶奶受到惊吓，使得其两脚软了”。第二例的“吓”是带使动义的实义动词，意为“使其受到惊吓”，V的主事是被致使者RS“人”，位于V之后，此例的致使关系是“一阵狼虫经过，使人受到惊吓，致使人心跎蹬蹬惊”。

从本质上来说，造成这种区别的根本原因在于动词V本身的使感用法。汉语中有一类动词，本身带有使动含义。如“吓”这个动词本身就有两种意义，一种是纯实义的“惊吓、受到惊吓”，一种使带使动义的“使……受到惊吓”。第二种带使动义的用法常见于“ADJ/V＋人”结构，如“急人”“吓人”“烦人”等，它们的组成方式是，由一个形容词或动词加上“人”构成“ADJ/V＋人”的格式，在语义上表示的是“使人感到ADJ/V”或“使人产生与V/ADJ相关的感觉”，本身就具有“使人烦恼”“使人受到惊吓”“使人着急”的使动义。根据丁丁的总结，学界将这种“ADJ/V＋人”的结构称为“使感结构”①。使感结构的特点可以从句法和语义两方面进行归纳：句法上，ADJ/V与其后的“人”是述宾关系；语义上，该结构表示“使人产生……的感受”，这种感受与ADJ/V所表达的意义相关。根据ADJ/V的及物性区别，该结构可以分为两类。第一类是当ADJ/V是形容词或不及物动词时，表示“使人ADJ/V”，如“急人”的实际意义是“使人急”，“感人”的实际意义是“使人感动”，这与古汉语的使动用法类似，如“出兵”表示“使兵出”。第二类是当ADJ/V为及物动词时，其动作一般产生与动词相关的特定结果，也随之产生与之相关的某种特定感受或结果，如“吓人”的意思是“吓唬人”，与之相关的感受是“使人感到害怕”或“使人受到惊吓”，“害人”的意思是“危害人”，与之相关的结果是“使人受损”。

这类表致使义的使感谓词ADJ/V就是带使动义的实义谓词。在“V得”致使构式中，本书将这类谓词记为V2。

2）类致使谓词

明清汉语涉事致事类“V得”致使构式中的V，还有一类的语义比较特殊，本书将其定义为“类致使义谓词”，记为V3。V3所在例句共有175例，构例在所有涉事致事类“V得”致使构式中占比21.66%，如下：

（370）谁知越医越重，先白后红，卧床不起，解便难行，弄得满房腥臭。（《跻春台·川北栈》，p261）

---

① 丁丁．“X人”式使感形容词的历时来源及其在西安话中的表现［J］．长安大学学报（社会科学版），2018（11）．

(371) 一个堂堂县令，屈尊去拜一个乡民，惹得衙役们笑话。(《儒林外史》一回，p8)

(372) 秋波脸，两情牵好难。引的人意迟寂寞泪阑干。(《金瓶梅词话》第四十九回，p585)

在“V 得”致使构式中，构件“V 得”的组成部分之一“V”作为该构式的核心动词，一般来说，本身就代表了一个事件，即致使原因事件。它与“得”一起组成“V 得”表示致使力，在致使情景中发挥重要作用，可以说是致使链中关键的一环。如“轿杠撞得楼板响”表示“轿杠撞了楼板，使楼板响”的致使含义，“撞”作为该构例的核心动词 V，具有实际的词汇意义，代表一个事件。对于以上几例的 V“惹”“弄”“引”来说，它们在构式中并不具有实际的词汇意义。宛新政将此类 V 定义为泛义动词，并指出，在由泛义动词组成的“V 得”结构中，动词前面一般都有一个句子或者一段话来表示一个事件，这个事件充当致使者，是一个涉事致事，当这个致事产生某种结果时，一般的动词不能胜任，而“泛义动词的语义概括性正好满足了这一需要”[①]。如：

(373) 我赔嫁的箱子啦，盆啦，桶啦，台面啦怎么也放不下，弄得新房里都搁满了，看了真不痛快。(宛新政，2004)

宛新政认为，“弄”代替的是前面画线部分的事件，但本书认为此解释欠妥。一来，“弄”这动词并不能代替前面的事件，否则前后两个事件连在一起，语义表达不通顺；二来，这样破坏了“弄得”作为致使力的整体性，不能厘清致使关系。本书认为，此处“V 得”依然是一个整体构件，代表的依然是致使力。我们可以将这类构例与“使令致使构式”[②] 进行转换，如例 a-b：

(a) 他一时恐怕满面泪痕，惹得二位老人家伤感。
→他一时恐怕满面泪痕，使二位老人家伤感。

(b) 谁知越医越重，先白后红，卧床不起，解便难行，弄得满房腥臭。
→谁知越医越重，先白后红，卧床不起，解便难行，使满房腥臭。

(c) 一个堂堂县令，屈尊去拜一个乡民，惹得衙役们笑话。
→一个堂堂县令，屈尊去拜一个乡民，使衙役们笑话。

---

① 宛新政．现代汉语致使句研究［D］. 上海：复旦大学，2004.

② 使令致使构式是汉语致使构式的一种，指由专职致使词“使、令、教、叫、让、逼、使得、致使”等构成的表致使意义的构式，如“带他回去，使他父子相逢”(《型世言》第三十八回)。

可以看到，这些“V得”致使构式全都可以转换成使令致使构式。可以进行以上转换的原因是：两种句式都包含两个事件，两个事件都由致使词相连，以构成致使情景。在使令致使构式中，致使词是“使”；在“V得”致使构式中，“弄得”“惹得”的作用与“使”完全一致，承担一个致使词的作用。此时的V没有实义，意义已经虚化，与“得”一起，功能相当于“使”“令”“让”和“叫”等致使词，我们将这类V称为“类致使词”。

根据宛新政的统计，现代汉语“V得”致使句中这类动词主要有“引”“弄”“搞”“闹”“害”“招”等，其中“引”“弄”的出现频率最高。根据本书在明清“V得”致使构式中的统计，“类致使词”类V主要有“引”“惹”“闹”“招”“弄”等，在这些动词中间，以“弄”“惹”“招”的出现频率最高。

3）生理反应类谓词

明清汉语涉事致事类“V得”致使构式中的V，还有一类可以表示生理反应，数量较少，如：

(374) 每日晌午还不拿饭出去与他吃，饿的他只往他母舅张老爹那里吃去。(《金瓶梅词话》八十五回，p1176)

(375) 那罗刹心痛难禁，只在地上打滚，疼得他面黄唇白。(《西游记》五十九回，p453)

以上两例的V，均表示生理反应。此类V在例句共有28例，在所有涉事致事类“V得”致使构式中占比3.46%。

4）日常生活类谓词

明清汉语涉事致事类“V得”致使构式中的V，还有一类可以表示日常生活，数量较少，如：

(376) 好近远儿，从门外寺里直走到家，路上通没歇脚儿，走的我上气儿接不着下气儿。(《金瓶梅词话》第四十九回，p590)

(377) 檐外叮当铁马儿敲儿敲，搅的奴睡不着。(《金瓶梅词话》第七十三回，p976)

以上两例的V，均表示日常生活的动作。此类V在例句共有21例，在所有涉事致事类“V得”致使构式中占比2.60%。

经过穷尽性考察和统计，明清汉语涉事致事类“V得”致使构式所有V的语义类别分布表如下（第二列示例后括号里的数字代表该示例出现的次数），见表4.2。

表 4.2　明清汉语涉事致事类“V 得”致使构式 V 的分布列表

V 的类别	示例（出现次数）	构例数	所占比例
带使动义的实义动词（心理状态类谓词）	慌（218）、唬（153）、急（55）、吓（39）……	584	72.28%
带致使义的非实义动词（类致使义动词）	弄（60）、惹（52）、闹（15）……	175	21.66%
生理反应类谓词	痛（12）、疼（4）、饿（3）……	28	3.46%
日常生活类谓词	走（2）、搅（1）	21	2.60%
总计	808	808	100%

从表 4.2 中可以看出，明清汉语涉事致事类“V 得”致使构式中，带使动义的实义动词 V 最多，共有 584 例，占比 72.28%，其中“唬”“急”“慌”出现的频率最高，这类 V 都是心理活动或状态类的不及物动词或形容词；带致使义的非实义动词（类致使词）V 共有 175 例，占比 21.66%，居第二，其中“弄”“惹”“闹”出现的频率最高，基本都是不及物动词；表生理反应类的 V 较少，共有 28 例，占比 3.47%，全是不及物动词或形容词；日常生活类谓词最少，只有 21 例，占比 2.60%。

同时，通过统计我们得出，在涉事致事类“V 得”致使构式中，“V 得”不存在“双音节谓词＋得”的情况。至于原因，与韵律句法学相关，在第 2 章已阐述过。

4.2.3　RS＋RVP 的特点

对于涉事致事类“V 得”致使构式来说，构件 RS＋RVP 与涉名致事类“V 得”致使构式一样，也是表示致使结果事件，RS 是被致使者，RVP 是致使结果。

首先，关于 RS 的有生性。涉事致事类“V 得”致使构式的被致使者基本上都是有生命的，如：

(378) 吓得宝玉汗下如雨。(《红楼梦》五回，p43)

(379) 痛得奴心儿里好似箭穿。(《跻春台・仙人掌》，p91)

(380) 只气得他巨眼圆睁，银须乱乍。(《儿女英雄传》三十一回，p611)

以上几例的被致使者“宝玉”“奴”“他”都是有生命的人，都有极高的生命度。这与涉事致事类“V得”致使构式V的特性也有关。我们知道，涉事致事类“V得”致使构式的V大多是心理活动或状态类谓词，也有一小部分是生理反应类谓词，且这些谓词都是向后指向RS，而能产生心理活动和生理反应的，必须都是有生命的，所以RS都是有生的。

其次，关于被致使者RS与V的语义关系，RS多是V的主事，或者与V没有直接语义关系。如：

(381) 慌得李瓶儿扑起的也似接了。(《金瓶梅此话》四十九回，p639)

(382) 奶子推老冯，急的那老冯赌身罚咒，只是哭。(《金瓶梅词话》四十三回，p507)

(383) 只乐得他手舞足蹈，眼笑眉飞。(《儿女英雄传》十五回，p247)

以上几例，V都是RS的主事。这是因为这类构式的V都是心理状态类谓词，其论元一般都是其主事。

关于RVP的特点。与涉名致事类“V得”致使构式一样，涉事致事类“V得”致使构式的RVP的结构形式有动词、形容词、复杂谓词性结构、复句等。另外，由于Se比Sn复杂一些，相应的，为了平衡前后部分，涉事致事类构式的RVP也比涉名致事类构式的RVP更为复杂。

4.3 明清汉语涉事致事类“V得”致使构式的语义研究

本节主要探究涉事致事类“V得”致使构式在语义上有哪些特点。首先我们尝试绘制出涉事致事类“V得”致使构式的事件图示，然后根据涉事致事类“V得”致使构式各构件的语义关系结构模式进行分类，分成几个子构式类别，最后总结各子构式对应的语义特征。

4.3.1 涉事致事类“V得”致使构式的图示

对于涉事致事类“V得”致使构式来说，有两种类型，我们分别记作B式和C式，B式又分B1式和B2式，下面分别进行说明：

B1式：[Se+V2得+RS+RVP]

B2式：[(Se+)V1得+RS+RVP]

C式：[Se+V3得+RS+RVP]

B1式的特点是V是带使动义的实义动词，且大多是心理状态类谓词；B1式的特点是V是不带使动义的实义动词，且大多是生理反应类谓词；C式的特点是V是类致使谓词。

在B1式中，Se作为句子形式的致事，直接指陈第一个使因事件Event 1；RS+RVP代表致使结果事件Event 3；而它们之间还存在一个中间事件Event 2，由V指陈。在这里，V作为带使动义的实义动词，代表第一层致使关系中的致使结果事件，同时，V与“得”一起组成“V得”代表致使力，引出第二层致使关系中的致使原因事件。B1式的结构如图4.2所示。

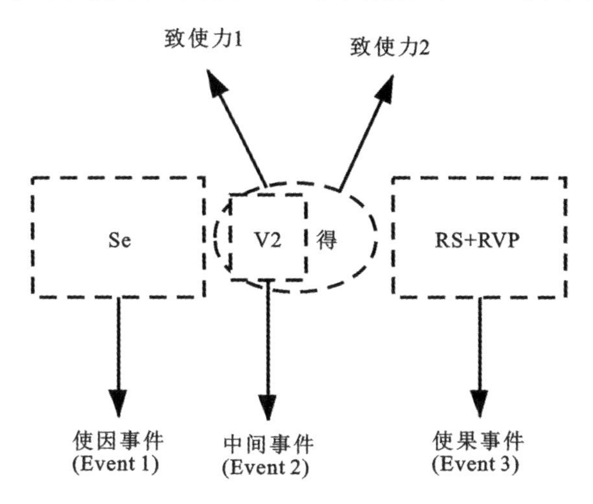

图4.2　B1式结构、语义图示

这类子构式的使因事件Event 1由Se单独指陈，V由于自身带有使动含义，所以可以代表第一层致使关系中的致使力1，同时由于它是实义动词，所以可以代表中间事件Event 2。V与“得”一起构成“V得”结构表示第二个致使力2，RS+RVP代表使果事件Event 3。以一句为例：

(384) 凤姐儿在屋里，只装不敢出声儿。气得尤二姐在房里哭泣，连饭也不吃，又不敢告诉贾琏。(《红楼梦》六十九回，p608)

在上例中，Se是“凤姐儿在屋里，只装不敢出声儿”，是句子形式代表的事件作致事，直接指陈使因事件；而V“气”带有使动含义“使……生气”，所以代表了第一个致使关系链，即“凤姐儿在屋里只装不敢出声儿，使得尤二姐生气”。同时，“气”与“得”一起组成“气得”表示致使力，导致第二个致使关系链产生，即“尤二姐生气，使得她在房里哭泣、饭也不吃”。三个事件分别是“凤姐儿在屋里，只装不敢出声儿”“尤二姐生气”“尤二姐在房里哭泣，连饭也不吃”。用图示表示如下：

（使因事件）凤姐儿在屋里只装不敢出声儿→｛致使1｝→（中间事件）尤二姐生气→｛致使2｝→（使果事件）尤二姐在房里哭泣、饭也不吃

在B2式中，Se经常省略，依然是双事件致使构式。V代表致使原因事件，其主事是RS，同时RS+RVP代表致使结果事件，见图4.3。

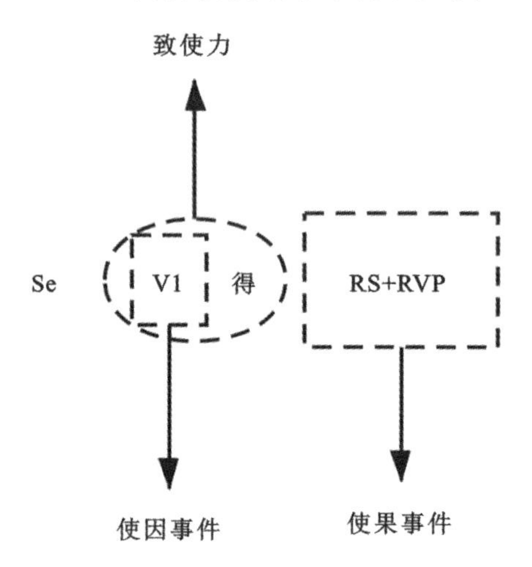

图4.3　B2式结构、语义图示

这类子构式中的V是不带致使义的实义动词，直接可以表征致使原因事件，其主事是RS；同时V与“得”一起组成“V得”表示致使力，致使力由RS发出，又作用在RS自己身上，是一种“自致使”。例如：

（385）痛得我战兢兢话不能言。（《跻春台·血染衣》，p498）

在上例中，致使原因事件是“我痛”，由V直接表征，致使力是“痛得”，致使力直接作用在RS“我”上，使RS产生了致使结果，致使关系是“我痛，使得我战兢兢话不能言”。用图示表示如下：

（使因事件）我痛→｛致使｝→（使果事件）我战兢兢话不能言

在C式中，Se作为句子形式的致事，直接指陈使因事件Event 1；而V作为致使义词，在此处的语法功能是与“得”一起组成“V得”，相当于一个致使词，代表致使力；RS+RVP指陈使果事件Event 2，见图4.4。

这类子构式的使因事件由S单独指陈，V没有代表使因事件的能力，只承担“V得”作为致使词的表达功能，以一句为例：

（386）婆婆口顽，媳妇耳顽，弄得连儿子也不得有孝顺的名。（《型世言》六回，p79）

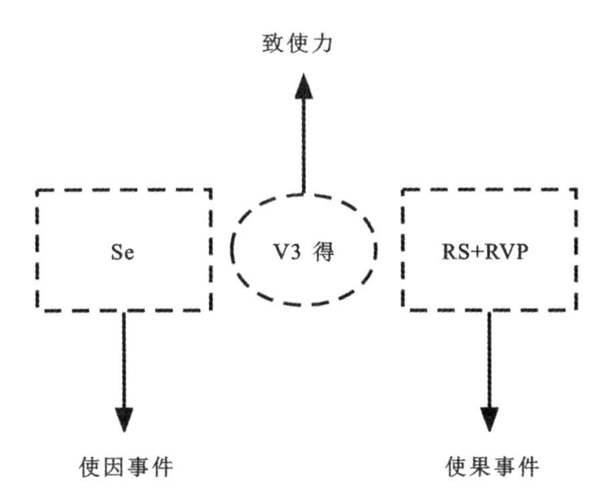

图4.4　C式结构、语义图示

在上例中，Se是“婆婆口顽，媳妇耳顽”，是句子形式的致事，直接指陈使因事件；而V“弄”在此处的语法功能只是与“得”一起组成“弄得”表示致使力；“儿子也不得有孝顺的名”是使果事件。用图示表示如下：

（使因事件）婆婆口顽，媳妇耳顽→｛致使｝→（使果事件）儿子也不得有孝顺的名

4.3.2　涉事致事类“V得”致使构式各子构式的语义特征

本小节将明清汉语涉事致事类“V得”致使构式按照S、RS与V之间不同的语义关系模式分为不同的子构式，分别进行分类列举，并对每一类子构式的语义特征进行考察归纳。

4.3.2.1　B1式：致事＋V2得＋主事＋主事的结果

此类子构式的各构件按照“致事＋V2得＋主事＋主事的结果”的语义关系模式排列，记作B1式。在本书所检索的作品中，B1式共有597例，在明清汉语涉事致事类“V得”致使构式中占比73.89%。构例如：

（387）一日，杨寡妇偶然到他家中，急得马氏茶也拿不一钟出。（《型世言》第三十一回，p434）

（388）这小猴子倘在地下，死了半日。慌得来昭两口子走来扶救，半日苏醒。（《金瓶梅此话》第二十八回，p325）

（389）袭人回看桌上，并没有玉，便向各处找寻，踪影全无，吓得袭人满身冷汗。（《红楼梦》第九十四回，p840）

(390) 他一面穿着，一面问何小姐那贼的行径，何小姐又说了一遍。只气得他巨眼圆睁，银须乱乍。（《儿女英雄传》第三十一回，p611）

B1式的语法的特点是：致事是由句子形式的S直接指陈，V为带使动义的实义动词，一般为表心理活动或状态类动词、形容词；被致使者RS由V的主事充当；RVP表示被致使者RS在致使力作用下所呈现的结果。

此类模式的子构式在语义表达上有以下特点：① 从所举例句来看，它们可能是无意致使，也可能是故意致使，这取决于Se这个事件的主事是出于有意还是无意。② 由于它是三事件致使关系链，所以在“他致使性”上要分两部分进行考察。第一层致使关系是“他致使”，因为Se的主事与被致使者是不同的人或物，是外界致使，即“他致使”；第二层致使关系是“自致使”，因为致使力的发出者和承受者都是RS，所以是“自致使”，所以此类子构式同时具有“他致使”和“自致使”的特点。③ 该子构式既强调致使结果又强调致使力，即致使关系的焦点既在致使结果上，又在致使力上。综上，此类子构式的语义特点是：故意性/无意性、他致使＋自致使、强调结果＋致使力。

4.3.2.2 B2式：（致事＋）V1得＋主事＋主事的结果

此类子构式的各构件按照“（致事）＋V1得＋主事＋主事的结果”的语义关系模式排列，记作B2式。在本书所检索的作品中，B2式共有36例，在明清汉语涉事致事类“V得”致使构式中占比为4.45％。如：

(391) 避开津和渡口翻山越岭，走得我两脚酸周身痛疼。（《跻春台·巧姻缘》，p178）

(392) 既这样，我别处找吃的去罢，饿的我受不得了。（《红楼梦》七十一回，p623）

(393) 那贼冷不防着这一箭，只疼得他咬着牙不敢则声，饶是那等不敢则声，也由不得“嗳哟”出来。（《儿女英雄传》三十一回，p606）

(394) 痛得我犹如那乱箭穿心。（《跻春台·万花村》，p229）

(395) 苦得个法师衬身无地，真个有万分凄楚，已自分必死，莫可奈何。（《西游记》十三回，p91）

(396) 忙的两个整衣冠，迎接到厅叙礼。（《金瓶梅词话》七十一回，p929）

B2式的语法的特点是：Se致事可以省略；V是不带致使义的实义动词，一般为生理反应类谓词，或日常生活类谓词；当Se省略时，由V指陈致使原因事件，V的语义指向RS；被致使者RS是V的主事，也是RVP的主事，致使力的发出者和接受者都是RS；RVP表示被致使者RS在致使力作用下所呈现的状态或动作。

此类模式的子构式在语义表达上有以下特点：① 从所举例句来看，它们一般是无意致使。② 都是“自致使”，即致使力的发出者和接受者是同一人，即RS发出V这个动作或行为，又作用回RS自己身上，使得RS发生了RVP的结果。③ 该子构式强调致使结果，即致使关系的焦点在致使结果上。综上，此类子构式的语义特点是：无意性、自致使、强调结果。

4.3.2.3 C式：致事＋V3得＋主事＋主事的结果

此类子构式的各构件按照“致事＋V3得＋主事＋主事的结果”的语义关系模式排列，记作C式。在本书所检索的作品中，C式共有175例，在明清汉语涉事致事类“V得”致使构式中占比21.66%。构例如：

(397) 不想公子从此时起便推托不饮，倒惹得老人家追问起来。(《儿女英雄传》三十七回，p775)

(398) 你为什么弄潵了人家的药，招的人家咒骂。(《红楼梦》八十四回，p758)

(399) 席上那李公子应对如流，弄得四位公子好似泥塑木雕一般。(《型世言》十八回，p252)

C式的语法的特点是：致事是由句子形式的S直接指陈，V为类致使词；而被致使者RS与V没有语义关系，是独立于使因事件的另一结果事件的独立主事；RVP表示被致使者RS在致使力作用下所呈现的状态或动作。

此类模式的子构式在语义表达上有以下特点：① 从所举例句来看，它们可能是无意致使，也可能是故意致使，这取决于Se这个事件的主事是出于有意还是无意。② 都是“他致使”，即Se的主事与被致使者是不同的人或物。③ 该子构式强调致使结果，即致使关系的焦点在致使结果上。综上，此类子构式的语义特点是：故意性/无意性、他致使、强调结果。

4.3.3 小结

本小节将各子构式中构件的语法特点、各构件之间的语义关系模式、整个构式表达的语义特征结合起来进行对比（表格中的“＋”表示有此项语义特点），结果如表4.3所示。

表4.3 明清汉语涉名致事类“V得”致使子构式的语法、语义特征

子构式	RS、S与V的语义关系模式	语法特点	故意性		致使力的方向		焦点所在		数量	占比
			有意	无意	他致使	自致使	使果	使因		
B1式	致事+V2得+主事+主事的结果	V为带使动含义的实义动词，如心理活动状态类或生理反应类不及物谓词；RS是V的主事	+	+	+	+	+	+	597	73.89%
B2式	（致事+）V1得+主事+主事的结果	V是不带致使义的实义动词，一般为生理反应类谓词，或日常生活类谓词；RS是V的主事		+		+	+		36	4.45%
C式	致事+V3得+主事+主事的结果	V为带致使义的类致使谓词；RS是V主事	+	+	+		+		175	21.66%

从表4.3中可以得出，明清时期汉语涉事致事类“V得”致使构式的各子构式的语法特点是：V以带使动含义的实义动词为主，另外还包括带致使义的类致使谓词，及不带致使义的实义动词；Se常隐省；RS是V的主事。在语义表达方面，各类子构式既可以表达无意致使，也可以表达有意致使；在致使力的作用方面，B1式可以同时表示“他致使”和“自致使”，B2式表示“自致使”，C式表示“他致使”；在构式表达的焦点上，涉事致事类“V得”致使构式以强调结果居多，但B1式可以同时强调使因和使果。

在数量上，B1式共有597例，占比73.89%；B2式共有36例，占比4.45%，C式共有175例，占比21.66%。可以看出，B1式比较多，B2式和C式比较少。我们推测，涉事致事类“V得”致使构式的原型子构式是B1式，后随着语言的发展，逐渐发展B2式，又与使令致使构式形成承继链接后，逐渐发展出C式。以上关于涉事致事类“V得”致使构式发展的推测我们将在第7章进行验证。

4.4 明清汉语涉事致事类“V 得”致使构式的特殊构例

明清汉语涉事致事类“V 得”致使构式中也有一些特殊的构式群，包括多结果“V 得”致使子构式、主事居后类子构式、Se 位置后移等。

4.4.1 多结果“V 得”致使子构式

在明清汉语涉事致事类“V 得”致使构式中，大多数构式所代表的致使结果事件都只包含一个被致使者、一个致使结果，但也有一些构例可以包含多个致使结果事件，即包含多个被致使者、多个致使结果的情况。与涉名致事类“V 得”致使构式一样，我们将涉事致事类“V 得”致使构式中的这类特殊构式也简称为“多结果子构式”。如：

(400) 孙大圣布施手段，舞着铁棒，哮吼一声，唬得那狼虫颠窜，虎豹奔逃。(《西游记》二十七回，p196)

此例的“V 得”致使构式是“唬得那狼虫颠窜，虎豹奔逃”，“唬得”后的结构“狼虫颠窜，虎豹奔逃”是由两个主谓结构组成，代表了两个事件，分别是“狼虫颠窜”“虎豹奔逃”，也就是说，这个构式中的致使结果事件由以上两件事情组成。该构式的致使关系是“孙大圣舞着铁棒哮吼一声，吓唬到了狼虫和虎豹，使得狼虫颠窜，虎豹奔逃”，一个致使原因事件，产生两个结果事件。

致使结果事件包含两个被致使者、两个致使结果的构例我们称为“双结果子构式”，致使结果事件包含三个被致使者、三个致使结果的构例我们称为“三结果子构式”，以此类推。

4.4.1.1 双结果子构式

明清汉语涉事致事类多结果“V 得”致使构式中，双结果子构式的数量最多，共有 39 例，大多出自《西游记》。如：

(401) 行至大市街旁，见一座土地神祠，二人径入，唬得那土地心慌，鬼兵胆战。(《西游记》八回，p58)

(402) 那众臣领旨，与看榜的太监、校尉径至会同馆，排班参拜。唬得那八戒躲在厢房，沙僧闪于壁下。(《西游记》六十八回，p521)

(403) (贾琏) 说着，也作了一个揖，引的贾母笑了，凤姐儿也笑了。(《红楼梦》四十四回，p368)

(404) 明永乐爷越恼，即杀了那失事将官，从新筑坝灌城，弄得城中家家有水，户户心慌。(《型世言》一回，p4)

以上几例中，“土地心慌，鬼兵胆战”“那八戒躲在房厢，沙僧闪于壁下”“贾母笑了，凤姐儿也笑了”“家家有水，户户心慌”都是两个并列的主谓结构，代表两个独立的致使结果事件。具体来说，这几个例句中“V 得”后的结构形式为[RS1+RVP1, RS2+RVP2]，代表致使结果事件中有两个不同的被致使者 RS1、RS2，分别是“土地、鬼兵”“八戒、沙僧”“贾母、凤姐儿”“家家、户户”等；都有两个谓语 RVP1、RVP2，代表两个独立的致使结果，分别是“心慌、胆战”“躲在房厢、闪于壁下”“笑了、也笑了”“有水、心慌”等。它们都可以表达完整的致使含义，只不过它们的致使结果有两个事件。

4.4.1.2 三个及以上结果的子构式

除了双结果子构式，涉事致事类“V 得”致使构式也存在三结果子构式，共有 2 例，均出自《西游记》。如：

(405) 慌得那大圣没跟寻处，八戒、沙僧俱相顾失色，白马亦只自惊吟。(《西游记》六十四回，p487)

(406) 慌得天王手软，太子无言，众家将委委而退。(《西游记》八十三回，p638)

以上两例，第一例的致使结果事件部分，包含三个事件，分别是“大圣没跟寻处”“八戒、沙僧俱相顾失色”“白马亦只自惊吟”；第二例的致使结果事件部分也包含三个事件，分别是“天王手软” “太子无言” “众家将委委而退”。

还有四结果子构式，即致使结果部分包含四个结果事件，共有 2 例，均出自《西游记》。如：

(407) 又闻得响一声，半空中伸下一只手来，将马驮的经，轻轻抢去，唬得个三藏捶胸叫唤，八戒滚地来追，沙和尚护守着经担，孙行者急赶去如飞。(《西游记》九十八回，p759)

(408) 唬得那三藏按住了经包，沙僧压住了经担，八戒牵住了白马，行者却双手轮起铁棒，左右护持。(《西游记》九十九回，p766)

以上两例的致使结果事件，分别包含了四个事件。以第一例为例，四个事件分别是“三藏捶胸叫唤”“八戒滚地来追”“沙和尚护守着经担”“孙行者急赶去如飞”。第二例不再赘述。

这些多结果子构式大多出自《西游记》，主要是描述妖魔鬼怪打斗的激烈场景。本书认为，在这些场景中使用多结果“V得”致使构式的原因是，《西游记》本身就是一部传奇色彩很浓的浪漫主义小说，作者的想象力丰富，故事情节离奇曲折。由于故事表达需要，其语言特色生动鲜明，在描写打斗场景时经常采用像诗词一样的对仗句子，可以更好地表达这种夸张传奇浪漫的色彩。多结果“V得”致使构式便是最好的选择，不仅读起来朗朗上口，还可以用较短的句子表达丰富的语义，如由激烈打斗造成的一系列致使结果事件。总之，多结果“V得”致使子构式的使用更利于塑造人物、渲染场景，使人物形象立体丰满、激烈场景跃然纸上。

从数据统计上看，双结果类子构式在明代有40多例，大多出自《西游记》，极少量出自《红楼梦》等，从明代到清代呈减少趋势。而三结果及以上子构式在《西游记》里尚能找到4例，到了清代则一例都没有了。这说明，从明代到清代，随着时间发展，多结果类“V得”致使子构式越来越少。

4.4.2 主事居后类“V得”致使子构式

在涉事致事类“V得”致使构式中，有一类特殊的构例，特殊性体现在语义角色的语序反常，语义模式为［（Se＋）V得＋主事＋主事的状态或动作］，Se可能省略，即上文所说的B2式，如：

(409) 避开津和渡口翻山越岭，走得我两脚酸周身痛疼。(《跻春台·巧姻缘》，p178)

(410) 每日晌午还不拿饭出去与他吃，饿的他只往他母舅张老爹那里吃去。(《金瓶梅词话》八十五回，p1176)

(411) 他登时好似从顶门上浇了一桶冰水，从脚底下起了一个焦雷，只痛得他欲待放声大哭，却也哭不出来，只有抽抽噎噎声嘶气咽的靠定那张神案，如带雨娇花，因风乱颤。(《儿女英雄传》二十六回，p498)

(412) 可是这两日我竟没有痛痛的笑一场，倒是亏他才一路说，笑的我这里痛快了些，我再吃钟酒。(《红楼梦》五十四回，p460)

以上几例，核心动词分别是“走”“饿”“痛”“笑”等，几个动词的主事分别是“我”“他”“他”“我”，这些主事都位于“V得”之后，而不是V之前。按照汉语S＋V的正常语序，应该表达为“我走得两脚酸周身痛疼”“他饿的只往他母舅张老爹那里吃去”“他痛得欲待放声大哭，却也哭不出来”“我笑的这里痛快了些”。但如果这样的话，就变成了第2章所说的“自立事件”，而不再是“致使事件”。

此类子构式的特点是V为不及物谓词，一般为生理反应类谓词和日常生活类谓词，RS为V的主事，RS既充当了致使者角色，又充当了被致使者角色。RS作为V的主事，却居于V之后，本书称之为“主事居后”类“V得”致使子构式。

此类子构式与“施受颠倒”类子构式不一样的地方在于，后者的V是及物动词，可以带施事受事两个论元，但“主事居后”类子构式的V是不及物动词，只能带一个论元，即RS，为V的主事（施事），而没有受事论元。所以，虽然它们二者都是V指向RS，但仍属于两类不同的特殊子构式。“施受颠倒”类子构式是涉名致事类“V得”致使构式的下位子构式，“主事居后”类子构式是涉事致事类“V得”致使构式的下位子构式。

4.4.3 Se位置后移

在涉事致事类“V得”致使构式中，还有一例很特殊，它的Se不位于“V得”致使构式之前，而是位于其后，如：

(413) 胡员外含糊过了一夜，次日早起，先去开柴房门看时，唬得员外呆了，只见刀在一边，剁的尸首却是一把株[①]苕帚。(《三遂平妖传》四回，p23)

上例中，“V得”是“唬得”，Se是“刀在一边，剁的尸首却是一把株苕帚”，Se的位置并不在“V得”致使构式之前，而是位于“V得”致使构式之后。整句的致使关系是“刀在一边，剁的尸首却是一把株苕帚，这个场景使员外吓得呆住了”。此种情况在明清时期只出现这1例。

4.5 明清汉语涉事致事类“V得”致使构式的时代特征与地域特征

本书的主要语料来自明清时期具有代表性的八部作品，兼顾南北地域官话特色。本小节以涉事致事类“V得”致使构式为研究对象，分别从时间上对比涉事致事类“V得”致使构式在明代与清代的时代特征，从空间上对比涉事致事类“V得”致使构式在南方官话和北方官话中的地域特征。

① “株”，得月楼本、清客八卷本均作“株”，疑应作“竹”。

4.5.1　涉事致事类“V 得”致使构式的时代特征

本小节我们对比涉事致事类“V 得”致使构式在时间上的发展脉络，即此类构式在明代与清代的共同点和不同点。

4.5.1.1　明代与清代涉事致事类“V 得”致使构式的共同点

经过考察与对比，我们发现，明代与清代的涉事致事类“V 得”致使构式，有四个共同点。

第一，从结构形式上说，构成形式都是［（Se＋）V 得＋RS＋RVP］，Se 与后面的“V 得”结构分属于不同子句。从事件框架看，此类子构式的 B 式属于三事件致使构式，即整个致使情景包括三个事件，一个致使原因事件，由 Se 表示，一个中间事件，由 V 表征，一个致使结果事件，由 RS＋RVP 表示；C 式属于双事件致使构式，即整个致使情景包括两个事件，一个是致使原因事件，由 Se 表征，一个是致使结果事件，由 RS＋RVP 表征。

第二，从各构件的特点来看，S 都是子句，表示一个事件，指陈致使情景的致使原因事件，具有很强的述谓性，致事性突出；V 大多是带使动义的实义动词或类致使词，语义类别上大多是心理状态类谓词，且这种现象一直持续到现代汉语，另外还出现了生理反应类谓词、类致使词；RS 都是既可以有生命也可以无生命，受事性突出；RVP 的形式多样，可以分为简单谓词、复杂谓词性结构、复句等几类。

第三，从语义关系模式看，都可以分为 B1 式、B2 式、C 式等三个子构式类型，且都是 B1 式、C 式数量较多，发展较为成熟；B2 式数量较少，发展尚不成熟。从语义表达来看，都可以从有意致使/无意致使、他致使/自致使、凸显使因/凸显使果等几个语义参项进行研究。

第四，从特殊构式现象看，明代和清代的涉事致事类“V 得”致使构式都出现了多结果“V 得”致使子构式、主事居后类“V 得”致使子构式。

4.5.1.2　明代与清代涉事致事类“V 得”致使构式的不同点

第一，从明代到清代，谓词性结构的致使者占比不断降低。根据本章第 1 节表 4.1 的涉事致事类“V 得”致使构式的数量分布统计，明代几部作品中涉名致事类“V 得”致使构式共有 513 例，清代几部作品中涉事致事类“V 得”致使构式共有 295 例，我们将各部作品成书时期及涉事致事类“V 得”致使构式在各作品中的占比统计如表 4.4 所示。

表4.4 明清汉语各作品中涉事致事类“V得”致使构式的数量分布

作品	成书时期	涉事致事类“V得”致使构式在作品中的占比
《三遂平妖传》	14世纪 明洪武十四年（1381）	59.09%
《金瓶梅词话》	16世纪 明嘉靖年间（1522—1566）	50.96%
《西游记》	16世纪 明万历前中期（1573—1592）	69.19%
《型世言》	17世纪 明崇祯五年（1632）	42.86%
《儒林外史》	18世纪 清乾隆十四年（1749）前后	22.58%
《红楼梦》	18世纪 清乾隆年间（1736—1796）	44.44%
《儿女英雄传》	19世纪中叶 清道光年间（1821—1850）	41.03%
《跻春台》	19世纪后期 清光绪二十五年（1899）前后	36.48%

从表4.4中可以看出，在明代几部作品中，涉事致事类“V得”致使构式的占比为42.86%～69.19%，清代涉事致事类“V得”致使构式的占比为22.58%～44.44%。就涉事致事类“V得”致使构式的占比来说，清代比明代低。这说明随着时间发展，涉事致事类“V得”致使构式的数量占比在不断降低，也就是说，谓词性结构的致使者占比不断降低，换句话说，致使者的体词性逐渐降低。

第二，从V的语义类别来看，清代的生理感受类谓词趋多。涉事致事类“V得”致使构式的V，属于生理感受类谓词的在明代只有5例，出自《西游记》（4例）与《金瓶梅》（1例），而在清代共有23例，分别出自《红楼梦》（2例）、《儿女英雄传》（8例）、《跻春台》（13例），见表4.5。

表 4.5　涉事致事类“V 得”致使构式中生理感受类谓词在明代、清代的数量

朝代	明代	清代
生理感受类谓词（数量）	5 例	23 例

第三，从明代到清代，B2 式（即“主事居后”类子构式）逐渐增多。明清两个时代都有 B1 式、B2 式、C 式三种子构式，但两个时代 B2 式在数量上的变化较为突出。B2 式在明代共有 9 例，出自《金瓶梅》（3 例）、《西游记》（6 例）；在清代共有 27 例，出自《红楼梦》（5 例）、《儿女英雄传》（8 例）、《跻春台》（14 例），见表 4.6。

表 4.6　涉事致事类“V 得”致使构式 B2 式在明代、清代的数量

朝代	明代	清代
B2 式（数量）	9 例	27 例

第四，从明代到清代，多结果类“V 得”致使子构式趋少。从语料统计来看，明清时期涉事致事类“V 得”致使构式的双结果类子构式共有 39 例，大多出自明代（共 36 例），其中《西游记》有 32 例，《金瓶梅词话》有 1 例，《型世言》有 3 例；极少量出自清代（共 3 例），其中《红楼梦》有 2 例，《跻春台》有 1 例，从明代到清代呈减少趋势。而三结果、四结果等多结果子构式在《西游记》里尚能找到 4 例（2 例三结果，2 例四结果），到了清代则一例都没有了。涉事致事类“V 得”致使构式多结果子构式在明代、清代的分布统计如表 4.7 所示。

表 4.7　涉事致事类“V 得”致使构式多结果子构式在明代、清代的数量

朝代	明代	清代
双结果子构式（数量）	36 例	3 例
三结果及以上子构式（数量）	4 例	0 例

4.5.2　涉事致事类“V 得”致使构式的地域特征

本书所检索的几部作品，在地域上兼顾南北两地，反映了明清时期南北地区不同地域官话的历时面貌和使用特色。本节将从地域特征角度，以南方官话作品与北方官话作品中的涉事致事类“V 得”致使构式为切入点，总结出明清时期该构式在南北官话中的共同点和不同点，以期归纳南北官话的部分区别，进而关照这些区别在现代汉语中的发展变化。

与第 3 章一样，本部分对比研究统计的语料范围包括：北方官话作品《金瓶梅词话》《红楼梦》《儿女英雄传》，其中《金瓶梅词话》是山东一带官话作品，《红楼梦》《儿女英雄传》是北京话作品；《跻春台》《儒林外史》《西游记》是南方官话作品，其中《跻春台》是西南官话作品，《儒林外史》《西游记》是江淮官话作品。

4.5.2.1 南北官话涉事致事类“V得”致使构式的共同点

明清时期，南北官话涉事致事类“V得”致使构式的共同点是：发展均较为成熟，主要体现在以下几个方面。

第一，从数量上看，明清时期涉事致事类“V得”致使构式在南北官话中均较多，数量持平。每部作品中的构例数量如表4.8所示。

表4.8 南北官话涉事致事类“V得”致使构式数量分布

<table>
<tr><th colspan="2">所属官话区</th><th>作品</th><th colspan="2">涉事致事类“V得”致使构式数量</th></tr>
<tr><td rowspan="3">北方官话</td><td>北京话</td><td>《红楼梦》</td><td>128</td><td rowspan="3">378</td></tr>
<tr><td>北京话</td><td>《儿女英雄传》</td><td>64</td></tr>
<tr><td>山东一带官话</td><td>《金瓶梅词话》</td><td>186</td></tr>
<tr><td rowspan="3">南方官话</td><td>西南官话</td><td>《跻春台》</td><td>89</td><td rowspan="3">377</td></tr>
<tr><td>江淮官话</td><td>《儒林外史》</td><td>14</td></tr>
<tr><td>江淮官话</td><td>《西游记》</td><td>274</td></tr>
</table>

如表4.8所示，在本书所检索的明清时期几部作品中，北方官话的作品中共包含涉事致事类“V得”致使构式378例，其中北京话作品中共有192例（《红楼梦》128例，《儿女英雄传》64例），山东一带官话作品（《金瓶梅词话》）中有186例；南方官话的作品中共包含涉事致事类“V得”致使构式377例，其中江淮官话作品中共有288例（《儒林外史》14例，《西游记》274例），西南官话作品（《跻春台》）中共有89例。由此可见，北方官话和南方官话中涉事致事类“V得”致使构式的数量大致相当。

第二，从语义关系模式的发展看，南北官话中的涉事致事类“V得”致使构式都有B1式、C式子构式类型，且数量均较多。这说明涉事致事类“V得”致使构式的这两种子构式各构件之间的语义关系模式在明清时期的发展最为成熟。

第三，从各构件的特点来看，南北官话中的Se基本都是句子形式，述谓性、致事性突出；V大多是带使动义的实义动词或类致使词，语义类别上属于心理状态类谓词，另外还有不少类致使词；RS都是既可以有生命也可以无生命，受事性突出；RVP的形式都多样，可以分为简单谓词、复杂谓词性结构、复句等几类。

第四，从特殊构式现象看，南北官话中都出现了双结果“V 得”致使子构式和“主事居后”类“V 得”致使子构式。

4.5.2.2　南北官话涉事致事类“V 得”致使构式的不同点

明清时期，涉事致事类“V 得”致使构式在南方官话与北方官话中的发展都较成熟，但在某些方面有一些不同点。

第一，V 为生理反应类谓词的子构式在江淮官话中数量很少，南北分布不均匀。此类子构式的特点是 V 指向 RS，致使力的发出者和接受者都是 RS，S 隐省。如：

(414) 每日晌午还不拿饭出去与他吃，饿的他只往他母舅张老爹那里吃去。(《金瓶梅词话》八十五回，p1176)

(415) 那贼冷不防着这一箭，只疼得他咬着牙不敢则声，饶是那等不敢则声，也由不得“嗳哟”出来。(《儿女英雄传》三十一回，p606)

(416) 十指上都用竹签钉，痛得我死去又还魂。(《跻春台・失新郎》，p108)

(417) 那罗刹心痛难禁，只在地上打滚，疼得他面黄唇白。(《西游记》五十九回，p453)

此类子构式在北方官话中出现 11 例，在西南官话中出现 13 例，江淮官话中仅出现 4 例。江淮官话中的 4 例皆出自《西游记》，而《儒林外史》中未找到此类子构式。所以此类子构式在南北官话中分布不均。

第二，B2 式，即主事居后类子构式［(致事＋) V1 得＋主事＋主事的结果］在山东一带官话中用例很少，只有 3 例，在北京话中用例有 13 例，在江淮官话中用例 9 例。如：

(418) 好近远儿，从门外寺里直走到家，路上通没歇脚儿，走的我上气儿接不着下气儿。(《金瓶梅词话》四十九回，p590)

(419) 二仙童问得是实，越加毁骂。就恨得个大圣钢牙咬响，火眼睁圆。(《西游记》二十五回，p180)

(420) 说着，只恶心得他回过头去向旮旯儿里吐了一口清水唾沫。(《儿女英雄传》三十七回，p766)

(421) 可是这两日我竟没有痛痛的笑一场，倒是亏他才一路说，笑的我这里痛快了些，我再吃钟酒。(《红楼梦》五十四回，p460)

（422）日走数处无米饭，饿得祖母眼睛翻。（《跻春台·阴阳帽》，p296）

以上几例都是主事居后类子构式，V一般是生理反应类谓词或生活类日常谓词，明清时期36例B2式出自《金瓶梅词话》《红楼梦》《西游记》《儿女英雄传》《跻春台》，在《儒林外史》中未发现此类构式。

4.6 涉事致事类与涉名致事类“V得”致使构式的对比分析

本书第4章与第3章分别对涉事致事类“V得”致使构式与涉名致事类“V得”致使构式进行了研究，现在将这两类构式放在一起进行整体对比分析。

4.6.1 各子构式的总体概况

根据上文对明清时期“V得”致使构式的全面描写、统计、分析，我们可以概括出明清时期的“V得”致使构式的总体概况，下面从形式类型、各构件之间的语义关系模式两方面进行概述。

从形式类型来说，根据各构件的语法特点及组合方式，明清汉语“V得”致使构式可以分为A式、B式、C式三大类，其中A式属于涉名致事类“V得”致使构式，B式、C式属于涉事致事类“V得”致使构式，如图4.5所示。

明清汉语“V得”致使构式
- A式：[Sn+V1得+RS+RVP]
- B式：[Se+V1/V2得+RS+RVP]
- C式：[Se+V3得+RS+RVP]

图4.5 明清汉语“V得”致使构式的形式类型分类

从图4.5中可知，A式的致使者都是涉名致事（Sn），核心谓词都是V1类（纯实义谓词）；B式、C式的致使者都是涉事致事（Se），B式的核心谓词有V1类（纯实义谓词）、V2类（带使动义的实义谓词）两种情况，C式的核心谓词都是V3类（类致使词）。

从各构件之间的语义关系模式来说，A式下面又可以细分为A1式、A2式、A3式、A4式、A5式等五个下位子构式，B式可以分为B1式、B2式两个下位子构式，见表4.9。

表 4.9　明清汉语“V 得”致使构式的语义关系模式分类

结构形式大类	小类	语义关系模式
A 式［Sn+V1 得+RS+RVP］	A1 式	施事+V1 得+受事+受事的结果
	A2 式	主事+V1 得+属事+属事的结果
	A3 式	施事/主事+V1 得+独立主事+主事的结果
	A4 式	受事/工具+V1 得+施事+施事的结果
	A5 式	受事+V1 得+主事+主事的结果
B 式［Se+V 得+RS+RVP］	B1 式	致事+V2 得+主事+主事的结果
	B2 式	（致事+）V1 得+主事+主事的结果
C 式［Se+V3 得+RS+RVP］	C 式	致事+V3 得+主事+主事的结果

下面，分别从语法特点和语义特点这两个方面对明清时期涉名致事类“V 得”致使构式与涉事致事类“V 得”致使构式各子构式的特点进行总结、对比。其中语法方面主要侧重于各子构式的各构件的特点，语义方面侧重于各子构式语义表达上的特点。

4.6.2　各子构式的构件语法特点

每一类子构式的各构件在语法上有各自的特点。

对于 A 式［Sn+V1 得+RS+RVP］来说，其 S 都是体词性成分，可以有生命，也可以无生命；V 都是不带使动义的纯实义动词，一般为日常生活类动词、心理状态类谓词、自然力类动词，可以及物，也可以不及物；RS 都是体词性成分，可以有生命，也可以无生命；RVP 的形式比较复杂，有简单谓词、复杂谓词性结构，也有复句形式。

对于 B 式［Se+V2 得+RS+RVP］来说，其 S 都是句子形式的一个事件，都是无生命的；V 都是带使动含义的实义动词，一般为心理活动状态类或生理反应类不及物谓词；RS 都是体词性成分，可以有生命，也可以无生命；RVP 的形式比较复杂，有简单谓词、复杂谓词性结构，也有复句形式。

对于 C 式［Se+V3 得+RS+RVP］来说，其 S 都是句子形式的一个事件，都是无生命的；V 都是类致使词，无实义，不及物；RS 都是体词性成分，可以有生命，也可以无生命；RVP 的形式比较复杂，有简单谓词、复杂谓词性结构，也有复句形式。

根据各构件的语义关系模式，A 式下面又可以细分为 A1—A5 式五个下位子构式，B式可以分为B1式、B2式两个下位子构式。综合表3.3和表4.3，我们可以汇总所有子构式的构件语法特点及构例数量占比如表4.10所示。

表4.10　明清“V得”致使构式各子构式的构件语法特点及占比

子构式	语义关系模式	各构件的语法特点	数量	在两大类别中各自的占比
A1式	施事＋V1得＋受事＋受事的结果	V一般为日常生活类及物动词；Sn是V的施事，RS是V的受事	237	29.3%
A2式	施事/主事1＋V1得＋主事2＋主事2的结果	V一般为日常生活类、自然力类不及物动词；Sn是V的施事或主事	301	37.2%
A3式	主事＋V1得＋属事＋属事的结果	V一般为日常生活类、心理活动状态类不及物谓词；Sn是V的主事，RS是隶属于S的身体部位	227	28.1%
A4式	受事/工具＋V1得＋施事＋施事的结果	V一般为日常生活类词及物动词；RS是V的施事，Sn是V的受事/工具	8	0.9%
A5式	受事＋V1得＋主事＋主事的结果	V一般为言说、传说类动词；Sn是V的受事，V的施事未出现	37	4.5%
B1式	致事＋V2得＋主事＋主事的结果	V一般为带使动含义的实义动词，如心理活动状态类或生理反应类不及物谓词；RS是V的主事	597	73.89%
B2式	（致事＋）V1得＋主事＋主事的结果	V一般为不带使动含义的实义动词，如生理反应类或日常生活类不及物谓词；RS是V的主事	36	4.45%
C式	致事＋V3得＋主事＋主事的结果	V为带致使义的类致使谓词；RS是V主事	175	21.66%

4.6.3　各子构式的语义特点

根据本书第 3 章、第 4 章的描写分析，我们将明清时期“V 得”致使构式按照构件之间的语义关系模式分为 A1 式、A2 式、A3 式、A4 式、A5 式、B1 式、B2 式、C 式等八类子构式。每一类子构式在语义表达上都有一定的特点。我们将各子构式的事件图示及语义表达中的故意性、致使力的方向、焦点所在等参项归纳在一起，统计如表 4.11 所示。

表 4.11　明清“V 得”致使构式各子构式形式与语义的对应关系

形式	语义关系模式	事件图示	故意性		致使力的方向性		焦点所在	
			故意性	无意性	他致使	自致使	强调使果	强调使因
A1 式	施事＋V1 得＋受事＋受事的结果	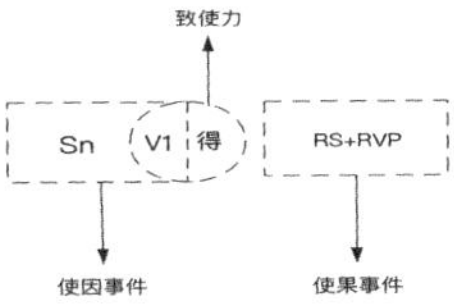	＋		＋		＋	
A2 式	施事/主事 1＋V1 得＋主事 2＋主事 2 的结果			＋	＋		＋	
A3 式	主事＋V1 得＋属事＋属事的结果	致使力 Sn V1 得 RS+RVP 使因事件 使果事件		＋		＋	＋	
A4 式	受事/工具＋V1 得＋施事＋施事的结果			＋		＋		＋
A5 式	受事＋V1 得＋主事＋主事的结果			＋	＋			＋

续表

形式	语义关系模式	事件图示	故意性		致使力的方向性		焦点所在	
			故意性	无意性	他致使	自致使	强调使果	强调使因
B1式	致事+V2得+主事+主事的结果	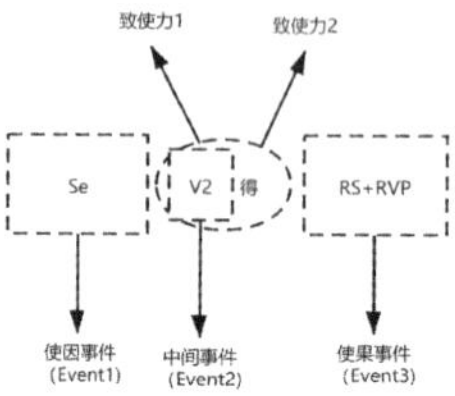 致使力1 致使力2 Se V2 得 RS+RVP 使因事件（Event1） 中间事件（Event2） 使果事件（Event3）	+	+	+	+	+	+
B2式	（致事+）V1得+主事+主事的结果	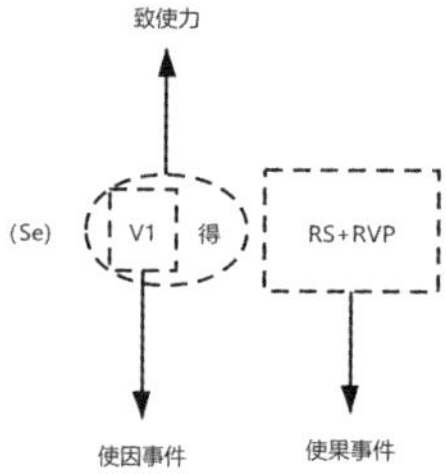 致使力 (Se) V1 得 RS+RVP 使因事件 使果事件		+		+	+	
C式	致事+V3得+主事+主事的结果	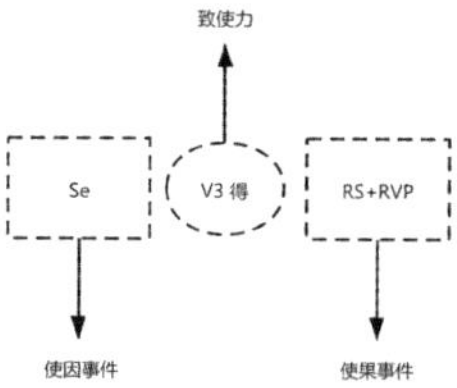 致使力 Se V3得 RS+RVP 使因事件 使果事件	+	+	+		+	

从表4.11可以得出，在语义表达方面，“V得”致使构式以表示无意致使居多，但A1式、B1式、C式可以表示故意致使；“V得”致使构式以表示“他致使”居多，但A3式、A4式、B1式、B2式可以表示“自致使”，是特殊子构式，分别属于反身类子构式、施受颠倒类子构式、主事居后类子构式；“V得”致使构式以强调结果居多，但A4式、A5式、B1式可以强调使因，即李宗宏所研究的“使因凸显类致使构式”，也是一类特殊子构式。从事件的数量来看，A式、C式都包含两个事件，即致使原因事件和致使结果事件，B1式包含三个事件，即致使原因事件、中间事件、致使结果事件。B1式，即表三事件的“V得”致使构式所能表达的语义特征最为丰富。

4.6.4　涉名致事类与涉事致事类“V 得”致使构式的对比

4.6.4.1　两类构式的数量基本持平

通过对明清时期八部代表性作品进行穷尽性考察，涉名致事类“V 得”致使构式共 810 例，涉事致事类“V 得”致使构式共 808 例（可参加表 2.4）。二者在数量上基本持平。

4.6.4.2　S 的形式不同

涉名致事类“V 得”致使构式与涉事致事类“V 得”致使构式对比，最显著的差别就是 S 的形式，分别为 Sn（涉名致事）、Se（涉事致事）。Sn 可以有生命，也可以无生命；但 Se 一定无生命。

4.6.4.3　V 的类别有所差异

涉名致事类“V 得”致使构式的 V 都是不带使动义的纯实义动词，语义类别上包括日常生活类动词、心理状态类谓词、自然力类动词；涉事致事类“V 得”致使构式的 V 大多是带使动义的实义动词或类致使词，语义类别上包括心理状态类谓词、生理反应类谓词、类致使词。

4.6.4.4　特殊构式的种类有所差异

涉名致事类“V 得”致使构式的特殊构式包括反身类子构式、多结果子构式、施受颠倒类子构式和语用功能扩展类子构式，而涉事致事类“V 得”致使构式的特殊构式只包括施受颠倒类子构式和语用功能扩展类子构式。而且语用功能扩展类子构式中，涉事致事类的特殊子构式的种类也比涉名致事类的少。具体如表 4.12 所示。

表 4.12　涉名致事类、涉事致事类“V 得”致使构式的特殊构式的种类差异

类别	特殊构式的种类
涉名致事类“V 得”致使构式	反身类、施受颠倒类、多结果类、作宾语从句用、作兼语句的一部分、与“被”字句的套合使用、动词的被动用法
涉事致事类“V 得”致使构式	多结果类、主事居后类、Se 位置后移

第 5 章

明清汉语“V 得”致使构式内部的层级互动

语言是一个复杂的系统，层级性是其核心特点之一，也是语言学研究的重点之一。语言学各学派都体现了语言层级观，如在传统语法中，语言系统一般由语素、词、词组、句子等组成；在结构主义语言学中，语言一般被分为音位、音节、语素、词汇、短语结构和句子等；功能语言学倾向于将语言按照音位层、语音层、词汇语法层、语义层、语境层等来区分；而认知语言学认为语言的层级观体现在范畴化上，即存在上位范畴、基本层次范畴和下位范畴之分。对于构式语法来说，语言层级性主要体现在构件之间、构式与构件之间、构式与构式之间，此外构式与构式网络之间也具有层级互动性。

在构式语法理论中，构式的层级性决定了构式必然存在互动关系，互动关系包含多个方面，与本书有关的互动关系主要包括构式内部与构式之间两个维度，分别涉及融合与压制、承继与链接。构式内部融合与压制的互动关系主要涉及同一构式内部的互动关系，如某一构式与组成它的构件之间的互动，以及构件之间的互动；构式之间承继与链接的互动关系主要涉及同一语义范畴下不同语义之间的互动关系，如致使范畴下的“V 得”致使构式、使令致使构式、动结致使构式等之间的互动，以及不同语义范畴下构式之间的互动关系，如致使构式与双及物构式、“把”字构式之间的互动，如图 5.1 所示。

第 5 章主要处理构式内部的互动，即“V 得”致使构式与其构件之间的互动，以及各构件之间的互动，涉及融合与压制等互动关系。关于该构式外部承继与链接互动关系的研究，与构式网络有关，将在第 6 章展开。

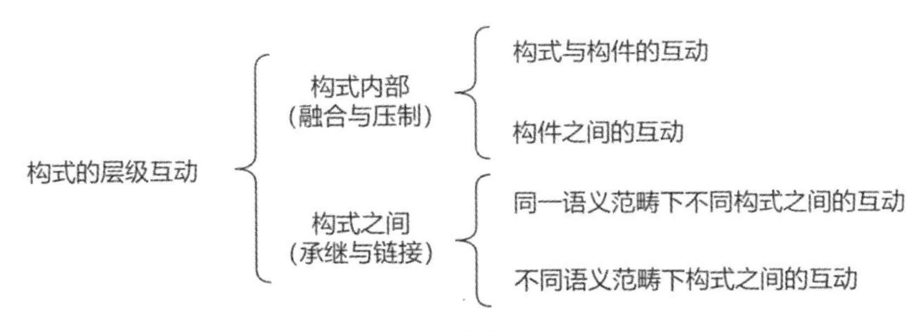

图 5.1　构式的层级互动

5.1　构式内部的互动关系

构式内部的互动关系包括融合关系与压制关系，都侧重共时维度的动态关系，所反映的视角分别是“自下而上”和“自上而下”。具体来说，融合关系主要包括较低层的具体构式与较高层的抽象构式之间关于槽位、语义角色的融合；而压制关系主要反映在某个构式对进入其槽位的构件的限制或适应作用。

本书的研究对象“V 得”致使构式，由 S、V 得、RS+RVP 几个构件组成，每个构件与构件之间、构件与构式之间都存在一定的互动关系，也包含融合与压制两方面。语言发展的事实证明，只要存在互动，就会有相应的影响产生，这种影响又势必会对语言的发展产生进一步的作用。本章分别从 S 与构式的互动、“V 得”与构式的互动、（RS+）RVP 与构式的互动三个方面，探究汉语“V 得”致使构式内部的互动关系。

要探究“V 得”致使构式内部的互动关系，我们首先需要清楚的是，在构式内部，语义角色也具有层级性。Traugott 曾对“构式层级”进行了详细分析[①]，在此基础上，姜灿中对参与构式的语义角色进行了区分，共分为三个层级：第一个层级是微观语义角色（micro-semantic roles），属于具体谓词层级，位于层级的最低位置；第二个层级即中间层级，是中观语义角色（meso-semantic roles），是在具体谓词的参与者角色基础上抽象出来的；第三个层级即最高层级，是宏观语义角色（macro-semantic roles），即论元结构构式层级[②]。那么，对于本书所研究的“V 得”致使构式来说，微观语义角色就是具体谓词

① TRAUGOTT E C. The Concepts of Constructional Mismatch and Type-shifting from the Perspective of Grammaticalization [J]. Cognitive Linguistics，2007.

② 姜灿中．现代汉语动结式的句法-语义界面：基于层级和互动的构式语法视角 [D]. 重庆：西南大学，2019.

V的参与者角色（participant roles）；中观语义角色就是致使情景中的致使者和被致使者角色等；而宏观语义角色就是传统的典型语义角色，如施事、受事、主事、工具等。在这样的层级框架基础上，处于不同层级的各语义角色之间便形成了一种范畴化关系，这种范畴化关系可以表示为一个例示层级，如图5.2所示。

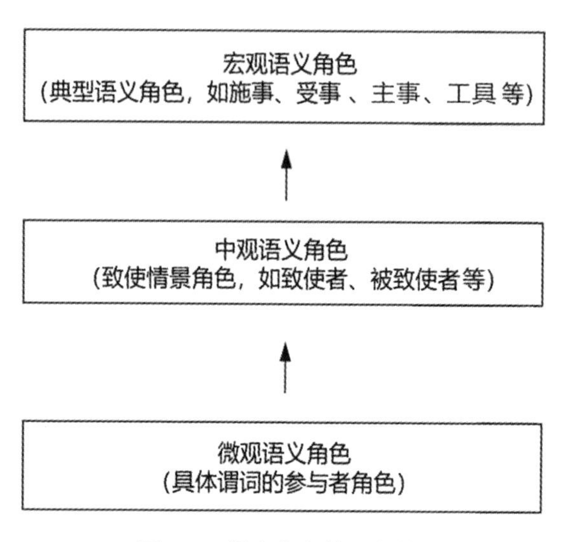

图5.2 语义角色的层级性

5.2 S与构式的互动

在“V得”致使构式的几个构件中，第一个构件就是S。S的微观语义角色是具体谓词的参与者角色，它的中观语义角色是致使情景中的致使者，它的宏观语义角色可能是施事，也可能是受事，还可能是工具等。在形式上，按照本书第2章所述，它可以分为名词形式Sn、谓词性（事件）Se。

那么，S与构式有什么样的互动关系，不同的S对构式义又会产生什么样的影响？这是本节要考察的重点。本节分别从S的形式对构式的影响、S的语义对构式的影响这两方面进行考察，其中形式方面主要指S的结构类型对构式的影响，语义方面主要涉及S的有生性对构式的影响。

5.2.1 S的形式对构式的影响

第2章已述，S按照形式可以分为Sn、Se两类。

当它是Sn时，它是使因事件的某个参与者角色，它与核心动词V一起构成使因事件，如：

(423) 你这呆子哄得我去了，你就不哭。(《西游记》三十九回，p290)

当它是Se时，它本身就代表使因事件，如：

(424) 狗贱妇敢恶言把娘哄骗，气得我年迈人口吐青烟。(《跻春台·失新郎》，p111)

那么，不同的形式对于该构式有何影响呢？我们通过第3章和第4章的考察，可以得出“V得”致使构式所有下位子构式的形式类型，如表5.1所示。

表5.1　“V得”致使构式的形式类型

分类	子构式类型	形式类型	语义关系模式
Sn类“V得”致使构式	Sn+V1得+RS+RVP	A1式	施事+V1得+受事+受事的结果
		A2式	施事/主事1+V1得+主事2+主事2的结果
		A3式	主事+V1得+属事+属事的结果
		A4式	受事/工具+V1得+施事+施事的结果
		A5式	受事+V1得+主事+主事的结果
Se类“V得”致使构式	Se+V2得+RS+RVP	B1式	致事+V2得+主事+主事的结果
	(Se+) V1得+RS+RVP	B2式	(致事+) V1得+主事+主事的结果
	Se+V3得+RS+RVP	C式	致事+V3得+主事+主事的结果

从表5.1可以得出以下结论：

(1) Sn类“V得”致使构式与Se类“V得”致使构式在形式上最显著的区别在于S，前者的S是体词性成分；后者的S是谓词性成分。Sn、Se都可以隐省。

(2) Sn只能与V1(纯实义动词)搭配，不能与V2(带使动义的实义动词)和V3(纯致使义词)搭配；Se与V1、V2、V3都能搭配。这说明Se能搭配核心谓词的类型更多。

(3) Sn所在的子构式对应的语义关系模式有5种，所以Sn能充当更多的宏观语义角色，如施事、受事、主事、工具等；Se只能充当表示致使原因事件的致事。

当S为Sn时，体词性成分的致使者论元本身与V是分离的，与V的语义关系更灵活；当S为Se时，句子形式的致使者论元，其本身就包含了谓词性成分，可以直接指陈致使原因事件。

5.2.2 S的有生性对构式的影响

在明清汉语"V得"致使构式中，Se是句子形式的事件，本身谈不上有生性；而Sn作为体词性成分，在语义上按照有生性可以分为有生命的和无生命的。如：

(425) 金莲听了……打的经济鲫鱼般跳。(《金瓶梅词话》四十八回，p569)

(426) 我不怎的，只是舍不得孩儿，哭得我有些心疼。(《西游记》三十一回，p231)

(427) 贾母笑的手里的牌撒了一桌子。(《红楼梦》四十七回，p392)

(428) 我已是饿的两眼都看不见了。(《儒林外史》三回，p34)

以上几例的Sn"金莲""孩儿""贾母""我"，都是生命度等级最高的人。他们作为致使构式的致使者对V有极强的操控性、致使性、自主性和意志性。经过穷尽性统计，明清汉语"V得"致使构式的有生性Sn占所有Sn的74.57%。也就是说，绝大多数Sn都是有生命的。

部分Sn是无生命的，如：

(429) 那雷振得个通天河鱼龙丧胆。(《西游记》九十九回，p766)

(430) (一阵大风) 刮得那海底蛟拳着爪，蟠着尾，难显狰狞。(《金瓶梅词话》七十一回，p933)

(431) 瘸师道："哥哥休要焦燥，两个炊饼如何吃得我娘儿两个饱？不如只籴米煮粥吃罢！"(《三遂平妖传》九回，p62)

(432) 一席话，说得蘧公孙如梦方醒。(《儒林外史》十三回，p144)

以上几例的Sn"那雷""一阵大风""两个炊饼""一席话"等，都是无生命度或生命度等级极低的物体。当无生命的Sn进入"V得"致使构式时，它与致使者的角色进行融合，又分为两种情况：

第一，Sn是自然事物，如"风""火""电""雷"等，这类Sn所在的构式对应的V都是自然力类V，对应的语义模式是A2式[施事/主事1+V1得+主事2+主事2的结果]，即例(429)、(430)。

第二，Sn为“炊饼”等食物类词语，这类Sn是V的受事或工具或客事，对应的语义模式是A4式［受事/工具＋V1得＋施事＋施事的结果］，如例(431)。A4式是一类特殊的致使构式，本书在第2章将其定义为“施受颠倒”类“V得”致使构式。

对于“V得”致使构式中的这种“施受颠倒”现象，很多学者从不同角度对其进行过研究。如杨建国、李临定、宛新政、郭姝慧、韩丹、张翼、李宗宏等。“施受颠倒”类“V得”致使构式在句法形式上最显著的特点是：Sn是V的受事，位置提前至V之前，RS是V的施事，但处于V之后，这与汉语普遍的语序SVO相反。“施受颠倒”类“V得”致使构式在语义表达上的特点又是什么呢？李宗宏指出，“这类致使句子的特殊性并不在于发生了句法位置反转，而在于用使因事件中的一个特定成分来转喻整个使因事件”。[①] 而这里所谓的“特定成分”，并不一定是致使客体，还存在将致使原因归结于工具、角色、材料等情况，如“那床厚被子捂了宝宝一身汗”“阿Q演红了严顺开”等。从语义上来说，这是一种“自致使义”结构，表达了“事件主体发出的行为对其自身造成了非预期后果”的意思。与突显句末自然焦点的“他致使义”结构不同，它们的特殊性在于突显了致使因在致使情景中的重要作用。本书认同这种观点，“施受颠倒”类“V得”致使构式在语义表达上的作用是将使因提前，并且突出使因的焦点作用。

5.3 “V得”与构式的互动

“V得”致使构式所激活的是复杂致使事件框架，包含致使者、致使力、被致使者、致使结果等四个核心框架元素。其中，致使者和被致使者分别对应S和RS，致使结果对应RVP，致使力对应“V得”。“V得”这个构件是“V得”致使构式表示致使义的关键构件，如果没有这个构件，就不能组成“V得”致使构式。无论是表达致使力的“V得”，还是致使者S和被致使者RS这两个语义角色，其实都需要通过最低层级的谓词V及其参与者角色来进行例示。对于“V得”与构式的互动，本节主要从以下两个角度切入，一是V作为底层谓词与构式的互动，二是“V得”作为构件与构式的互动。

5.3.1 V与构式的互动

Goldberg的构式语法理论涵盖了构式本身与独立动词之间的互动关系，涉

① 李宗宏．现代汉语使因突显类致使构式研究［D］．上海：华东师范大学，2013.

及构式与词汇（主要是动词）之间的接口问题。在“V得”致使构式中，V作为该构式的核心谓词，既发挥着表示使因事件核心动作的功能，又发挥着与“得”一起构成“V得”表示致使力的功能。它与构式的互动可以分为两个层面：一是V与两个事件的互动；二是V与构式整体的互动。本小节就从这两个层面对V与构式的互动进行考察。

5.3.1.1　V与两个事件的互动

我们知道，致使情景包含两个事件，使因事件和使果事件。从语义融合的角度讲，经常存在V与使因事件和使果事件互相融合的情况，即V与两个事件互动的现象。

1）V与使因事件的互动

V与使因事件的互动，主要体现在V所表达的动作或事件是否参与了致使原因事件。在一些构例中，使因事件的核心谓词由V充当，即V所代表的动词词义参与了使因事件，如：

（433）贱妇，你哄的我与你儿子成了婚姻，敢笑我杀不得你的孩儿！（《金瓶梅词话》一百回，p1363）

（434）只听他那两只脚踹得地蹬蹬蹬的山响，掀开帘子就出去了。（《儿女英雄传》二十七回，p506）

（435）秋纹啐道：“呸，好混账丫头！”说的大家都笑了。（《红楼梦》八十二回，p731）

以上几例，前两例的V“哄”“踹”就是使因事件的核心谓词，第三例的V“说”是重复表达使因事件，这两种情况都是V参与了使因事件，整个致使情况是双事件致使情景。

在另一些构例中，使因事件的核心谓词并不是V，即V所表达的动作并没有参与使因事件，如：

（436）那棹子从空便起，吓得妈妈呆了。（《三遂平妖传》三回，p18）

（437）一日，杨寡妇偶然到他家中，急得马氏茶也拿不一盅钟出。（《型世言》三十一回，p434）

以上两例，使因事件与V无关，这样整个致使情景包括了使因事件、以V为核心谓词的中间事件、以RVP为核心谓词的使果事件这三个事件，整个致使框架是一个包含了三个事件的致使关系链。

2） V 与使果事件的互动

V 与使果事件是否互动，主要体现在 V 的参与者角色是否参与了致使原因事件，即 V 与 RS 是否有语义关系。有的构例中，RS 与 V 有语义关系，如：

(438)（潘金莲）打的妮子急了，说道：“娘休打。是我害饿的慌，偷吃了一个。”（《金瓶梅词话》八回，p80）

(439) 先有两个十字披红的家人，一个手里捧着一彩坛酒，一个手里抱着一只鹅，用红绒扎着腿，捆得他嗐嗐的山叫。（《儿女英雄传》二十七回，p519）

以上两例，V 的参与者角色参与了使果事件，即 V 的受事就是使果事件的主事。再看以下几例：

(440) 环儿一去，必是嚷得满院里都知道了，这可不是闹事了么？（《红楼梦》九十四回，p841）

(441) 他甚着急，故弄出这阵风来，果是凶恶，刮得我站立不住，收了本事，冒风而逃。（《西游记》二十一回，p151）

以上两例，V 的参与者角色未参与使果事件，V 所代表的使因事件与使果事件是相对独立的两个事件，RS 与 V 没有语义关系，故此种情况不存在参与者角色的融合。

我们可以用现代汉语的“骂”来举例进行对比，同样是“导演骂演员”的场景，有以下两个例句：

(442) 话剧演员表现得非常不好，导演骂得演员都哭了。

(443) 话剧演员表现得非常不好，导演骂得观众都哭了。

以上两例，使因事件都是“演员表现得不好，导演骂演员”，而使果事件分别是“演员都哭了”“ 观众都哭了”。前一例的 V“骂”与 RS“演员”有语义关系，RS 是 V 的受事，应该解读为“导演骂演员，演员哭了”；而后一例的 V“骂”与 RS“观众”没有语义关系，导演骂的不是观众，而是演员，RS 不是 V 的受事或对象，与 V 不存在语义联系，应该解读为“导演骂演员，观众哭了”。

5.3.1.2　V 与构式整体的互动

在“V 得”致使构式中，同一个 V 往往可以用在表达不同语义特征的构式中，它们所表达出来的语义特点也不一样，这就是 V 与“构式整体”的互动，主要体现在以下两个方面。

1）同一个V的不同含义

在明清汉语中，有时同一个V可以表达不同的含义，主要有两种情况。一是“闹”“惹”等，既可以是纯实义动词，也可以是类致使词，如：

（444）不知这钗儿却是李侍讲马夫拾得，又是长班先看见，两个要分，争夺起来，且闹得李侍讲知道。（《型世言》十二回，p174）

（445）晴雯和秋纹二人果出去要药，故意闹得众人皆知宝玉着了惊，吓病了。（《红楼梦》七十三回，p643）

（446）如今宝玉贾环，他哥儿两个，各有一种脾气，闹得人人不理。（《红楼梦》一百一十七回，p1034）

（447）贾珍方好，贾蓉等相继而病。如此接连数月，闹的两府俱怕。（《红楼梦》一百零二回，p908）

以上几例，V都是动词“闹”，但它们所表达的语义不同。前两例的“闹”是纯实义动词，表示“吵闹、争闹”等义，致使关系是因为“吵闹”发生的；后两例的“闹”是类致使词，与“得（的）”一起组成“闹得”表示“使得”的致使力。

二是V既可以作及物动词，又可以作不及物动词时，如：

（448）何小姐又说了一遍。只气得他巨眼圆睁，银须乱乍。（《儿女英雄传》三十一回，p611）

（449）那张四气的眼大大的，敢怒而不敢言。（《金瓶梅词话》七回，p77）

以上两例，V都是“气”，但是两例中动词“气”的及物性不同，所表达的语义也不同。前一例的“气”是及物动词，带使动含义，表示“使……生气”的意思；后一例的“气”是不及物动词，表示“生气”的意思。关于此种现象，潘海华、叶狂（2015）曾经从控制结构和提升结构的角度进行过分析，他们认为，“在生成语法框架内，这两类都是提升结构”。①

2）压制现象

构式压制是构式语法中的一个重要理论。“压制”（coercion）的原意是指一方通过威胁、恐吓等方式迫使另一方从事非自愿的行为，有被迫服从、用强力制服等含义。后来在语言学中被引入，成为构式语法的一个术语。

---

① 潘海华，叶狂．控制还是提升，这是一个问题——致使类“V得”句的句法本质研究［J］．语言研究，2015（7）．

Goldberg在其关于构式理论的著作中，以“动词与构式的互动关系”为题阐述了构式压制理论。她指出，在构件与构式之间的互动关系层面，构式与进入其构件槽位的词汇是有互动作用的，互动的结果有两种可能：一种是两者的角色完全一致并相融合，产生合规的句子；另一种是两者的角色不一致，此时词汇不能满足构式槽位要求的题元角色需求，那么这种情况下，若要能产生合规的句子，压制现象就产生了。此时构式压制了构件本身的特性，强迫赋予这个构件符合构式需要的功能。

在Goldberg提出构式压制理论之前，语言学界就已经有学者对压制现象进行过讨论，只是未正式采用“压制”（coercion）这个表达。如Talmy提出的“移变”（shift）[①] 理论、Jackendoff提出的“增义性组合”[②]，都与构式语法的“压制”有异曲同工之妙。Henriëtte de Swart指出，压制“取决于因隐性句法环境须做另样解释的机制”[③]。

据此，我们对明清汉语“V得”致使构式进行研究，发现构式对谓词V的压制作用主要体现在两个方面：一是对V的价的压制，二是对V的词性的压制。

第一，构式对V的价的压制。我们知道，在“V得”致使构式中，对于核心动词V的槽位，由于只有二价动词能连接两个论元，比较典型的且比较符合汉语语法特点的，就是由及物动词即二价动词来填充该槽位。这样，便可以保证“‘V得’前的S是V的主语，‘V得’后的RS是V的宾语”，致使含义便是“S发出V的动作，作用在RS上，使RS产生RVP的致使结果”，如：

(450)（潘金莲）一面骂着又打，打了大骂，打的秋菊杀猪也似叫。(《金瓶梅词话》四十一回，p490)

(451) 大约他要说的话、作的事，你就拦他，也莫想拦得他住手、住口。(《儿女英雄传》十六回，p270)

以上两例，V都是二价的及物动词，V后的RS都是V的宾语，如RS“秋菊”是V“打”的宾语，致使含义是“潘金莲打秋菊，使得秋菊杀猪也似叫”；RS“他”是V“拦”的宾语，致使含义是“你拦他，使他住手住口”。当这类谓词作为构件进入构式时，其语义、句法的特点与构式的要求匹配，谓词的意义

① 即“某些语法结构可以迫使词项的句法、语义、语用等方面发生‘移变（shift）’”。TALMY L. Semantic causative types [M] //SHIBATANI M. Syntax and Semantics (Vol. 6): The Grammar of Causative Constructions. New York: Academic Press, 1976.

② JACKENDOFF R S. Semantic Structures [M]. Cambridge: MIT Press, 1990.

③ SWART H. Aspect Shift and Coercion [J]. Natural Language and Linguistic Theory, 1998, 16 (2).

与构式义一致，能自由进入该构式的V槽位。

但在明清汉语“V得”致使构式中，某些一价动词也可以进入V这个槽位，这时就会发生构式压制。如以下几例：

(452) 平儿哭得眼红，听见贾母带着王夫人宝玉宝钗过来，疾忙出来迎接。(《红楼梦》一百零七回，p946)

(453) 对了光儿，好一似照着了那秦宫宝镜一般，恍得人胆气生寒，眼光不定。(《儿女英雄传》四回，p66)

以上两例，V分别是“哭”“恍”，均为一价不及物动词，单独使用时本身只能携带一个论元，并不具备携带两个论元的能力。但在实际语言交流中，根据“V得”致使构式的语义特征，要求进入它的动词能同时带有致使者和被致使者。为了满足该构式对V的要求，构式便对动词产生压制作用，使一价动词变为二价动词。在以上两例中，构式压制体现为，构式赋予这些不及物动词“哭”“恍”携带双论元的能力。

李宗宏曾指出，在压制过程中，不及物动词获得额外论元的能力，叫作“论元增容”(argument augmentation)。在压制结束后，对于经过了论元增容的不及物动词来说，它们具备与及物动词同等的题元能力。

第二，构式对V的词性的压制。在明清汉语“V得”致使构式中，V这个槽位一般是由动词填充，但有时，一些形容词也能进入该槽位。如：

(454) 袭人羞得脸紫涨起来，想一想，原是自己把话说错了。(《红楼梦》三十一回，p250)

(455) 却说行者合在金铙里，黑洞洞的，燥得满身流汗，左拱右撞，不能得出。(《西游记》六十五回，486)

以上两例中，进入V槽位的谓词分别是“羞”“燥”，均为形容词。汉语中形容词带宾语的现象，已有不少学者进行过论述。如吕叔湘[①]、刘月华[②]、邢福义[③]等。关于此现象，学者们已达成共识，把这种现象处理为形动兼类词，即形容词在单独使用且带上宾语时可以被当作动词来看待。这也是形容词能进入V这个槽位的基本原因之一。而从压制角度来看，当形容词进入该构式时，它作

---

① 吕叔湘提出，“这些带宾语的形容词应该说已经变成了动词”。吕叔湘．中国文法要略［M］．北京：商务印书馆，1982.

② 刘月华指出，“形容词本身并不能带宾语，当它表使动含义时，便可以带宾语，此时这些形容词就兼属动词类了”。刘月华．实用现代汉语语法［M］．北京：外语教学与研究出版社，1983.

③ 邢福义指出，“尽管某个词的惯常用法是作形容词，但只要带上了宾语，那么它就应判定为动词”。邢福义．词类辨难［M］．北京：商务印书馆，2003.

为动词的性能被激发出来，这种激发正是在构式压制作用下完成的。构式压制使形容词临时增容，它跟一个二价动词一样，具备了带两个论元的能力，以此来满足构式的要求。这便是构式对 V 的词性的压制。

5.3.2 “V 得”与构式的互动

“V 得”作为“V 得”致使构式的一个关键构件，与构式也存在互动关系。本节主要从以下两个方面展开：一是不同类型的 V 组成的“V 得”与构式的互动，二是两个谓词性结构（“V 得”与 RVP）的互动。

5.3.2.1 不同类型的 V 组成的“V 得”与构式的互动

在本书第 2 章介绍 V 的分类时，我们提出可以将 V 按照语法特点分为三类：V1 是不带使动含义的纯实义动词，V2 是带使动义的实义动词，V3 是只带使动含义不带实义的类致使词。当这三类 V 与“得”分别结合，组成“V 得”时，对构式分别有什么影响呢？

当 V 为 V1 时，“V1 得”作为一个整体，在构式中充当致使力，引出“得”后的补语表示致使结果事件，致使力由致使关系中的致使者即 S 发出。当 V 为 V2 时，“V2 得”作为一个整体，在构式中充当致使力，引出“得”后的补语表示致使结果事件，致使力由致使关系中的被致使者即 RS 发出，即致使力的发出者和承受者同指。当 V 为 V3 时，“V1 得”作为一个整体，在构式中充当致使力，此时的“V3 得”等同于“使、令、让”等致使词的作用，而“V 得”致使结构相当于“使”字致使结构。

5.3.2.2 两个谓词性结构（V 得与 RVP）的互动

在“V 得”致使构式中，存在两个谓词性结构，一个是“V 得”，另一个是 RVP。例：

（456）贾母笑的眼泪出来，只忍不住，琥珀在后捶着。（《红楼梦》第四十回）

上例中，有两个谓词，第一个是“笑”，与“的”一起组成“笑的”，本书将其定义为“V 得”致使构式的“核心谓词结构”；第二个是“出来”，表示被致使者“眼泪”的结果状态，我们将其定义为“V 得”致使构式的“第二谓词结构”。Gries 和 Stefanowitsch 曾运用构式搭配分析法（详见本书第 6 章第 4 节的介绍），从两个谓词共同出现频率的角度，对英语 into-致使构式中的两个谓词作为互为变化的共现词素进行了考察研究。[①] 本书认为，“V得”致使构式中两个谓词性结构（V得、RVP）之间存在互动关系，且这两个谓词性结构之间的互动关系是比较特殊的。“V得”与RVP之间的互动关系至少存在两种情况。

一种是，“V得”与RVP没有直接联系，是独立的两个事件中的两个谓词性结构，组成一种致使关系。如：

（457）在灶房闯得油罐滚，满头上倾油似水淋。（《跻春台·螺旋诗》，p439）

（458）分明人不知道，倒闹得人知道了，你也不好，我也不好。（《红楼梦》三十一回，p249）

以上两例中的核心谓词V与第二谓词RVP之间，没有直接的语义联系，如“闯得”与“滚”不能组成“闯得滚”的述补关系，“闹得”与“知道”不能组成“闹得知道”的述补关系。V与RVP分别表示致使原因事件与致使结果事件，两个事件在一起组成一个致使情景。“V得”致使构式中，大部分“V得”与RVP之间的关系都属于这一种。这一类构例中，“得”的读音为轻声，完全虚化。

另一种是，“V得”可与RVP形成“V得RVP”的述补关系，如：

（459）瘸师道：“哥哥休要焦燥，两个炊饼如何吃得我娘儿两个饱？不如只籴米煮粥吃罢！”（《三遂平妖传》九回，p62）

（460）似堂尊到任之后，这等殷勤，喂得马肥。（《西游记》四回，p26）

（461）轿杠撞得楼板响。（《西游记》八十四回，p646）

以上几例的“V得”是“吃得”“喂得”“撞得”，RVP分别是“饱”“肥”“响”。“V得”与RVP之间的关系可以组成“V得＋RVP”的述补结构，如“吃得饱”“喂得肥”“撞得响”。以上几例的RVP虽然是指向RS，即满足“V得”致使构式的语义限制条件，但它确实又可以与“V得”组成“V得＋RVP”的述补关系，这一点是这两个谓词性构件之间比较特殊的互动关系。在这一类构例中，“得”的读音为阳平，带有一点“完成”义在其中，还未完全虚化。

“V得”这个构件的来源和发展相当复杂，它与构式的互动更多地体现在它在历时发展过程中与构式的互动。这一部分涉及历时研究，比如“V得”这个

---

① GRIES T，STEFANOWITSCH A. Collostructions：Covarying Collexemes in the Into-causative [J]. Language，Culture，and Mind，2004：225-236.

构件是如何从一个短语发展为一个表示致使力的词汇的，这个发展历程对构式的影响如何等，这些内容将在第 7 章有所涉及。

5.4 RVP 与构式的互动

范晓、张豫峰曾指出，在"V 得"致使句中，"V 得"后的主谓短语 RS+RVP 是"整个结构语义表达的焦点"。[①] 前文已述，该主谓结构由两个构件组成，即 RS 和 RVP。其中 RS 在形式上都是由体词性结构充当，如名词、名词短语、数量短语、人称代词等成分；语义上都是充当整个致使句的"被致使者"这个角色，受前面"V 得"的指使和支配产生后面"谓语"部分所代表的动作或者情状。RVP 代表致使结果，其形式结构则比较复杂、丰富，相对应的语义也更为丰富多样，有很大的研究空间。本节主要研究 RVP 的不同类型对构式的影响。

5.4.1 RVP 的分类

RVP 形式多变、结构丰富，有动词、形容词、名词、复杂谓词性结构、复句等几种形式。本书通过对每一类形式结构各自的句法特征、语义特征以及句法与意义的对应关系的研究分析，发现当 RVP 是简单谓词（包括动词、形容词、名词等）时，构式在语义特征和使用特点上呈现出相似的特点，所以我们将这三类构式划分到同一种子构式中，记为甲式［S+V 得+RS+简单谓词］，在本书所检索的八部明清时期作品中，甲式总数量为 440 例；RVP 为复杂谓词性结构的一类，我们记为乙式［S+V 得+RS+复杂谓词性结构］，在本书所检索的八部明清时期作品中，乙式总数量为 798 例；RVP 为复句的一类，我们记作丙式［S+V 得+RS+复句］，在本书所检索的八部明清时期作品中，丙式总数量为 380 例。综上，我们按照 RVP 的结构形式将"V 得"致使构式［S+V 得+RS+RVP］分为三类子构式：

甲式：［S+V 得+RS+简单谓词］；

乙式：［S+V 得+RS+复杂谓词性结构］；

丙式：［S+V 得+RS+复句］。

这三类 RVP 还可以继续细化分类，下面我们分别进行描述。

---

① 范晓，张豫峰．得后主谓结构的语义分析［M］//吴兆路．中国学研究．济南：济南出版社，2001.

5.4.1.1 甲式：[S+V得+RS+简单谓词]

甲式子构式的形式是：[S+V得+RS+简单谓词]，其中RVP可以是动词、形容词或名词成分。它们统一的句法特点是：RVP形式结构简单，一般为单音节或双音节的词，没有及物性。语义上一般指向被致使者，表示被致使者在致使力的作用下产生的动作行为、所呈现的性质或状态。例如：

(462) 分明人不知道，倒闹得人知道了，你也不好，我也不好。(《红楼梦》三十一回，p249)

(463) (婆子)抹得桌子干净，便取出那绸绢三匹来。(《金瓶梅词话》一回，p36)

(464) 哥哥休要焦燥，两个炊饼如何吃得我娘儿两个饱？(《三遂平妖传》九回，p62)

(465) 老奶奶吓得两脚软了，一步也挪不动。(《儒林外史》十六回，p172)

(466) 他此时才进门来，那一身家什已经压得满头大汗。(《儿女英雄传》三十四回，p690)

在本书所考察的八部明清时期作品中，甲式子构式数量共有440例，其中《金瓶梅词话》有98例，《三遂平妖传》23例，《西游记》68例，《型世言》14例，《儿女英雄传》55例，《红楼梦》100例，《跻春台》60例，《儒林外史》22例。如表5.2所示。

表5.2 明清汉语甲式子构式数量分布

作品简称	《三》	《金》	《西》	《型》	《儒》	《红》	《儿》	《跻》	总计
甲式子构式数量	23	98	68	14	22	100	55	60	440

甲式中的某些构例可以比较清晰地反映“V得”与RVP这两个谓词性结构之间特殊的互动关系。从上面几例我们可以看出，这两个谓词性结构之间的互动关系至少有两类：一是“V得”与RVP没有直接联系，是独立的两个事件中的两个谓词性结构，如第一例“闹得”与“知道”不能组成“闹得知道”的述补关系；二是“V得”可与RVP形成“V得C”的述补关系，如第三例中“吃得”与RVP“饱”之间可以形成“吃得饱”的动补关系。这一区别现象在乙式和丙式中并不明显，只是在甲式中很明显地显现出来，特此提出。

5.4.1.2 乙式：[S+V得+RS+复杂谓词性结构]

乙式子构式的形式是[S+V得+RS+复杂谓词性结构]，其中RVP是复杂谓词性结构。在结构上，RVP 种类繁多，最为复杂；在语义上表示在致使力作用下被致使者所发生的结果，包括所呈现的情况或发生的动作。按照 RVP 的形式结构划分，乙式子构式还可以细分为以下七类。

1）［S＋V 得＋RS＋比拟结构］

这类乙式子构式的 RVP 是比拟结构，例如：

（467）月娘与众姊妹吃了一回，但见银河清浅，珠斗烂斑，一轮团圆皎月从东而出，照得院宇犹如白昼。（《金瓶梅词话》二十四回，p272）

（468）席上那李公子应对如流，弄得四位公子好似泥塑木雕一般。（《型世言》十八回，p252）

（469）那天正是八月初旬天气，一轮皓月渐渐东升，照得院子里如同白昼。（《儿女英雄传》五回，p87）

（470）痛得我犹如那乱箭穿心。（《跻春台・万花村》，p229）

在本书所研究的明清汉语“V 得”致使构式中，［V 得＋RS＋比拟结构］的数量很少，总数为 33 例，其中《金瓶梅词话》7 例，《型世言》3 例，《三遂平妖传》1 例，《西游记》1 例，《红楼梦》10 例，《儒林外传》1 例，《儿女英雄传》4 例，《跻春台》6 例。

2）［S＋V 得＋RS＋并列结构］

这类乙式子构式的 RVP 是并列结构，例如：

（471）急得那小伙儿只是杀鸡扯膝。（《金瓶梅词话》三十三回，p383）

（472）你看那娘娘一断片云情雨意，哄得那妖王骨软筋麻。（《西游记》七十一回）p541）

（473）不想正在个灌精儿的时候，他那奶头儿里的奶就像激筩[1]一般往外直冒，冒了那孩子一鼻子一嘴，呛得那孩子又是咳嗽又是嚏喷。（《儿女英雄传》三十九回，p831）

（474）至若崔先生教学不严，好为人师，害得人家妻离子死，是亦名教中之罪人也，后来定有报应的。（《跻春台・审烟枪》，p337）

在本书所研究的明清汉语“V 得”致使构式中，［V 得＋RS＋并列结构］的数量较多，总数为 102 例，其中《金瓶梅词话》17 例，《型世言》2 例，《三遂

[1] “筩”，同“筒”。

平妖传》1例，《西游记》15例，《红楼梦》5例，《儒林外传》1例，《儿女英雄传》5例，《跻春台》中最多，达56例。

3）［S+V得+RS+动宾结构］

这类乙式子构式的RVP是动宾结构，例如：

（475）传得东平一府两县，皆知武松之名。（《金瓶梅词话》一回，p8）

（476）一阵数落，数落得俩傻丫头只撅着个嘴。（《儿女英雄传》三十八回，p787）

（477）保正要现过才允，害得周去使月期银子。（《跻春台·阴阳帽》，p298）

在本书所研究的明清汉语“V得”致使构式中，［V得+RS+动宾结构］的数量较多，总数为110例，其中《金瓶梅词话》27例，《型世言》4例，《三遂平妖传》8例，《西游记》19例，《红楼梦》27例，《儒林外传》3例，《儿女英雄传》12例，《跻春台》10例。

4）［S+V得+RS+动补结构］

这类乙式子构式的RVP是动补结构，例如：

（478）骤然撞遇天起一阵大风……惊得那孤雁落深濠。（《金瓶梅词话》七十一回，p933）

（479）这阉奴王振，倚着人马多，那里怕他？还作威福，腾倒得户、兵二部尚书，日日跪在草里。（《型世言》十七回，p232）

（480）不想公子从此时起便推托不饮，倒惹得老人家追问起来。（《儿女英雄传》三十七回，p775）

（481）遇牧童骂得我还不起声。（《跻春台·巧姻缘》，p178）

在本书所研究的明清汉语“V得”致使构式中，［V得+RS+动补结构］的数量较多，总数为99例，其中《金瓶梅词话》22例，《型世言》7例，《三遂平妖传》9例，《西游记》9例，《红楼梦》26例，《儒林外传》3例，《儿女英雄传》13例，《跻春台》10例。

5）［S+V得+RS+连动结构］

这类乙式子构式的RVP是连动结构，例如：

（482）这小猴子倘在地下，死了半日。慌得来昭两口子走来扶救，

半日苏醒。(《金瓶梅词话》二十八回，p325)

(483) 进得屋门，安老爷一看，他家那位姨奶奶正在那里奶孩子呢，慌得老爷回身往外就跑。(《儿女英雄传》三十九回，p829)

(484) 这两个摇摇摆摆，走入里面，慌得那魔王奔出迎接。(《西游记》十三回，p90)

(485) 吓得九个魂忙跪下央求。(《红楼梦》五十四回，p462)

在本书所研究的明清汉语“V得”致使构式中，[V得+RS+连动结构]的数量不多，总数为45例，其中《金瓶梅词话》17例，《型世言》0例，《三遂平妖传》5例，《西游记》11例，《红楼梦》6例，《儒林外传》0例，《儿女英雄传》6例，《跻春台》0例。

6）[S+V得+RS+主谓结构]

这类乙式子构式的RVP是主谓结构，例如：

(486) 于是一把手采过大姐头发来，用拳撞、脚踢、拐子打，打得大姐鼻口流血，半日苏醒过来。(《金瓶梅词话》九十二回，p1260)

(487) 伯温道：“甚么景云！这是王者气，在金陵，数年后，吾当辅之。”惊得坐客面如土色，都走了去，连大来也道：“兄何狂易如此?”(《型世言》十四回，p196-p197)

(488) 说着，掖起那把刀来，手起一棍，打得他脑浆迸裂，霎时间青的、红的、白的、黑的都流了出来，呜呼哀哉，敢是死了。(《儿女英雄传》六回，p104)

(489) 这几日急得我珠泪长淌，尊一声张幺师细听端详。(《跻春台·川北栈》，p262)

在本书所研究的明清汉语“V得”致使构式中，[V得+RS+主谓结构]的数量很多，总数为156例，其中《金瓶梅词话》24例，《型世言》6例，《三遂平妖传》0例，《西游记》29例，《红楼梦》15例，《儒林外传》8例，《儿女英雄传》9例，《跻春台》65例。

7）[S+V得+RS+状中结构]

这类乙式子构式的RVP是状中结构，例如：

(490) 三不知小玉来报说：“大娘进房来了。”慌得李瓶儿扑起的也似接了。(《金瓶梅词话》四十九回，p639)

(491) 不料靖难兵乘中秋我兵不备，袭破雄县，并取郑州，直攻真定，杀得耿总兵大败入城。(《型世言》八回，p116)

(492) 自己又不敢离开这屋子，只急得他转磨儿的一般在屋里乱转。(《儿女英雄传》四回，p62)

(493) 这卡犯知他是读书人，难得到此，弄得嘉言不死不活的过了一夜。(《跻春台·栖凤山》，p243)

在本书所研究的明清汉语“V得”致使构式中，[V得+RS+状中结构]的数量最多，总数为253例，其中《金瓶梅词话》42例，《型世言》13例，《三遂平妖传》6例，《西游记》85例，《红楼梦》52例，《儒林外传》11例，《儿女英雄传》19例，《跻春台》25例。

明清汉语“V得”致使构式中，乙式数量最多，结构最复杂，种类最繁多。各小类的数量如表5.3所示。

表5.3 明清汉语乙式子构式数量分布

作品简称	V得+主+比拟结构	V得+主+并列结构	V得+主+动宾结构	V得+主+动补结构	V得+主+连动结构	V得+主+主谓结构	V得+主+状中结构	乙式
《金》	7	17	27	22	17	24	42	156
《型》	3	2	4	7	0	6	13	35
《三》	1	1	8	9	5	0	6	30
《西》	1	15	19	9	11	29	85	169
《红》	10	5	27	26	6	15	52	141
《儒》	1	1	3	3	0	8	11	27
《儿》	4	5	12	13	6	9	19	68
《跻》	6	56	10	10	0	65	25	172
合计	33	102	110	99	45	156	253	798

从表5.3中可以看出，乙式子构式共有798例。其中，RVP为状中结构的构例最多，共有253例；RVP为比拟结构的构例最少，仅有33例。

5.4.1.3 丙式：[S+V得+RS+复句]

丙式子构式的形式是[S+V得+RS+复句]，RVP是复句形式。在形式上，RVP部分长度较长，由几个小分句组成，分句之间存在一定的逻辑语义关系，有标点符号间隔；在语义上，表示在致使力作用下被致使者所发生的结果，包括一系列的动作或心理反应或事件的发生。例如：

(494) 几句骂得秋菊忍气吞声，不言语了。(《金瓶梅词话》二十八回，p325)

(495) 明永乐爷越恼，即杀了那失事将官，从新筑坝灌城，弄得城中家家有水，户户心慌。(《型世言》一回，p4)

(496) 这一下子可要了他的小命儿了！登时急得他脸皮儿火热，手尖儿冰凉，料想没地缝儿可钻。(《儿女英雄传》三十七回，p768)

(497) 天星曰："……"说得寿基面红颈胀，一冲而去。(《跻春台·白玉扇》，p191)

上一小节我们从RVP的结构角度，对乙式进行了细分类。本小节我们从意义角度，根据丙式RVP复句中几个分句的逻辑语义关系，对丙式进行进一步的分类。

汉语复句在学界是研究的热点，尤以复句的分类研究最为突出，同时争议也最大。学者们提出了很多分类体系和方法，最有影响力、最具权威的是黎锦熙、刘世儒在《汉语语法教材》中提出的复句“二分法”理论，和邢福义（在《汉语复句研究》中提出的复句“三分法”理论。黎锦熙的“二分法”是从结构上把复句分为等理和主从两大类，大类下面又根据逻辑意义分出了11个小类，如并列复句、选择复句、承接复句、因果复句、转折复句等，此种分类方法的影响力很大，后来的诸多汉语教材都采用了这种分类方法。而邢福义的“三分法”是从分句之间的逻辑关系出发把复句先分为因果复句、并列复句、转折复句三大类，再进行细致的小分类，“三分法”对汉语复句的分类更为精准、全面。

本书重点不在于研究复句的分类，而在于通过对丙式RVP复句不同类别的分类，进一步研究丙式子构式的特点。所以本书拟根据明清时期汉语“V得”致使构式丙式子构式RVP的实际特征，对其进行分类。我们知道，“V得”致使构式的RVP表述的是致使情景中的致使结果这一环节，具有很强的述谓性，RVP内几个分句之间逻辑关系的存在主要也是为表述致使结果这一功能服务，所以根据这一特点，我们将综合几种分类方法，将明清汉语“V得”致使构式丙式子构式分为以下几类。

1）［S+V得+RS+承接复句］

这类丙式子构式的RVP是承接复句。RVP形式上的特点是由两个或两个以上的分句组成，分句之间区别先后顺序；在语义上的特点是叙述RS在致使力的作用下按顺序接连发生的几件事情。例如：

(498) 说得老婆闭口无言，在房中立了一回，走出来了。(《金瓶

梅词话》二十三回，p267)

(499) 扑的往口里一丢，慌得那老祖上前扯住，一把揪着顶瓜皮，揝着拳头，骂道：“……”(《西游记》三十九回，p291)

(500) 絮絮聒聒，再不住声，弄得姚明翻翻覆覆，整醒到天明，思出一条计策。(《型世言》二十三回，p318)

(501) 这一嚷，唬得王仁等抱头鼠窜的出来，埋怨那说事的人，大家扫兴而散。(《红楼梦》一百一十九回，p1053)

以上四例，RVP部分均为承接复句，几个复句在描述的动作或事件，都是接连顺承发生的。在本书所研究的明清汉语“V得”丙式子构式中，[S+V得+RS+承接复句]的数量最多，总数为314例，占绝对优势。究其原因，承接类复句可将一系列组成致使结果的动作和事件表述清楚，最适合表达一个复杂的致使结果事件。所以对于丙式子构式，最适合进入RVP槽位的复句就是承接复句。

314例[S+V得+RS+承接复句]中，《金瓶梅词话》92例，《型世言》16例，《三遂平妖传》8例，《西游记》104例，《红楼梦》46例，《儒林外传》9例，《儿女英雄传》26例，《跻春台》13例。

2)[S+V得+RS+并列复句]

这类丙式子构式的RVP是并列复句，即RVP部分指陈的几件事情是并列的平行的关系。并列复句与承接复句最大的区别就是，前者RVP的几件事情彼此之间没有先后顺序，而后者的几件事情之间有先后顺序。例如：

(502) 唬得那山中虎豹缩着头，隐着足，潜藏深壑。(《金瓶梅词话》七十一回，p933)

(503) 两边公人一齐动手，打得个个皮开肉绽，鲜血淋漓。(《三遂平妖传》五回，p34)

(504) 何小姐又说了一遍。只气得他巨眼圆睁，银须乱乍。(《儿女英雄传》三十一回，p611)

(505) 债主见天恩得病，朝夕追讨，一啗二呋，骂得何车夫腔都不敢开，头也不能抬。(《跻春台·东瓜女》，p36)

以上四例，RVP部分均为并列复句，几个分句多是描述RS的状态结果。在本书所研究的明清汉语“V得”丙式子构式中，[S+V得+RS+并列复句]的数量总数为54例，居第二，其中《金瓶梅词话》10例，《型世言》2例，《三遂平妖传》1例，《西游记》17例，《红楼梦》5例，《儒林外传》1例，《儿女英雄传》11例，《跻春台》7例。

3）［S＋V 得＋RS＋因果复句］

这类丙式子构式的 RVP 是因果复句，即 RVP 部分的几个分句在逻辑关系上是原因—结果的关系，整体表示 RS 的致使结果。例如：

(506) 和尚把头抬一抬，离床直顶着屋梁，唬得我不敢东厕上去，便归房里来了。(《三遂平妖传》十二回，p86)

(507) 唬的伙计不好了，躲的往家去了。(《金瓶梅词话》九十五回，p1298)

(508) 这一挤，挤得张亲家老爷没地方儿站，没法儿，一个人儿溜出去了。(《儿女英雄传》四十回，p894)

(509) 他又平日与这些徒弟闲耍，合得些春药，又道会采战长生，把与岑猛，哄得岑猛与他姬妾，个个喜欢，便也安得身。(《型世言》二十四回，p329)

以上四例，RVP 部分均为因果复句，一般前一个或几个分句是表示原因，最后一个分句是表示结果，构成因果逻辑关系。在本书所研究的明清汉语“V 得”丙式子构式中，［S＋V 得＋RS＋因果复句］的数量总数只有 10 例，其中《金瓶梅词话》1 例，《型世言》1 例，《三遂平妖传》1 例，《西游记》0 例，《红楼梦》4 例，《儒林外传》1 例，《儿女英雄传》2 例，《跻春台》0 例。

4）［S＋V 得＋RS＋递进复句］

这类丙式子构式的 RVP 是递进复句，即 RVP 部分的几个分句在逻辑关系上是语义递进关系。例如：

(510) 伯温道：“甚么景云！这是王者气，在金陵，数年后，吾当辅之。”惊得坐客面如土色，都走了去，连大来也道：“兄何狂易如此？”(《型世言》十四回，p196-197)

上例，RVP 部分为递进复句，前半句“面如土色，都走了去”是承接关系，它与后半句“连大来也道：‘兄何狂易如此？’”是递进关系。严格意义上说，这是一个多重复句，结构上有两个或两个以上层次，为“承接—递进”关系，但本书的重点不在于将丙式 RVP 细分至如此的程度，所以采用一重复句的划分方法，将此例划分至“RVP 为递进复句”类。在本书所研究的明清汉语“V 得”丙式子构式中，［S＋V 得＋RS＋递进复句］的数量总数只有 1 例，即为上例，出自《型世言》。

5）［S＋V得＋RS＋转折复句］

这类丙式子构式的RVP是转折复句，即RVP部分的几个分句在逻辑关系上是转折关系。例如：

（511）一夕话，说得薛蟠后悔不迭，反来安慰金桂。（《红楼梦》七十九回，p712）

在本书所研究的明清汉语“V得”丙式子构式中，［S＋V得＋RS＋转折复句］的数量总数只有1例，出自《红楼梦》。

根据本书上述分类和统计，明清汉语“V得”致使丙式子构式各小类的数量汇总如表5.4所示。

表5.4　明清汉语丙式子构式数量分布

作品简称	S＋V得＋RS＋承接复句	S＋V得＋RS＋并列复句	S＋V得＋RS＋因果复句	S＋V得＋RS＋递进复句	S＋V得＋RS＋转折复句	丙式
《金》	92	10	1	0	0	103
《型》	16	2	1	1	0	20
《三》	8	1	1	0	0	10
《西》	104	17	0	0	0	121
《儿》	26	11	2	0	0	39
《跻》	13	7	0	0	0	20
《红》	46	5	4	0	1	56
《儒》	9	1	1	0	0	11
合计	314	54	10	1	1	380

从表5.4可以看出，丙式子构式共有380例，其中占比最多的是RVP为承接复句的构例，高达314例，这与承接复句的语义特征有关，承接复句表示一个接一个动作或事件按顺序发生，最符合RVP这个槽位的语义需求，最能够表达复杂的致使结果事件。RVP为并列复句的有54例，居其次，说明丙式中RVP也有一部分表达RS产生了一系列并列的致使结果。RVP为因果复句的有10例，RVP为递进复句、转折复句的分别只有1例。

综上所述，甲式［S＋V得＋RS＋简单谓词］、乙式［S＋V得＋RS＋复杂谓词性结构］、丙式［S＋V得＋RS＋复句］的数量分布如表5.5所示。

表5.5　明清汉语“V得”致使构式三类子构式数量分布

子构式	甲式	乙式	丙式
数量	440	798	380

从数量上看，乙式子构式最多，丙式其次，甲式最少。根据RVP形式上的分类，我们可以进一步分析每一种子构式自身的句法特征和语义特征，以及形式不同而带来的语义特征上的区别，即形式与意义的对应关系，从而探讨“V得”致使构式表层形式与深层语义的相关联系。从句法语义上看，三种子构式都有各自的特点，也都有共同的特点，下面将分别对甲、乙、丙三类子构式进行构式研究。

5.4.2　RVP与构式的互动

“V得”致使构式的形式是［S＋V得＋RS＋RVP］。上一小节按照RVP的形式差异，将明清时期汉语“V得”致使构式分为甲、乙、丙三类子构式，RVP的不同会造成三式在语义表达上的差异，在致使程度乃至出现的顺序上也有差异，这些便是不同类型RVP与构式互动的结果。下面将从结构、语义、致使度等角度，来讨论RVP与构式的互动。

5.4.2.1　结构不同

三类子构式最明显的差别就体现在表致使结果的RVP的结构上。甲式表致使结果的成分是简单谓词，记为［S＋V得＋RS＋简单谓词］；乙式表致使结果的成分是复杂谓词性结构，记为［S＋V得＋RS＋复杂谓词性结构］；丙式表致使结果的成分为复句，记作［S＋V得＋RS＋复句］。

甲式：［S＋V得＋RS＋简单谓词］；

乙式：［S＋V得＋RS＋复杂谓词性结构］；

丙式：［S＋V得＋RS＋复句］。

三类子构式在明清汉语中的数量占比也不一样。其中数量最多的是乙式，共有798例；甲式占比居其次，共有440例；丙式占比最低，共有380例。三类子构式分别举例如下：

（512）你这呆子哄得我去了，你就不哭。（《西游记》三十九回，p290）

（513）宝玉说丫头们不会放，自己放了半天，只起房高，便落下来了，急得宝玉头上的汗都出来了。（《红楼梦》七十回，p619）

（514）和尚把头抬一抬，离床直顶着屋梁，唬得我不敢东厕上去，便归房里来了。（《三遂平妖传》十二回，p86）

在结构上，三个子构式中RVP的类型还可以细分。其中甲式RVP是简单谓词，按照词性分类包括动词、形容词等；乙式RVP是复杂谓词性结构，按照句法结构分类包括并列结构、连动结构、状中结构、动宾结构等；丙式RVP是复句，按照语义分类包括承接复句、并列复句、转折复句等。

RVP的结构不同，是造成三类子构式语义表达差异的根本原因。

5.4.2.2 语义侧重点不同

虽然都是表示致使含义，但这三类子构式在语义表达上也存在细微差别，主要表现在各自语义侧重点上。

语义上的细微差别是由三类子构式的结构差异所带来的。甲式的RVP最为简单，它所表达的致使结果最简洁、明了。所以甲式在语义上侧重于简明扼要地陈述事实，对致使结果高度概括，语言最为凝练，不累赘。如：

（515）喂得马肥。（《西游记》四回，p26）

相比之下，乙式的RVP较为复杂，它所表达的致使结果在语言上凝练度不及甲式，概括性也降低。所以乙式在语义上侧重于描写，特别是对致使结果可以有比较多的主观描述。如：

（516）金莲打的经济鲫鱼般跳。（《金瓶梅词话》四十八回，p569）

到了丙式，其结果成分RVP就更复杂了，所表达的致使结果在语言上凝练度最低，概括性最低，但表达的内容更为丰富。RVP是复句，由若干个小句组成，在形式上几乎可以无限延展，所以丙式在语义上侧重于大量的主观性描写，其主观性和描写性最强。如：

（517）一日，又当脱孝来家，王夫人亲身又看宝玉，见宝玉人事不醒，急得众人手足无措，一面哭着，一面告诉贾政说：“大夫回了，不肯下药，只好预备后事。”（《红楼梦》第一百一十五回，p1017）

如果我们设定同样的场景“某人被吓得跑了”，那么三种子构式在语义表达上的差别，就体现为：

（518）吓得他跑了。（甲式）

（519）吓得他屁滚尿流地跑了。（乙式）

（520）吓得他不敢回头，甚至汗毛都竖起来了，一边鞠躬道歉，一边跌跌撞撞地跑开了……（丙式）

可见，从甲式到丙式，由于RVP越来越复杂，其语义表达的凝练度和概括性逐渐降低，描写性和主观性逐渐增强。我们可以用图5.3表示。

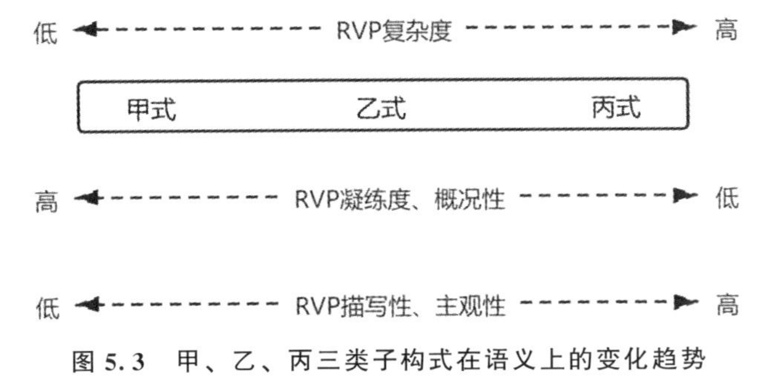

图5.3　甲、乙、丙三类子构式在语义上的变化趋势

在语用上，甲式多用于事件的简单陈述，乙式多用于描写和形容较为复杂和生活化的场景，而丙式多用于描写激烈的打斗、激烈的心理变化、复杂的故事发生现场等，且多出现于白话文小说、散文、纪实文学中。例如《西游记》《三遂平妖传》《跻春台》中一些关于与妖魔鬼怪打斗、断杀等激烈的场景。现代汉语中也不乏这样的例句：

(521) 她肚子阵阵绞痛，仿佛八年来漫长的战争痛苦都集中到这一点上了，痛得她蜷缩成一团，浑身冒冷汗，旧裤子、小褂都湿透了。(《四世同堂》九十七节，p1031)

5.4.2.3　致使度不同

本书所考察的致使度，是指某个致使构式所体现的致使的强度。本书在绪论部分介绍过Talmy的力动态理论（force dynamics theory），在这个理论中，Talmy创建了一个力动态模型（model of force dynamics），囊括了几种力动态模式，其中包含了多种与致使相关的范畴，如“原型致使”（causative）类型、“使/让”（letting）类型、“尽管/虽然”（despite/although）类型、“阻碍/助使/任由”（hindering/helping/leaving alone）类型等。[①] 不同类型对应不同的致使度，如Talmy所举例句：

(522) *The ball's hitting it made the lamp topple from the table*.（球打在灯上，使灯从桌上翻了下来。）

---

① TALMY L. Force Dynamics in Language and Thought [M] //EIKFONT W, KROEBER P, PETERSON K. Papers from the Parasession on Causatives and Agentivity at the Twenty-First Regional Meeting of the Chicago Linguistic Society. Chicago: Chicago Linguistic Society, 1985: 293-337.

(523) *The plug's coming loose let the water flow from the tank.* (活塞变松动，让水从水箱里流了出来。)

以上两例都是致使情景，但各自所表达的致使度强弱层次不同。在前一例中，致使原因事件是“球打在灯上”，致使结果事件是“灯从桌上翻了下来”。由于致使原因事件“球打在灯上”肯定是由人为的力产生“打球”或者“抛球”或者“扔球”这个动作而导致的，致使意向很强。此例采用make这个迂回致使的关键词，属于典型的致使模式，致使度高。在后一例中，原因事件是“活塞变松动”，结果事件是“水从水箱里流了出来”。由于致使原因事件“活塞变松动”可能是人为拧开活塞造成，也可能是随着时间累积活塞自己变松，致使意向并不强。并且，此例采用的是let，属于一个“使/让”(letting)类型，所以致使度不及前一例。

Talmy用这样的例子证明不同致使情景的致使度是有差异的。本书也拟借用这个概念，对明清汉语“V得”致使构式中的甲、乙、丙三类子构式的致使度差异，从语义角度、语法角度分别进行考察。

1）语义角度

在Talmy的力动态模型中，他对施力实体做了角色区分：施加力的实体被凸显出来成为注意焦点，称为主力体(agonist)；另一个对抗此主力体的力元素称为抗力体(antagonist)。如Talmy所举例句：

The ball kept rolling because of the wind blowing on it. (由于风在吹向球，球一直在滚动。)

上例用力动态模式的图示表示(见图5.4)，其中主力体(ago)用圆圈表示，抗力体(ant)用凹形表示：

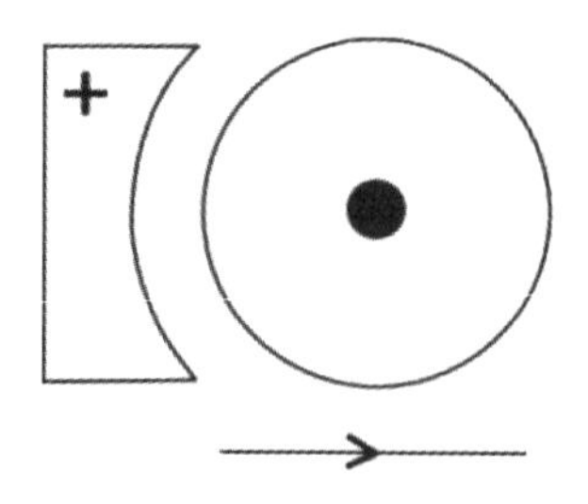

图5.4 Talmy基本恒定力动态模式[①]

① 李金妹．初始因果关系与持续因果关系的事件融合研究[D]．阿姆斯特丹：阿姆斯特丹自由大学，2020.

按照Talmy的基本恒定力动态模式，上例表示内在趋于静止的主力体与外部更强大的抗力体对抗，最后抗力体战胜主力体，迫使其运动。Talmy所定义的“主力体”和“抗力体”分别对应本书所定义的致使情景中的“致使者”和“被致使者”，相对应地，主力体发出的力和抗力体对抗的力中和之后得到的力，就是致使情景中的“致使力”。

我们将此模型引用到致使情景中，便是：致使者发出致使力，致使者和致使力存在于致使原因事件当中；被致使者对抗致使力，被使者和致使结果存在于致使结果事件当中。那么致使力的大小又如何判定呢？这与致使者生命度等级的高低有关。生命度等级高的致使者，有强操控性、致使性、自主性和意志性，对致使力的控制程度越大，致使力会越大，致使度也越强。根据前文对构件S的生命度等级的考察，有的S是有生命的，有的S是无生命的，也就是说，有的S生命度等级高，有的S生命度等级低。如：

(524) 我当时劈脑壳就是一棍，打得他吐鲜血一命归阴。(《跻春台·南山井》，p413)

(525) 那火光照耀得四处通红，两边喊声大震。(《儒林外史》十六回，p172)

前一例致使者“我”的生命度等级高，对致使力的控制程度大，致使度高；后一例致使者“那火光”的生命度等级低，对致使力的控制程度小，相比之下致使度就比前一例低。

经过考察，甲、乙、丙三类子构式的S，都是既有生命度等级高的，也有生命度等级低的，且所占比例相差不大，所以致使者的生命度等级这一参数对我们的研究结果影响不大。

但致使度的高低与RS有关。我们看以下两例：

(526) 你们也打得手困了，却该老孙取出个针儿来耍耍。(《西游记》十四回，p100)

(527) 顾贞节不居下贱，打得他血透衣衫。(《跻春台·比目鱼》，p354)

以上两例，都是“打得”致使构式，前一例是“打得手困了”，后一例是“打得他血透衣衫”。两例的主要差别在于RS，或者说在于RS与V的语义关系上。第一例V“打”与RS“手”不是施受关系（不是“打手”），而是施事—工具关系（“用手打”），“打”的作用力不是直接作用于“手”上，“手困”只是“打”造成的间接结果。第二例V“打”与RS“他”是施受关系（“打他”），“打”的作用力直接作用在“他”上，“他血透衣衫”是“打他”的直接结果。二者相比，第二例的作用力更直接，致使度更强。从以上两例我们可以看出，作用力直接作用于RS的“V得”致使构式，致使度更强。对应于本书分类的子构式，也就是A1式子构式，即［施事＋V得＋受事＋受事的结果］。A1式在所有子构式中致使度最高。A1式也是“V得”致使构式的原型子构式。

2）语法角度

以上是从语义角度分析的，下面就语法层面进行分析。

象似性（iconicity）是认知语言学中的一个重要概念。认知语言学认为，人类对世界的体验感和认知方式可以从语言形式上反映表现出来，因此语言的结构可以从某种程度体现人们对客观世界的认知，这就是象似性原则。沈家煊曾指出“句法象似性”三原则：顺序象似性、数量象似性、距离象似性。[①] 其中距离象似性称为“相邻原则”（the proximity principle），指的是在逻辑概念上或认知上更接近的实体在语言表现形式上也更近。而在语言结构上，就体现在越相邻的语言成分，其互相影响力就越大。反之，两个成分距离越远，其互相影响力就越小。换句话说，影响力越大的两个成分在语言形式上也会靠得越近。将象似性引入致使度的讨论当中，能很好地解释致使构式中的致使度高低的问题。

前文已述，一个完整的致使情景包含两个事件：一个是致使原因事件，简称使因事件；另一个是致使结果事件，简称使果事件。一般来说，致使原因事件包含致使者和致使力这两个要素，致使结果事件包含被致使者和致使结果这两个要素。我们知道，在陈述某个事件时，出于语言的经济适用原则，并不需要将事件中的每个要素都一一陈述出来，而是可以用核心动词来指陈事件。一般来说，在“V得”致使构式中，使因事件可用致使力的核心动词（即第一谓词V）来指陈；使果事件可由致使结果的核心动词（即第二谓词RVP）来指陈。那么，V与RVP之间的距离，就是使因事件和使果事件之间的距离。按照“距离象似性原则”，V与RVP的距离越近，使因事件和使果事件的结合就越紧密，相互影响力就越大，致使情景的致使度就越高。反之，V与RVP的距离越远，使因事件和使果事件的结合就越不紧密，相互影响力就越小，致使情景的致使度就越低。

我们用“V得”致使构式与动结致使构式来作对比，举例来说：

（528）你吓得他跑

（529）你吓跑他

以上两例都是表示同一致使情景，即“你吓他，致使他跑了”。在前一例中，使因事件“吓”与使果事件“跑”之间用“得”隔开，使因事件和使果事

① 沈家煊．句法的象似性问题［J］．外语教学与研究，1993（1）．

件之间距离较远，结合不够紧密，所以致使度等级不高。后一例中，使因事件“吓”与使果事件“跑”相邻，结合紧密，所以致使度等级高。Hansell曾明确指出，“汉语动结式表达的是最直接的致使关系”[①]，他所依据的是直接性/间接性这对语义参数。郭锐、叶向阳也指出，“汉语动结式表达的是直接致使”[②]，他们也是参考了使因事件和结果事件的时间距离和概念距离。

下面，我们再来考察“V得”致使构式甲、乙、丙三类子构式在这方面的差异。甲式中有一类特殊构例，它们可以直接转换为动结构式。如：

（530）我慌忙交小博士叫他儿子来，早是救得他活，若是有些山高水低，倒用吃他一场官事。（《三遂平妖传》九回，p63）

（531）似堂尊到任之后，这等殷勤，喂得马肥，只落得道声“好”字，如稍有些尪羸，还要见责；再十分伤损，还要罚赎问罪。（《西游记》四回，p26）

（532）三藏闻言，满心欢喜道：“你虽有此善心，又蒙菩萨教诲，愿入沙门，只是我又没斧凿，如何救得你出？”（《西游记》十四回，p96）

（533）大仙道：“你若有此神通，医得树活，我与你八拜为交，结为兄弟。”（《西游记》第二十六回，p188）

（534）若打交昏晕好了，或者打得他这把刀落，喻提控趁势把老爷抢进后堂，咱们这里短刀石块一齐上，怕不拿倒他，只是列位兄弟都要放乖觉些。（《型世言》二十二回，p306）

以上“V得”致使构式都可以直接转换为动结致使构式：

（535）救得他活→救活他

（536）喂得马肥→喂肥马

（537）救得你出→救出你

（538）医得树活→医活树

（539）打得他这把刀落→打落他这把刀

上文已述，动结致使构式比一般“V得”致使构式的致使度要高，而甲式中的这类特殊构式可以直接转换为动结致使构式，说明其致使度至少要比其他

---

① HANSELL M. Serial Verbs and Complement Constructions in Mandarin: A Clause Linkage Analysis [M] //ROBERT D. Advances in Role and Reference Grammar. Amsterdam: John Benjamins Publishing Company, 1993.

② 郭锐，叶向阳．致使表达的类型学和汉语的致使表达［C］．新加坡国立大学：第一届肯特岗国际汉语语言学圆桌会议论文集，2001.

甲式构例高。同时，我们通过检索发现，这类特殊构例，在现代汉语中消失了，取而代之的是相应的动结致使构式或“把”字致使构式。而在乙式和丙式中，没有这种可以转换成动结致使构式的构例存在。那么我们可以认为，这类甲式所表达的致使比乙式和丙式要更直接。另外，前文已述，甲式在语义上侧重简明扼要地陈述事实，对致使结果高度概括，语言最为凝练；乙式在语言上凝练度不及甲式，语义侧重在描写，可有比较多的主观描述；丙式在语义上侧重于大量主观性描写。一般来说，客观性越强的致使义，致使度越高。所以我们可以说，在某种程度上，甲式的致使度比乙式和丙式要高。

5.5 小　　结

本章在构式语法的语言层级观下，对构式内部的互动关系，即“V 得”致使构式与其构件之间的互动，以及各构件之间的互动进行了考察。通过考察，我们知道，“V 得”致使构式各构件之间存在互动关系，构件与构式之间也存在互动关系，主要包括以下几个方面：一是 S 与构式的互动：无生性 Sn 中的一类会改变致使者与被致使者的施受关系，形成“施受颠倒”类特殊子构式。二是谓词 V 与构式的互动：主要包括谓词参与者角色与致使情景参与者角色的融合，以及构式与谓词之间的压制作用等。三是 RVP 与构式的互动：按照 RVP 的形式可以将“V 得”致使构式分为甲、乙、丙三式，由于 RVP 的形式不同，三式的语用特点与致使度强弱都有所区别。在语用方面，甲式多用于事件的简单陈述，乙式多用于描写和形容较为复杂和生活化的场景，而丙式多用于描写激烈的打斗、激烈的心理变化、故事发生现场等，多出现于白话文小说、散文、纪实文学中。在致使度高低方面，甲式的致使度比乙式和丙式要高。

关于构式外部的互动，即“V 得”致使构式与其他构式之间的承继与链接关系，以及致使构式网络的研究，将在下一章展开。

第6章
明清汉语“V得”致使构式外部的网络互动

陆俭明曾提出，“构式语法研究的目标之一是构建一个构式的网状系统，这是以往研究常常忽视但最应得到重视的方向”[①]。Lotte Sommerer 和 Elena Smirnova 也提出：构式模型最吸引人也最具有挑战性的特征之一就是它可用于表示语言知识组织的网络设计（the network design）。[②]

本书第3、4章对明清“V得”致使构式的使用面貌进行了描写，还对该构式各构件的特点以及构式的语义句法特征进行了考察，这是对“V得”致使构式“点”的分析；第5章对明清“V得”致使构式内部的层级互动现象进行了考察，这是对“V得”致使构式“线”的贯通。本章，我们将对明清汉语“V得”致使构式的研究提升到“面”上，在构式语法理论的基础上，研究与“V得”致使构式中相关的网络链接及承继关系，并尝试构建明清汉语致使构式网络，同时研究“V得”致使构式在汉语致使构式网络中的地位和作用，以期形成关于“V得”致使构式在网络中贯穿“点”“线”“面”“体”的立体综合研究。

---

① 陆俭明．构式与意象图式［J］．北京大学学报（哲学社会科学版），2009（5）．

② SOMMERER L，SMIRNOVA E. Nodes and Networks in Diachronic Construction Grammar［M］．Amsterdam：John Benjamins Publishing，2020．

6.1 构式网络及构式链接

6.1.1 构式网络

构式语法认为语言是一个网络，每个构式是网络中的一个节点。而反过来，节点与节点在一起互相联接，成为组成这个网络的基石。

在语言学中，“网络”这个概念是一种隐喻用法，用以比喻各种语言现象之间互相构成的联系以及形成的类似于网络的关系。许多认知语言学家都屡屡提及语言的“网络模式”。如Hudson提出网络假设（network postulate），“语言是一个概念网络”[1]。在其2007年出版的专门论述语言网络的著作*Language Networks*中，Hudson又提出，“语言是认知的，因而是概念的，且因其是互相联系的实体系统而成为网络”[2]。Goldberg指出，“语言知识的全部都被一个构式的网络所捕捉”[3]。Croft指出构式语法的两个基本原则，一是复杂结构和语义的配对，二是“这些配对在网络中的联系”。[4] Diessel指出，语言是一个“动态的构式网络”[5]。Barðdal和Gildea提出，“所有构式都是由分类的亚系网络和构式家族（taxonomic and meronymic networks of constructional families）构成的”[6]。

在认知语言学领域，构建网络的目的不只是描写一部分语言，而是描写整个语言建筑体系。Hudson曾指出，“语言的任何元素都可以通过节点和节点之间的链接得到形式上的描写。相比于更传统的将语言视为语法加词典的观念而

---

① HUDSON R A. Word Grammar [M]. Oxford：Blackwell，1984.

② HUDSON R A. Language Networks：The New Word Grammar [M]. Oxford：Oxford University Press，2007.

③ GOLDBERG A E. Constructions：A New Theoretical Approach to Language [J]. Trends in Cognitive Science，2003，7：219-224.

④ CROFT W. Radical Construction Grammar：Syntactic Theory in Typological Perspective [M]. Oxford：Oxford University Press，2001.

⑤ DIESSEL H. The Grammar Network：How Linguistic Structure is Shaped by Language Use [M]. New York：Cambridge University Press，2019.

⑥ BARÐDAL J，GILDEA S. Diachronic Construction Grammar：Epistemological Context，Basic Assumptions and Historical Implications [M] //BARÐDAL J，SMIRNOVA E，SOMMERER L，et al. Diachronic Construction Grammar Amsterdam：John Benjamins，2015：23.

言，语言整体上是一个网络”[①]。Langacker将他的认知语法模式描绘成一个构式网络，他认为，“我们将一种语言描绘成常规化语言单位的结构化储存，该结构将语言单位组成网络和集合”[②]。图6.1是Langacker描述的认知网络。

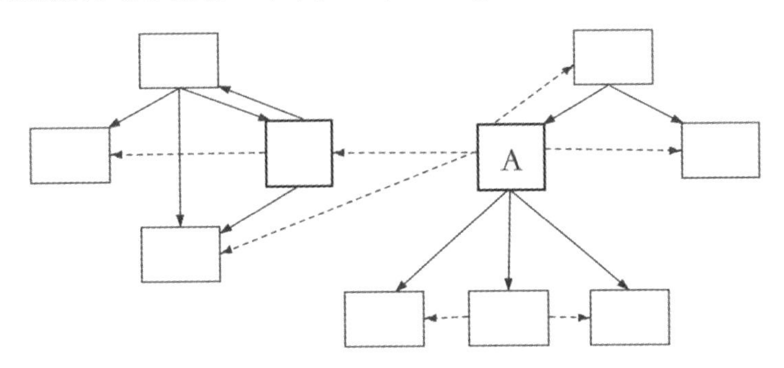

图6.1 Langacker的构式网络[③]

要了解构式网络的特点，就有必要知道构式语法里的一个术语：“图示”。按照构式语法理论，语言知识是一个结构化的构式网络。Hoffman指出，“这个网络用分类层级关系（taxonomic hierarchy）表征”[④]，同时他认为，位于层级最底层的是具体构式或微观构式（micro-constructions），位于中间层级的是次图式性构式或中观构式（meso-constructions），是对具体构式的概括；位于最高层级的是图式性构式或宏观构式（macro-constructions），是对次图式性构式的进一步概括。Traugott和Trousdale曾总结并指出，“一个图示就是范畴的一个分类总览”[⑤]。对于任何一个具有等级系统的构式而言，最高层级的描述都是一个图示。换句话说，语言图示是抽象的、语义构成的构式群体，一般通过子图式来具体说明，或者通过在更低层级上的微观构式，即抽象构式的具体类型成员来说明。举例来说，在情态子图示中，may是情态子图示的一个微观构式，而情态是助动词图示的子图示。

---

① HUDSON R A. Language Networks: The New Word Grammar [M]. Oxford: Oxford University Press, 2007.

② LANGACKER R W. Cognitive Grammar: A Basic Introduction [M]. Oxford: Oxford University Press, 2008.

③ LANGACKER R W. Cognitive Grammar: A Basic Introduction [M]. Oxford: Oxford University Press, 2008.

④ HOFFMAN T. Construction Grammar [M] //DANCYGIER B. The Cambridge Handbook of Cognitive Linguistics. Cambridge: Cambridge University Press, 2017.

⑤ TRAUGOTT E C, TROUSDALE G. Constructionalization and Constructional Changes [M]. Oxford: Oxford University Press, 2013.

同时，图示抽象于微观构式，其音韵是无法明确的，而微观构式可能是实体性的，且有明确的音韵结构。以英语数量词构式为例，用图 6.2 表示等级关系梯度。

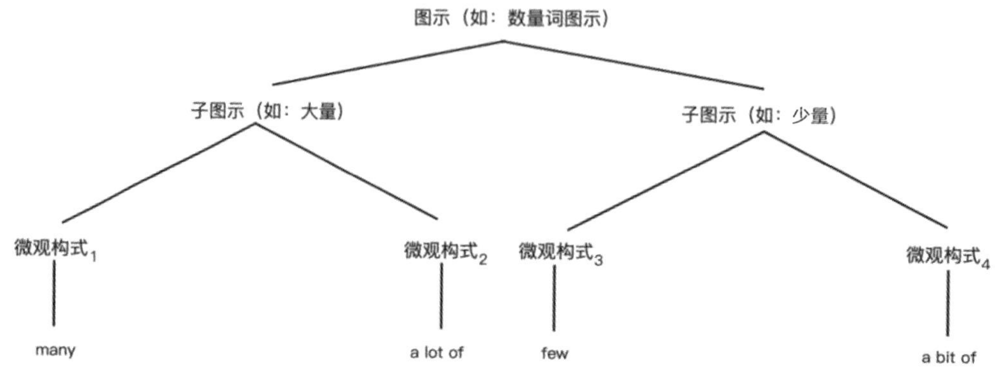

图 6.2　构式间等级关系梯度①

在图 6.2 中，该构式的最高层级包括了所有的数量词类型，在子图示的中间层级，对大小和中间量进行区分，而在最低层级的是各种微观构式类型，即“构例”。了解什么是“图示”之后，我们再回到图 6.1 的构式网络图。图 6.1 的描述并不能完全表达多维度网络概念。Traugott 和 Trousdale 指出，图 6.1 的中一些节点代表图示，另一些节点代表子图示，其他的代表微观构式类型，“作为子图示成员的微观构式之间也存在链接”②。同时，在图 6.1 中，每个节点可以代表某一抽象层级的一个构式。也就是说，每个节点都有形式和语义内容，任何节点的链接都可能是多向的，存在于语义、语用、语篇、功能、句法、形态和音韵之间。每个节点以多种方法跟网络中的其他节点相链接，这种现象就涉及构式链接与承继理论。

6.1.2　构式链接

构式语法秉持语言是一个网络的观念，在网络中的每个图示之间，以及图示与图示的节点之间都存在相互联系，称为链接。Traugott 和 Trousdale 指出，

① TRAUGOTT E C，TROUSDALE G. Constructionalization and Constructional Changes [M]. Oxford：Oxford University Press，2013.

② TRAUGOTT E C，TROUSDALE G. Constructionalization and Constructional Changes [M]. Oxford：Oxford University Press，2013.

“承继[①]链接是各版构式语法所讨论的构式网络的核心”[②]。关于承继链接，Goldberg（1995）曾在论述其构式语法模式时提到，“构式形成一个网络，并由引发特定构式特征的承继关系链接起来，如果构式 C2 承继构式 C1 的特征，那么 C1 统制 C2 同时也是 C2 成立的理据”[③]。Goldberg 所说的两个构式的承继关系可以表述为图 6.3。

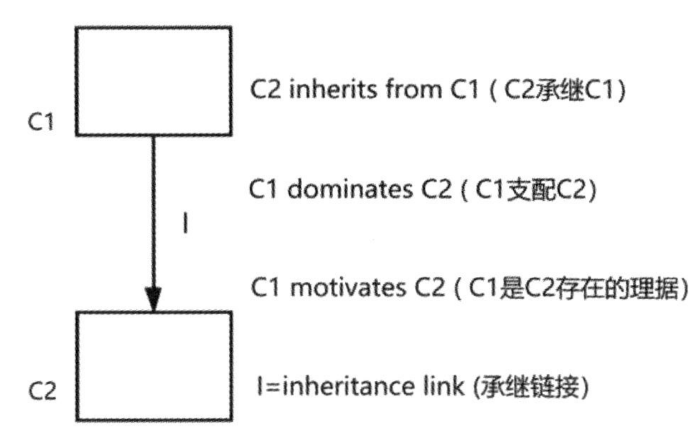

图 6.3　构式间的承继关系

构式语法中的承继是有理据性的。Lakoff（1987）指出，“一个构式具有理据性，指的是该构式的结构承继了语言中其他构式的结构”[④]。比如，构式甲和构式乙在句法与功能上存在互相关联，且它们之间存在非对称承继链接，如果在语言实际中我们能证明构式甲承继构式乙的某些特征，那么我们可以说，构式乙是构式甲存在的理据。因此可以说，理据是构式之间存在承继链接的客观依据。

Goldberg（1995）将构式间的链接分为四种类型：多义链接（polysemy）、实例链接（instance）、隐喻扩展链接（metaphorical extension）、子部链接（subpart）。[⑤] 下面分别一一介绍。

---

① 关于术语“承继”，来自英文单词 inheritance。大部分学者将其译为“承继”，也有的学者译为“继承”。为了凸显语言学特点，与其他学科术语区别开，本书采用“承继”一词的译法。

② TRAUGOTT E C，TROUSDALE G. Constructionalization and Constructional Changes [M]. Oxford：Oxford University Press，2013.

③ GOLDBERG A E. A Construction Grammar Approach to Argument Structure [M]. Chicago：University of Chicago Press，1995.

④ LAKOFF G. Women，Fire，and Dangerous Things：What Categories Reveal about the Mind [M]. Chicago：University of Chicago Press，1987.

⑤ GOLDBERG A E. A Construction Grammar Approach to Argument Structure [M]. Chicago：University of Chicago Press，1995.

多义链接（polysemy）指的是一个构式的原型语义和扩展语义之间的语义链接。构式语法认为，构式具有多义性，每一个扩展义都通过特定类型的多义链接与中心意义保持关联。Traugott 和 Trousdale 指出，多义链接常出现在子图示层次，而非单个微观构式层次。

实例链接（instance）是指一个特定构式是另一个构式的“实例”。实例链接的特征是：有且仅当其中一个构式是另一构式较完整的表述时该链接才成立。例如“撞破”是动结构式的一个实例，又如“打得＋RS＋RVP”是“V得”致使构式的一个实例。

隐喻扩展链接（metaphorical extension）包含一个特定的隐喻投射。例如，状态变化可以被理解为处所转换的一种隐喻扩展，如以下两个构式：*Lisa sent him home* 是结果补语构式，*Lisa sent him wild* 是致使—移动构式。前者便是后者的隐喻扩展。

子部链接（subpart）的含义是，当两个构式独立存在，且一个构式是另一个构式固有的子部分时，它们之间的链接便是子部链接。如本书后面会论述的，“V得”致使构式是“把”字致使构式的一个合理子部，这两个构式之间便是子部链接的关系。

承继链接还有一个重要概念：“多重承继”。Goldberg 指出，一个构式网络承继链接的重要特点就是一个表达通常承继于多个构式，这叫作“多重承继”（multiple inheritance）[1]。Hudson 曾列举了一个小型概念网络例子，见图 6.4。

图 6.4 中三角形基底表示上位范畴，其定点表示下位范畴，线条表示概念的链接，即表示一个具体语例和抽象范畴之间的联系（实线表示关系强，虚线表示关系弱）。在这里，“钢琴”体现了概念的多重承继，即它的某些特征同“家具”（家具摆设）有关，某些特点又属于“乐器”这一范畴。关于此，Lotte Sommerer 和 Elena Smirnova 曾提到：低层次的构式继承高层次构式的特征，这些关系被称为“网络垂直维度上的链接（connections in the vertical dimension of the network）”[3]。

本书所研究的汉语“V得”致使构式，其构式内部、构式外部（与其他构式之间）都存在着承继链接的现象。下面我们分别讨论“V得”致使构式的几种承继链接问题，同时尝试构建“V得”致使构式的构式网络，并尝试对该构式在整个致使构式网络中的位置及影响作用进行粗浅探讨。

---

① GOLDBERG A E. Constructions：A New Theoretical Approach to Language［J］. Trends in Cognitive Science，2003.

② HUDSON R A. Language Networks：The New Word Grammar［M］. Oxford：Oxford University Press，2007.

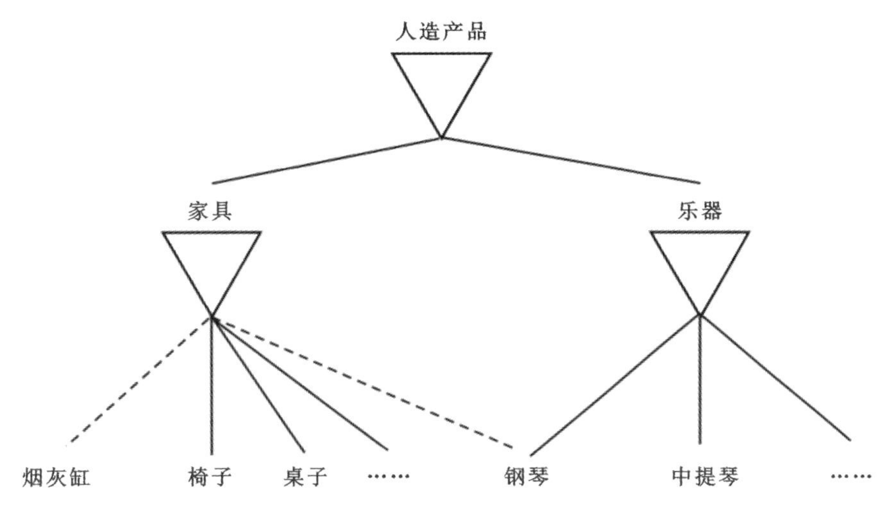

图6.4　Hudson的小型概念网络[①]

6.2　明清汉语“V得”致使构式的承继链接

Lotte Sommerer和Elena Smirnova（2020）在其新书*Nodes and Networks in Diachronic Construction Grammar*中提到：

> *Lower level constructions inherit features from higher level constructions; these relations are modeled as connections in the vertical dimension of the network. Additionally, horizontal links between constructions exist.*[②]

在这里，他们将构式的承继链接分为垂直的（vertical）和水平的（horizontal）两个维度。垂直维度的承继是低层构式承继于高层构式的特征，水平维度的承继是某个构式承继于处于同一平面的其他构式的特征。受此启发，本小节也将从两个方面探讨明清汉语“V得”致使构式的承继链接，分别是构式内部垂直维度的低层构式与高层构式的承继链接，以及构式外部水平维度的与其他构式的承继链接。

---

① SOMMERER L，SMIRNOVA E. Nodes and Networks in Diachronic Construction Grammar［M］. Amsterdam：John Benjamins Publishing，2020：2.

② SOMMERER L，SMIRNOVA E. Nodes and Networks in Diachronic Construction Grammar［M］. Amsterdam：John Benjamins Publishing，2020：2.

6.2.1 构式内部的承继链接

在明清汉语“V得”致使构式内部存在的链接或承继关系包括实例链接、隐喻扩展链接等。

6.2.1.1 实例链接

实例链接是指一个特定构式是另一个构式的“实例”。在明清汉语“V得”致使构式中，我们可以说某一个特定的构例就是某一类子构式的“实例”。如：

(540) 老祖宗说的我们太不堪了。(《红楼梦》七十六回，p675)

(541) 那棹子从空便起，吓得妈妈呆了。(《三遂平妖传》三回，p18)

以上两例，“老祖宗说的我们太不堪了”是涉名致事类“V得”致使构式的一个实例，“那棹子从空便起，吓得妈妈呆了”是涉事致事类“V得”致使构式的一个实例。又如：

(542) 这一阵痛得奴魂飞魄散，浑身上汗如潮湿透衣衫。(《跻春台·仙人掌》，p91)

(543) 唬得那三藏按住了经包，沙僧压住了经担，八戒牵住了白马，行者却双手轮起铁棒，左右护持。(《西游记》九十九回，p766)

以上两例，第一例是“主事居后”类“V得”致使子构式的一个实例，第二例是多结果“V得”致使子构式的一个实例。

6.2.1.2 隐喻扩展链接

隐喻扩展链接包含一个特定的隐喻投射。我们知道，构式是语言的基本单位，构式的组成成分即构件自身也可以被看成是构式，所以在构式内部，构件与构式之间也存在链接。明清汉语“V得”致使构式表示致使者的构件S可以是体词性成分，也可以是谓词性成分，即可以是由使因事件谓词的任一参与者充当，如V的施事、受事、工具等，甚至可以是使因事件本身直接表征。我们以明清汉语的语料为例：

(544) 猛然一阵狼虫过，吓得人心趷蹬蹬惊。(《西游记》二十回，p145)

在这一例中，表示的致使情景是“一阵狼虫经过，吓到了人们，使得人心跄蹬蹬惊”。同样的致使情景，我们采用“V 得”致使构式，有以下两种表示方法：

（545）狼虫吓得人心跄蹬蹬惊。

（546）一阵狼虫过，吓得人心跄蹬蹬惊。

前文已述，“V 得”致使构式的原型致使者，是那些有生命的致使者。只有生命度等级高的人或动物才能对致使力具有控制作用，发出致使力，进而对被致使者产生影响，导致致使结果的产生。如以上两例中的第一例，“狼虫”是生命度等级较高的动物。第二例中，“一阵狼虫过”是一个小句，表征一个事件，本身是无生命的，对致使力没有控制能力，但是“一阵狼虫过”从“狼虫”隐喻而来，通过隐喻扩展承继了“狼虫”处在 S 位置上拥有的句法语义特征，便可以表达出致使者对致使力的操控作用。

上例是从无生命范畴到有生命范畴的隐喻，在明清“V 得”致使构式中，还存在从物体到器皿的隐喻。如：

（547）这等小盏子如何吃得贫僧快活。（《三遂平妖传》十一回）

此例出自《三遂平妖传》第十一回，讲的是善王太尉一日在城中游玩回府途中，遇到了一名和尚，由于太尉向来敬重佛法，便命厨师办斋，用上等食馔等物款待和尚。太尉家用来装食物的尽是御赐金盏、金盘。和尚嫌弃盏子太小，吃得不快活，便说出这一句话。为了便于分析，我们去掉该句其他成分，只保留表达致使情景的核心成分，还原致使情况，便是“贫僧吃这一小盏子食物，使得贫僧不快活”，其中“小盏子”是盛食物的容器。同样的致使情景我们采用“V 得”致使构式，有以下两种表示方法：

（548）小盏子吃得贫僧不快活。

（549）小盏子里装的食物吃得贫僧不快活。

在这个致使情景中，“（小盏子里的）食物”是这个构式的致使者的原型意义，“贫僧吃食物”是使因事件的原型事件。但是原文通过隐喻扩展的作用，致使者从“（小盏子里的）食物”隐喻到“小盏子”这个器具身上，用器皿来隐喻器皿中盛放的食物。于是，使因事件便从“吃食物”隐喻到“吃小盏子”。这种现象是从物体隐喻到器具，也是一种构式的隐喻扩展链接。

6.2.2　与其他构式之间的承继链接

汉语中表达致使含义的构式有多种，比如动结致使构式、“把”字致使构式、使令致使构式、“V 得”致使构式等，它们在一起构成致使构式群。考察构式与其他构式之间的链接与承继关系有助于我们更清楚全面地认识“V 得”

致使构式的特征。本小节我们首先对汉语致使构式群进行梳理，再在致使构式群范围内考察明清汉语“V得”致使构式与其他致使构式之间的链接关系。

6.2.2.1 汉语致使构式群

认知语言学认为，语言是人类对现实事件进行“互动体验”和“认知加工”的结果，对于同一语义，有时可以采用多种构式满足其表达需求。“致使”是人类日常生活的基本范畴，汉语中有多种构式可以表达致使情景，如使令致使构式、“把”字致使构式、动结致使构式、“V得”致使构式等。在形式上，这些构式各不相同；在语义上，这些构式都表示致使，但互相之间又有细微差异，它们在一起共同构成汉语致使构式群。

汉语有哪些结构可以表达致使，学界看法不一。有的根据含致使义的动词种类来对致使结构进行区分，有的从句式种类进行分类，有的从是否带有明显致使标记的角度进行分类，等等，在此不一一列举。本书将现有的各种分类方法进行统计，如表6.1所示。

表6.1 学界对汉语致使结构的部分分类情况

作者	对汉语致使结构的分类
程琪龙[①]	致使词具有致使义：“使”字句，如“下雨使他焦躁”“看病叫他痛苦”； 致使词兼有致使义和词汇意义：使令句，如“他逼孩子吃海参”； 需要其他成分和形式来协助表达致使义：结果动词句、“得”字致使句等
邢欣[②]	兼语句、复句句型、形容词或不及物动词带宾语句、特殊补语句、动词短语作宾语句
范晓[③]	显性致使句：“使”字句、“V使”句、“使动”句、“把”字句； 隐形致使句：“V得”句、“使令”句、“使成”句

① 程琪龙．系统功能语法导论［M］．汕头：汕头大学出版社，1994.

② 邢欣．致使动词的配价［M］//沈阳，郑定欧．现代汉语配价语法研究．北京：北京大学出版社，1995.

③ 范晓．论致使结构［M］//中国语文杂志社．语法研究与探索（十）．北京：商务印书馆，2000.

续表

作者	对汉语致使结构的分类
郭锐、叶向阳[①]	使令句、使字句、同根异形式、同形式、间隔述补式、隐含型、结果述宾式、隔宾述结式、粘合述结式、致使宾语式
沈阳、何元建、顾阳[②]	使动结构、词的使动用法、有使动用法的“V 得”结构
牛顺心[③]	使令式、致动式、隔开式（“V 得”式）、形态型、使动式、复合式
郭姝慧[④]	结果谓词致使句、“得”字致使句、“使”字致使句、倒置致使句
熊仲儒[⑤]	“使”字句、“让”字句、“把”字句、动结式、重动句、双宾句、与格变体等
宛新政[⑥]	使字句、“V 得”致使句、使令句、致使性“把”字句、使成句等
周红[⑦]	“使”字句、“V 得”式、兼语句、“把”字句、重动句、“被”字句、动结句
李宗宏[⑧]	使因凸显类致使构式、典型致使构式
张豫峰[⑨]	有标记的致使句：“使”字句、表致使的“V 得”句、表致使的“把”字句； 无标记的致使句：使成句、使动句； 特殊的致使句：“化”尾动词构成的致使句、动宾式离合词构成的致使句

---

① 郭锐，叶向阳．致使表达的类型学和汉语的致使表达［C］//新加坡国立大学：第一届肯特岗国际汉语语言学圆桌会议论文集，2001.

② 沈阳，何元建，顾阳．生成语法理论与汉语语法研究［M］．哈尔滨：黑龙江教育出版社，2001.

③ 牛顺心．汉语中致使范畴的结构类型研究［D］．上海：上海师范大学，2004.

④ 郭姝慧．现代汉语致使句式研究［D］．北京：北京语言大学，2004.

⑤ 熊仲儒．现代汉语中的致使句式［M］．合肥：安徽大学出版社，2004.

⑥ 宛新政．现代汉语致使句研究［D］．上海：复旦大学，2004.

⑦ 周红．现代汉语致使范畴研究［D］．哈尔滨：东北师范大学，2004.

⑧ 李宗宏．现代汉语使因突显类致使构式研究［D］．上海：华东师范大学，2013.

⑨ 张豫峰．现代汉语致使态研究［M］．上海：复旦大学出版社，2014.

根据表6.1，结合石镘、刘念的分析可知，“目前学界公认的汉语致使结构包括：使令句、使成句、使动句、表致使的‘V得’句和表致使的‘把’字句”[①]。本书将明清汉语致使构式群的主要成员先定位为以下几类：使动致使构式、动结致使构式（即“使成式”）、使令致使构式、“把”字致使构式、“V得”致使构式。此处需要强调的是，汉语致使构式群的成员并非只包括以上几类构式，只是囿于篇幅和时间，本书在构建致使构式群时，暂时只将这几类典型构式纳入构式群进行考察和研究，其他未涉及的致使构式种类在日后的研究中还会继续补充和完善。

以下将分别对上述明清汉语致使构式群中除“V得”致使构式之外的四类致使构式的句法特征和语义特点进行考察。

1）使动致使构式

使动致使构式的形式是［$S+V_{使}+O$］，由致使义动词或形容词带上宾语作谓语，表达致使意义。其中S是致使者，$V_{使}$是致使力和致使结果的融合，O是被致使者。石镘、刘念认为，“这个构式的结构源自上古汉语动词的使动用法，此用法在上古时期就已形成，后随着语言的发言，使动用法逐渐衰落，到明清时期使用频率已经很低了”[②]。以本书检索的明清汉语作品为例：

（550）来安说了，贲四于是低着头。（《金瓶梅词话》五十八回，p721）

（551）大小姐红了脸，便往房里躲。（《型世言》一回，p14）

以上两例中，使动致使构式分别是“贲四低着头”和“大小姐红了脸”。其中“贲四低着头”的意思是“贲四使头低着”；“大小姐红了脸”的意思是“大小姐使脸红了”。“低”是致使动词，“红”是形容词，这两个谓词本身均带有使动含义。从构件角度分析，两个构例都包含的几个构件分别是：表示致事（致使者）的“贲四”“大小姐”，表示被致使者的“头”“脸”，而“低着”“红了”这两个构件是致使力与致使结果的融合。

一般来说，使动致使构式的致使者是体词性成分，其生命度等级较高，对被致使者有极强的操控性、致使性、自主性和意志性，如以上两例的“贲四”“大小姐”都是生命度等级最高的人。该构式的谓词一般都是带致使义的动词或形容词。

① 石镘，刘念．类型学视角下的明代致使结构研究［J］．中文论坛，2019（1）．

② 石镘，刘念．类型学视角下的明代致使结构研究［J］．中文论坛，2019（1）．

据石锓、刘念的考察和统计，“明清汉语中只有少数表致使义的动词和形容词能进入使动致使构式，如：‘合’‘闭’‘出’‘破’‘伤’‘正’‘低’‘红’等”①。

2）动结致使构式

汉语动结式分为非因果类、因果类两大类，其中非因果类包括评述类（如“转遍海角天涯”）、自变类（如“他睡倒了”）两类，而因果类（如“烘干衣裳”）表示致使含义，本书将其称为“动结致使构式”。

动结致使构式由两个谓词连用并带上宾语组成，两个谓词之间的语法关系是动补关系，其中补语 VR 表示 V 产生的结果，整个构式带致使意义。本书将该构式的典型形式记为［S+V+VR+O］。S 是致使者，构件 V+VR 是动补结构，V 表示致使原因，VR 作为 V 的补语表示致使结果，O 是被致使者。以本书检索的明清汉语作品为例：

（552）一句话没说完，只见公子饮干了那杯酒。（《儿女英雄传》三十回，p593）

（553）妇人……扯碎了文书，方才了事。（《型世言》一回，p14）

（554）贼忘八，你打死了咱人，还来寻甚么？（《型世言》一回，p14）

以上例句都包含一个动结致使构式，分别是“公子饮干了那杯酒”“妇人扯碎了文书”“你打死了咱人”。每例都包含两个事件：致使原因事件分别是“公子饮那杯酒”“妇人扯文书”“你打咱人”，致使结果事件分别是“那杯酒干了”“文书碎了”“咱人死了”。三个构例的致使关系是“公子饮那杯酒使那杯酒干了”“妇人扯文书使文书碎了”“你打咱人使咱人死了”。从构件角度分析，以上三例中，“公子”“妇人”“你”代表致使者 S，“饮”“扯”“打”是表示致使力的 V，“干”“碎了”“死了”是表示致使结果的 VR，“那杯酒”“文书”“咱人”是表示被致使者的 O。

一般来说，明清汉语动结致使构式的 S 致使者大多是体词性成分，如：

（555）听得蒋日休医好了熊汉江的女儿。（《型世言》三十八回，p537）

明清汉语动结致使构式的典型形式为［S+V+VR+O］，各构件之间的顺序是：致使者+致使力+致使结果+被致使者。但也有一些非典型的构例，被致

① 石锓，刘念．类型学视角下的明代致使结构研究［J］．中文论坛，2019（1）．

使者的位置有多种情况，有的可以前移至S的位置，有的可以省略，以《金瓶梅》为例：

(556) 角儿蒸熟了，拿来我看。(《金瓶梅词话》八回，p80)

(557) 你做差了！你抱怨那个？(《金瓶梅词话》十八回，p203)

从形式上看，被致使者O的位置可以有几种情况。如以上两例，第一例的被致使者“角儿”被前移到句首做话题，表达“你蒸熟了角儿”的意思；第二例依据常识推断，被致使者是被省略掉的“事”，表达“你做差事了”的意思。

朱德熙指出，“能够充当结果补语的动词为数不多”。[①] 也就是说，在动结致使构式中，能进入VR槽位表致使结果的成分并不多，这类成员的共同特点是都没有及物性。据石锓、刘念统计，“明清时期，能够填充动结致使构式VR槽位的谓词主要有一些不及物动词和少量形容词。不及物动词如‘呆、住、倒、破、折、醉、坏、碎、开、出、瞎、伤、活、满、断、醒、翻、觉、化、塌、滚、乱、怒、尽、掉、哑、散、怕、肿、疯、落、穿’等，少量形容词如‘多、红、绿、正、熟、烂、冷、软、净、热、香、紧、白、好、干、脏、齐、急、迟’等”。[②]

3）使令致使构式

使令致使构式是指由带致使义的词汇构成的表致使意义的构式，这类致使义词汇主要包括“使、令、让、叫、嘱咐、吩咐”等。本书将其形式记作[S+致使词+O+V]，S是致使者，“使、令、教、叫、让”等是致使词，O是被致使者，V是致使结果。明清时期的使令致使构式比较丰富，如：

(558) 周司业双手扶起，让他坐下，开口就问……(《儒林外史》七回，p76)

(559) 月娘令小玉安放了钟箸。(《金瓶梅词话》二十一回，P242)

(560) 满屋中之物都是耀眼争光，使人头晕目眩，刘老老此时点头咂嘴念佛而已。(《红楼梦》六回，p48)

(561) 如今老先生与他是甥舅，不若带他回去，使他父子相逢。(《型世言》三十八回，p168)

以上四句，每句都包含使令致使构式，分别是“周司业让他坐下”“月娘令小玉安放了钟箸”“屋中之物使人头晕目眩”“老先生使他父子相逢”。每个致使

---

① 朱德熙．语法讲义[M]．北京：商务印书馆，1982．

② 石锓，刘念．类型学视角下的明代致使结构研究[J]．中文论坛，2019(1)．

构例都包含两个事件：致使原因事件分别是“周司业双手扶起”“月娘令小玉”“屋中之物耀眼争光”“老先生（带他回去）”，致使结果事件分别是“他坐下”“小玉安放了钟箸”“人头晕目眩”“他父子相逢”。四个构例的致使关系是“周司业双手扶起使他坐下”“月娘令小玉致使小玉安放了钟箸”“屋中之物使人头晕目眩”“老先生（带他回去）致使他父子相逢”。从构式的构件角度分析，以上四例中，表示致使者的S分别是“周司业”“月娘”“屋中之物”“老先生”，表示致使力的致使词分别是“让”“令”“使”“使”，被致使者分别是“他”“小玉”“人”“他父子”，致使结果分别是“坐下”“头晕目眩”“放了钟箸”“相逢”。结构顺序是：致使者＋致使力＋被致使者＋致使结果。

需要说明的是，“使令式”并不是构式层级里的最下位构式，它的下面还可以分出几类子构式分支。与之对应的，学界对致使结构中的“使令式”的分类方式也有多种。如李临定将使令式分为“单纯使令义形式”与“多义使令义形式”，其中前者包括由“让”等动词参与构成的表致使的兼语结构，后者包括“逼、鼓励、请求”等动词参与构成的表致使的兼语结构。① 宛新政将使令式分为“使”字句与使令句，前者包括由“使、让、令、叫、使得、致使”等词语参与表致使义的句子，后者包括由“逼、教、派、求”等词语参与表致使义的句子。② 牛顺心认为此类致使结构可以分为使令式与致动式两类，前者包括由命令、指示、要求和允许等具体词汇意义的使令动词构成的致使结构，后者包括由“使、令、让、叫”等词汇意义虚化的致使词构成的致使结构。③ 我们综合以上几种观点，同时为了区别本书命名，将宛新政所说带致使词“使、让、令、叫、使得、致使”的致使构式（即牛顺心所定义的“致动式”）称为“单纯使令致使构式”，将“逼、教、派、求”等词语参与的致使构式（即牛顺心所定义的“使令式”）称为“多义使令致使构式”，在本书中，二者同时归属于使令致使构式。

明清汉语使令致使构式的致使者S结构复杂，有体词性成分，如以上四例；也有谓词性结构，如：

(562) 儿虽在此，魂已随归郎，活一刻，徒使我一刻似刀刺一般。(《型世言》十回，p151)

(563) 有钱能使鬼推磨。(《金瓶梅词话》五十四回，p667)

(564) 搽的白腻光滑，异香可掬，使西门庆见了爱他。(《金瓶梅词话》二十九回，p339)

---

① 李临定．现代汉语句型［M］．北京：商务印书馆，1986.

② 宛新政．现代汉语致使句研究［D］．上海：复旦大学，2004.

③ 牛顺心．汉语中致使范畴的结构类型研究［D］．上海：上海师范大学，2004.

以上几例，充当致使者的“活一刻”是动补结构，“有钱”是动宾结构，“搽的白腻光滑，异香可掬”是动补结构。它们在致使情景中都充当致事，且都是处于致使者的位置。

明清使令致使构式的致使结果，有的由不及物动词和各类复杂结构充当，主要表状态，动词和各类结构都没有及物性；有的由及物动词充当，表动作行为，有及物性。如：

(565) 思兄在此胡行，不知杀了多少人，使人妻号子哭。(《型世言》二十回，p277)

(566) 如今好了，龙天保佑，使你得还家。(《型世言》三十五回，p496)

以上两例，第一例“妻号子哭”是并列结构，没有及物性；第二例表结果的动词“还”是及物动词，带了宾语“家”，有及物性。

4)“把”字致使构式

“把”字致使构式是指带“把(将)”字表致使意义的构式。[①]“把”字句的使用频率很高，用法也很复杂，明清时期“把(将)”字句有表致使的用法，本书将其形式记作[S+把+O+V]，S是致使者，“把(将)”是致使力，O是被致使者，V是致使结果。明清时期的“把”字致使构式如：

(567) 我只为无极奈何，将你小小年纪与人作媳妇。(《型世言》六回，p80)

(568) 那日(冯二)把棉花不见了两大包。(《金瓶梅词话》六十七回，p852)

以上两句，每句都包含“把”字致使构式，且均包含两个事件：“我无极奈何”“冯二(不小心)”是致使原因事件，“将你小小年纪与人作媳妇”“把棉花不见了两大包”是致使结果事件。致使关系是“我无极奈何使你小小年纪与人作媳妇”“冯二(不小心)使棉花不见了两大包”。从构例的构件角度分析，以上两例，“我”“冯二”是致使者，“将”“把”是致使力，“你”“棉花”是被致使者，“小小年纪与人作媳妇”“不见了两大包”是致使结果，顺序是：致使者+致使力+被致使者+致使结果。

---

① 明清时期，“把”字句有表致使的用法，“将”字句也还保留着表致使的用法。在表致使义的“把”字句和“将”字句中，“把”和“将”字可以互换，所以本书将二者统一考察，记为“把(将)”字致使构式。

“把”字构式有多种类型，并不是每一种都表示致使含义。本书通过检索明清时期语料库中的“把”字句，统计出“把”字构式有如下几类用法：

(569) 打紧又被这瞎眼的亡人在路上打个前失，把我跌了下来，跌的腰胯生疼。(《儒林外史》二回，p16)

(570) 你说出半个字来，我就知之，把你这猢狲剥皮锉骨，将神魂贬在九幽之处，教你万劫不得翻身！(《西游记》二回，p14)

(571) 谁把丈夫性命换钱哩。(《型世言》九回，p132)

(572) 贵人多忘事，把出身之地竟忘了，不记得当年葫芦庙里之事么？(《红楼梦》四回，p28)

(573) 老妈儿怠慢着他些儿，他暗暗把阴沟内堵上个砖。(《金瓶梅词话》十二回，p122)

以上五例分别代表了明清时期“把”字构式的五种用法。第一例的“把”相当于“使”，是致使用法；第二例是“把”字后加了一个受事主语（你这猢狲）；第三例的“把”是“把”的工具格用法，相当于“用”或“拿”；第四例的“把”将动词的受事“出身之地”提到动词“忘”之前；第五例的“把”是“把”的处所格用法，相当于“在”。

怎么区别“把”字致使构式与其他“把”字构式的不同呢？学界的普遍检验标准是用“使”来操作，如黎锦熙、吕叔湘、范晓都曾提过，凡是“把”字句中的“把”字可替换为“使”的，就是致使性“把”字句。吴福祥认为，“把（将）”字句带致使义的根本条件为，“介词‘将/把’后面的名词性成分是述语动词的当事（或施事）而非受事”[①]。

表致使义的“把”字构式，其致使者经常省略，而且一般无法补出。例：

(574) 几次把月娘喜欢的没入脚处。(《金瓶梅词话》九回，p93)

(575) 把一个朱寡妇又羞又恼。(《型世言》六回，p81)

(576) 把月娘、玉楼见了，喜欢的要不得。(《金瓶梅词话》四十一回，p484)

上几例中，第一例中“喜欢的没入脚处”的动作是“月娘”发出的，是“使月娘喜欢的没入脚处”的意思；第二例中“又羞又恼”是“朱寡妇”发出的，是“使朱寡妇又羞又恼”的意思；第三例中“见”的动作是“月娘、玉楼”发出的，是“使月娘、玉楼见了，喜欢的要不得”的意思。但是这几例的致使者是谁，无法补出。

---

① 吴福祥．汉语语义演变研究的回顾与前瞻［J］．古汉语研究，2015（1）．

与现代汉语相比，明清时期“把”字致使构式的致使结果成分只表结果和状态，没有及物性，不强调行为。例：

(577) 不问这方儿还好，若问这方，真真把人琐碎坏了。(《红楼梦》七回，p53)

(578) 娶了个后丈母周氏，不上一年，把丈人死了。(《金瓶梅词话》七十六回，p1043)

(579) 几句话把老婆羞的站又站不住，立又立不住。(《金瓶梅词话》二十三回，p262)

(580) 把那妇人每日门儿倚遍，眼儿望穿。(《金瓶梅词话》八回，p79)

上几例中，“琐碎坏了”是动补结构，“死”是不及物动词，“羞的站又站不住，立又立不住”是动补结构，“门儿倚遍，眼儿望穿”是复句形式，它们都是致使构式的表致使结果的成分，共同的语义是表结果和状态。

以上便是除了“V得”致使构式以外，汉语最常见的几种致使构式。综合而言，人们需要表达致使情景时，便在汉语表达中投射到这一系列表达致使的构式图式中，于是就构成了汉语致使构式群。按照以上的讨论，再加上本节研究对象“V得”致使构式，我们认为明清汉语致使构式群主要成员包括：使动致使构式、使令致使构式、动结致使构式、“把”字致使构式、“V得”致使构式（见图6.5）。

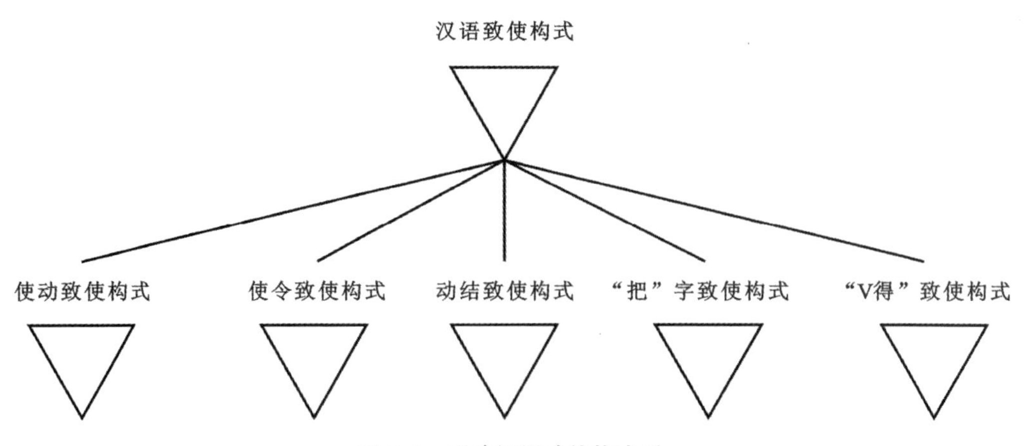

图6.5 明清汉语致使构式群

对汉语致使构式群的梳理，有助于我们厘清明清汉语“V得”致使构式与其他致使构式之间的承继链接，有以下几种情况。

6.2.2.2 子部链接

子部链接（subpart）的含义是，当两个构式独立存在，且一个构式是另一个构式固有的子部分时，它们之间的链接便是子部链接。我们看以下例子：

（581）擂得鼓响，撞得钟鸣。（《西游记》三回，p20）

该例可以转换为“把”字致使构式：

（582）把鼓擂响，把钟撞鸣。

又如：

（583）研得墨浓，蘸得笔饱。（《儿女英雄传》十六回，p280）

该例可以转换为“把”字致使构式：

（584）把墨研浓，把笔蘸饱。

也可以转换为动结致使构式：

（585）研浓墨，蘸饱笔。

“把”字致使构式包含一个有标记的带有致使处置义的“把”字，且其主语具有很强的施动性，所以它对致使结果具有很强的控制能力。“V得”致使构式的致使度等级低于动结致使构式。我们可以认为，三种致使构式的致使度等级从高到低依次是：“把”字致使构式、动结致使构式、“V得”致使构式。

我们再来看几种致使构式之间的承继链接现象。由于“把”字构式中“把”后的槽位能由其他两类致使构式的形式来填充，我们可以认为其他两类致使构式与“把”字构式之间存在着子部链接。以明清汉语语料为例：

（586）人人说你在青翠花家饮酒，气的我把频波脸儿挝的纷纷的碎。（《金瓶梅词话》三十三回，p384）

此例的致使情景是“听说你在青翠花家饮酒，让我生气，使得我把频波脸儿挝的纷纷的碎”，是一个典型的“V得”致使构式，在该构例中，致使结果部分RVP“把频波脸儿挝的纷纷的碎”是一个“把”字结构，我们可以说，在这一例中，“把”字构式与“V得”致使构式存在子部链接的承继关系。再如：

（587）我把你贼，你学了虎刺宾了，外实里虚，气的我李子眼儿珠泪垂。（《金瓶梅词话》三十三回，p384）

我们保留最核心的致使结构，便是：

（588）你气得我李子眼儿珠泪垂。

这是一个典型的“V得”致使构式，致使情景是：“你气我，使得我李子眼儿珠泪垂”。同样或类似的致使情况，如果我们采用“把”字致使构式和动结致使构式表达便是：

(589) 你气得我李子眼儿珠泪垂。(“V得”致使构式)
(590) 你气哭我了。(动结致使构式)
(591) 你把我气得李子眼儿珠泪垂。(“把”字致使构式)
(592) 你把我气哭了。(“把”字致使构式)

以上几例，第一例是“V得”致使构式，第二例是表达与前例类似致使情景的动结致使构式。我们列出其对应的“把”字致使构式便是第三例和第四例。可以看到，第三例中的“把”字致使构式中包含一个“V得”致使结构，第四例中的“把”字致使构式中包含一个动结致使结构。在这几例中，“V得”致使构式、动结致使构式都可以成为“把”字致使构式的一部分，即它们之间存在子部链接的承继方式。

6.2.2.3 多重承继

Goldberg指出，“多重承继”(multiple inheritance)是指一个构式通常承继于多个构式，这是“构式网络承继链接的一个重要特点”[1]。如Traugott和Trousdale所举例句：

(593) *Hasn't the cat been fed yet*?(猫还没喂吗?)[2]

上面这句承继于疑问主语助动词倒装、否定、被动、现在完成时态和及物构式等，属于多重承继。

Traugott和Trousdale指出，多重承继常出现于中间层构式中，且从历史的角度看，跟多重承继有关的所有构式特征都可能经历演变。在本书所研究的明清汉语“V得”致使构式中，存在以下三种多重承继。

1）次典型“V得”致使构式多重承继于“V得”致使构式与“V得”普通结果构式

本书将A3式反身类“V得”致使构式称为次典型“V得”致使构式。从构式图示上看，首先，次典型“V得”致使构式处于“V得”致使构式网络的中

---

① GOLDBERG A E. Constructions: A New Theoretical Approach to Language [J]. Trends in Cognitive Science, 2003, 7 (5).

② TRAUGOTT E C, TROUSDALE G. Constructionalization and Constructional Changes [M]. Oxford: Oxford University Press, 2013.

间层。我们先依照“图6.2构式间等级关系梯度”画出“V得”致使构式网络中构式间的等级关系梯度，见图6.6。

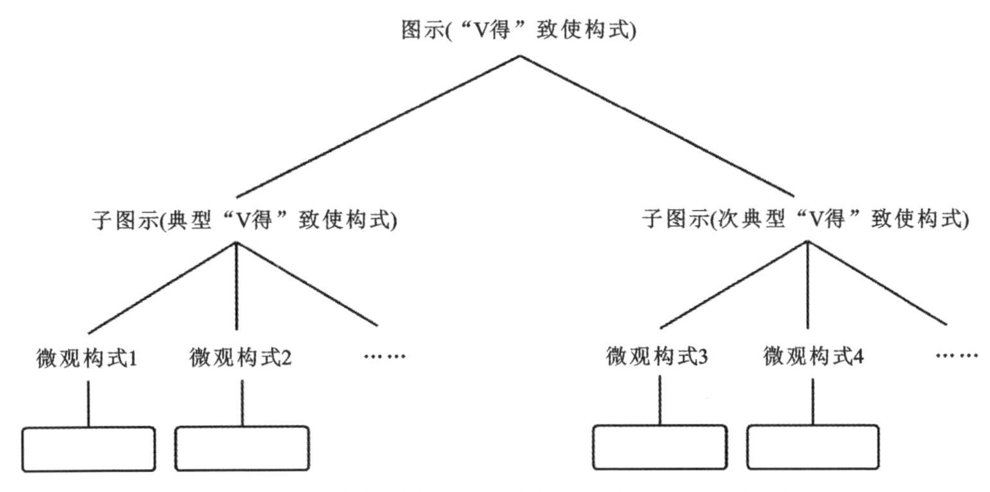

图6.6　“V得”致使构式网络中构式间的等级关系梯度

从图6.6中可以看出，次典型“V得”致使构式作为“V得”致使构式的子图式之一，处于“V得”致使构式网络的中间层，其上位是最高层级“V得”致使构式，包含了所有的“V得”致使构式；其下位是最低层次的实体构式，也就是各微观构式，即每一个次典型“V得”致使构式的构例。

下面，我们将讨论范围扩大至所有“得”字述补构式。我们知道，在“得”字述补结构中，“得”连接述语和补语。带“得”的补语结构种类繁多，汉语学界各家对“得”字句中补语的类别看法不一。如朱德熙把“得”字补语分为表可能和状态的两类①，岳俊发把“得”字补语分为可能补语和情态补语②，杨平将带“得”的述补结构分为可能补语结构和状态补语结构或结果补语结构两类③，范晓认为“得”后补语从语义角度上可分为情境、状态和程度三类④，张豫峰认为“得”补语句可分为境相、结果、程度三个小类⑤，张璐从句法结构和语义类型的角度将“得”字补语分为结果补语、情态补语、程度补语三类⑥，郑湖静、陈昌来将“得”字句分为非致使义和陈述性致使义两类⑦。虽然本书认同

① 朱德熙．语法讲义［M］．北京：商务印书馆，1982.
② 岳俊发．得字句的产生和演变［J］．语言研究，1984（2）.
③ 杨平．带“得”的述补结构的产生和发展［J］．古汉语研究，1990（1）.
④ 范晓．V得句的“得”后成分［J］．汉语学习，1992（6）.
⑤ 张豫峰．现代汉语得字句研究［D］．上海：复旦大学，2000.
⑥ 张璐．现代汉语“得”字补语句研究［D］．北京：北京大学，2003.
⑦ 郑湖静，陈昌来．现代汉语“得”字句的再分类［J］．语文研究，2012（1）.

“V 得”构式中有一类是表达致使含义的观点，但如果按照郑、陈二人的分类方法，又掩盖了那些非致使义“得”字句的多样性和各自的特征。所以本书吸收以上几种分类方法的优点，提出本书的分类方法：将“V 得”述补构式按照语义分为表可能、程度、状态、结果等四类（见表 6.2）。

表 6.2　“V 得”述补构式的语义分类

	语义分类	例句
“V 得”述补构式	可能	打得开，拿得出来，批评不得
	程度	好得很，疼得要死
	状态	生得皮肤黝黑，雨下得很大，长得漂亮
	结果	他喝得酩酊大醉，他逗得大家都笑了起来， 太阳晒得柏油马路都发软了

参照图 6.4 Hudson 的小型概念网络图，我们将“得”字述补构式的概念网络图绘制出来，如图 6.7 所示。

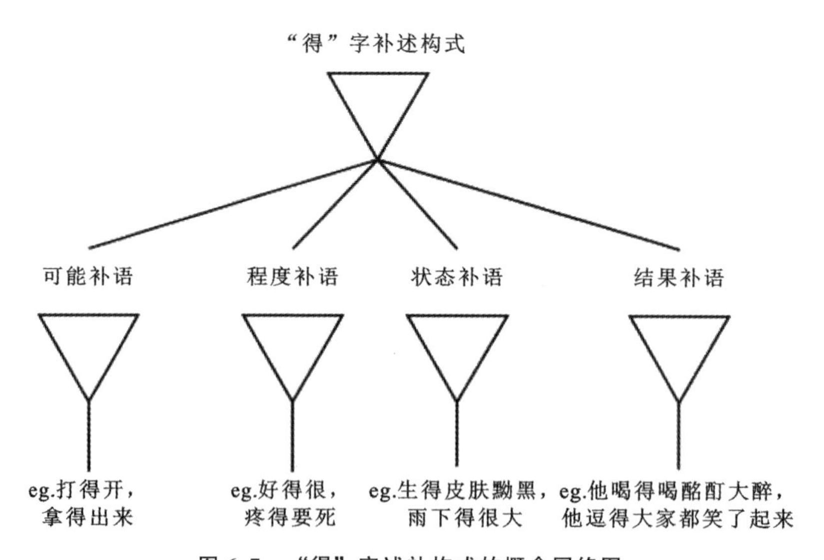

图 6.7　“得”字述补构式的概念网络图

而表结果的“得”字述补构式又可以分为普通结果类、致使结果类，后者便是本书研究的对象——“V 得”致使构式。普通结果类是本书第 3 章讨论次典型“V 得”致使构式时谈到的表示“自立事件”的“V 得”普通结果补语构式。如：

（594）他逗得大家都笑了起来

（595）他喝得酩酊大醉

以上二例，第一例包含两个事件“他逗大家”和“大家笑起来”，且 RS 被致使者的槽位由“大家”填充，所以“大家笑了起来”是“他逗大家”的一个致使结果事件，表达致使含义。第二例由于形态上缺乏 RS 即被致使者这个角色，只是一个自立事件，即“酩酊大醉”只是“他喝酒”自然形成的一个普通结果，不含致使义。我们将“V 得”结果补语构式的分类用表格直观呈现出来，如表 6.3 所示。

表 6.3　“V 得”结果补语构式的分类

	分类	形式特点	语义特点	例句
“V 得”结果补语	普通结果	V 得＋adj/v	自立事件	喝得酩酊大醉、气得发昏
	致使结果	V 得＋主谓结构	致使事件	他逗得大家都笑了起来、太阳晒得柏油马路都发软了

次典型“V 得”致使构式既可以被分析为包含致使含义的致使构式，也可以被分析为不包含致使含义的普通结果补语构式。如“宝玉羞得满面紫涨”有两种分析方法：当“满面紫涨”被分析为主谓结构时，整句可以表达“宝玉害羞，使得（自己）满面都变得紫涨”的致使含义，此时它是致使构式；当“满面紫涨”被分析为一个形容词短语时，整句表达“宝玉羞得紫涨了脸”的自立事件，不带致使含义，便是普通结果补语构式。所以，次典型“V 得”致使构式既有“V 得”致使构式的特征，又有“得”字普通结果补语构式的特征。我们继续绘制网络结构图，便得到图 6.8。

于是，多重承继便得到了体现。次典型“V 得”致使构式的某些特征承继于“V 得”致使构式，某些特点又承继于“得”字普通结果补语构式。图 6.8 中线条表示概念的链接，本书认为次典型“V 得”致使构式应更靠近致使构式范畴，所以其与“V 得”致使构式之间的线条是实线，表示关系更强；其与“得”字普通结果补语构式之间的线条是虚线，表示关系更弱。

2）“使得”类致使构式多重承继于“V 得”致使构式与使令致使构式

明清时期，“V 得”致使构式还存在另一种多重承继。如：

（596）只因和尚要去恼善王太尉，直使得开封府三十来个眼明手快的公人、伶俐了得的观察使臣不得安迹，见了也捉他不得。（《三遂平妖传》十回，p74）

（597）如人家主子行苟且之事，家中使的奴仆皆效尤而行。（《金瓶梅词话》七十八回，p1073）

以上两例包含“V 得”致使构式，“V 得”是“使得（的）”，V 为类致使词，由表达致使含义的致使词“使”充当。

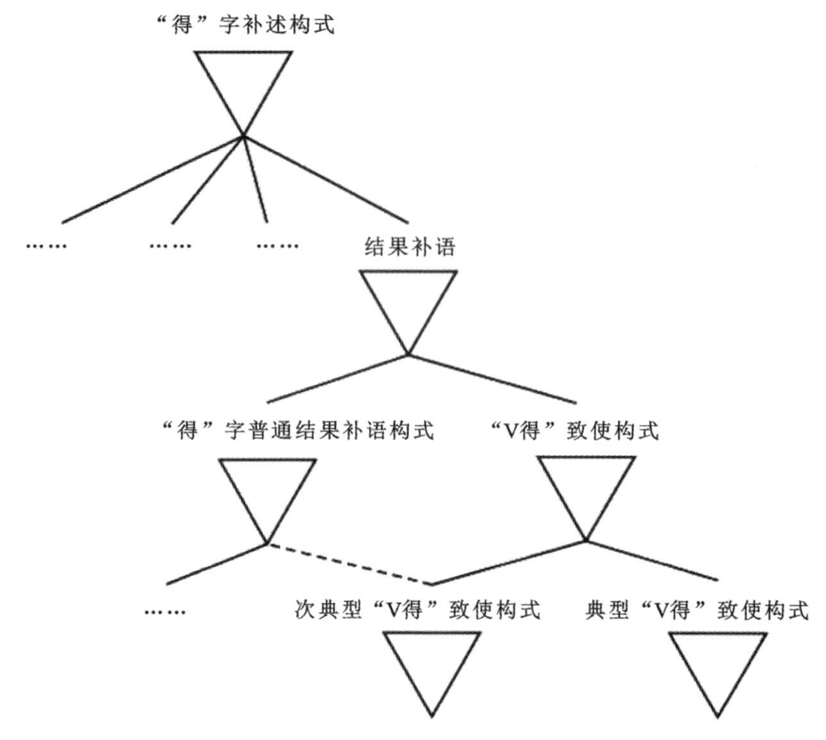

图 6.8　次典型“V得”致使构式的多重承继链接图

宛新政将使令式分为“使”字句与使令句，前者包括由“使、让、令、叫、使得、致使”等词语参与表致使义的句子，后者包括由“逼、教、派、求”等词语参与表致使义的句子。[①] 本书将宛新政所说带致使词“使、让、令、叫、使得、致使”的致使构式称为单纯使令致使构式，将“使得”视为与“使”“令”等专职致使词一样的一个表致使义的结构。所以“使得”致使构式既有“V得”致使构式的特点，又有使令致使构式的特点，即多重承继于“V得”致使构式与使令致使构式，如图 6.9 所示。

在图 6.9 中，“使得”致使构式体现了多重承继，即它的某些特征承继于“V得”致使构式，某些特点又承继于、属于使令致使构式。图 6.9 中线条表示概念的链接，本书认为“使得”致使构式应更靠近“V得”致使构式范畴，所以其与“V得”致使构式之间的线条是实线，表示关系更强；其与使令致使构式之间的线条是虚线，表示关系更弱。

① 宛新政．现代汉语致使句研究［D］．上海：复旦大学，2004．

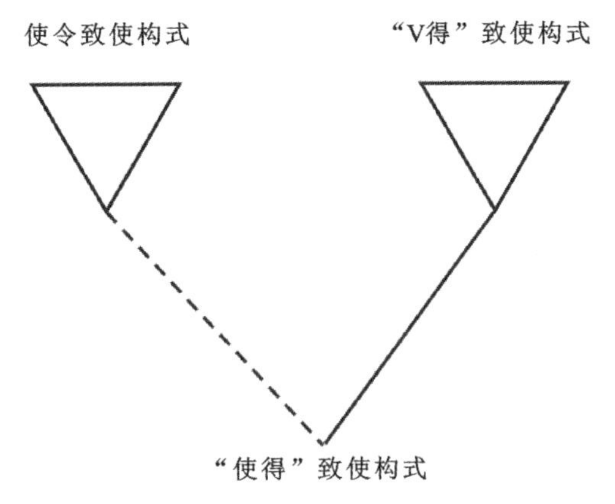

图6.9 “使得”致使构式的多重承继链接图

3）“吓得”类致使构式多重承继于“V得”致使构式与使动致使构式

明清汉语“V得”致使构式中，有一类的V本身就具有致使含义，如“吓”“慌”等心理反应类动词。它们本身有两种含义，一种是“感到害怕”“感到慌张”，不含致使义；另一种是“使害怕”“使感到慌张”，带有使动致使义。如：

(598) 公子一见，吓的一身鸡皮疙瘩……（《儿女英雄传》五回，p89）

(599) 八戒调过头来，把耳朵摆了几摆，长嘴伸了一伸，吓得那些人东倒西歪，乱跄乱跌。（《西游记》二十回，p144）

上两例中，第一个“吓”是“感到害怕”的意思，第二个“吓”本身就带有使动含义“使……害怕”，是“吓那些人使他们感到害怕”的意思。又如：

(600) 月娘不听便罢，听了，正是分开八块顶梁骨，倾下半桶冰雪来，慌的手脚麻木。（《金瓶梅词话》九十五回，p1294）

(601) 王夫人走进屋里坐下，便叫袭人，慌得袭人连忙跪下，含泪要禀。（《红楼梦》九十四回，p842）

上两例中，第一个“慌”是“感到慌张”的意思，第二个“慌”本身就带有使动含义“使……慌张”，是“使袭人感到慌张”的意思。

以上两组例子的第二个例句，V本身就带有致使义，属于使动致使形式，再加上“V得”致使构式的构式义，整句表示双重致使。也就是说，此类构例双重承继于使动致使构式与“V得”致使构式，如图6.10所示。

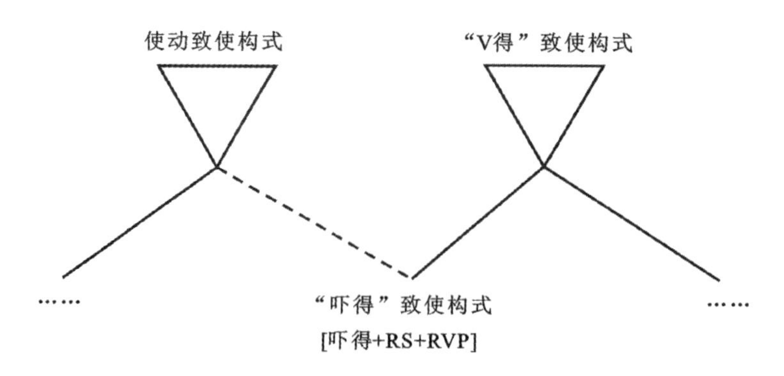

图 6.10　“吓得”致使构式的多重承继链接图

在图 6.10 中，“吓得”致使构式体现了多重承继，即它的某些特征承继于“V得”致使构式，某些特点又承继于、属于使动致使构式。图 6.10 中线条表示概念的链接，本书认为“使得”致使构式应更靠近“V得”致使构式范畴，所以其与“V得”致使构式之间的线条是实线，表示关系更强；其与使动致使构式之间的线条是虚线，表示关系更弱。

6.3　明清汉语致使构式网络

以上我们考察了明清汉语“V得”致使构式几类子构式之间的区别和联系，以及“V得”致使构式内部及与其他构式之间的承继链接。本节我们拟以汉语致使构式网络为背景，尝试构建出明清汉语致使构式群，再以“V得”致使构式为基点，尝试绘制出汉语致使构式网络，并探究明清汉语“V得”致使构式在致使构式网络中的位置和作用。

本章第 2 节在梳理汉语致使构式群时，只是简单陈列，并没有按照语义、句法特征描述出一个致使构式网络。如何构建一个既能体现结构种类，又能体现语义句法特征之间互相联系的致使构式网络？在构式网络里，每一种致使构式分别处于什么样的位置，互相之间有什么牵连、影响？要解决这些问题，我们需要借助语义地图与致使连续统理论，这便是这一节的内容。

6.3.1　语义地图与致使连续统理论

6.3.1.1　语义地图理论

语义地图（semantic map）是近年来认知语言学和语言类型学领域兴起的

一种语义描写方法。跨语言比较中经常遇到语法形式与语义不一致的情况，为解决此问题，Anderson 引用“地图”的概念，应用在语义对比研究上，形成了语义地图模型①。后来，Haspelmath 将语义地图运用于跨语言不定代词的研究②，Shibatani 和 Pardeshi 将它应用于致使结构研究。Croft 提出“概念空间”③：在语言中，概念空间中的一个或多个节点由某些特定的语法形式覆盖，共同构成这种语法形式的语义地图，而语义地图上概念节点距离的远近反映的是概念间的亲疏关系。在“概念空间”的基础上，Croft 又提出“语义地图连续性假说”，即语言结构应以连续区域的形式分布。随后，语义地图方法逐渐成为语言类型学研究中最为重要的研究方法之一。从本质上说，语义地图的成立和语言形式的多义性有关，并且这种多义性是连贯的（contiguous）。王红卫指出，“连贯性指语言成分只能表达一系列连贯的语义功能”④。这种连贯性可以从两个方面来解释：一方面，这些意义是通过人类的认知机制，如意象图式、隐喻、转喻、类推和溯因推理等形成；另一方面，从历时的角度看，这些意义的出现在时间上是有先后顺序的，一个意义通常是另外一个意义的来源。

6.3.1.2　致使连续统理论

语义地图模型问世后，Shibatani 和 Pardeshi 用它研究致使结构。他们在类型学视角下，通过跨语言对比，分析了不同致使动词在语义地图上的分布情况。朱琳（2011）以此为指导考察了汉语“叫、让”等致使动词在语义地图上的分布情况。⑤ 张敏在构建汉语方言主要间接题元的语义地图时，也涉及致使，在他构建的语义地图中，与致使直接相连的节点是处置和被动，即“处置—致使—被动”。⑥

---

① ANDERSON L. The “Perfect” as a Universal and as a Languageparticular Category [C] // HOPPER P. Tense-Aspect: Between Semantics and Pragmatics. Amsterdam: John Benjamins, 1982.

② HASPELMATH M. Indefinite Pronouns [M]. Oxford: Oxford University Press, 1997.

③ CROFT W. Radical Construction Grammar: Syntactic Theory in Typological Perspective [M]. Oxford: Oxford University Press, 2001.

④ 王红卫．语义地图模型的新发展［J］．外语学刊，2018（6）．

⑤ 朱琳．汉语使役现象的类型学和历时认知研究［M］．上海：学林出版社，2011.

⑥ 张敏．“语义地图模型”：原理、操作及在汉语多功能语法形式研究中的应用［M］//《语言学论丛》编委会．语言学论丛（第四十二辑）．北京：商务印书馆，2010.

Shibatani 和 Pardeshi 从功能上将致使划分为直接致使、协同致使和间接致使，构成“直接致使—协同致使—间接致使”这样的连续统。[①] 其中，直接致使的使因事件和使果事件在时空上互相重合（a spatio-temporal profile），两个事件整合为一体，被使者是受事（patient）；而在间接致使中，使因事件和使果事件在时空上不重合，两个事件不整合为一体，且被使者是（致使者之外的另一个）施事（agent）。除此之外，直接致使和间接致使的区别，还与被使者的主动性（agentivity）相关。协同致使（sociate）介于二者中间，其自身也分为联合行动（joint-action）、帮助（assistive）和监督（supervision）三种，依次分布于直接致使和间接致使之间。这就形成了一个的连续统，这个连续统涉及时空的重合、致使者控制程度（dominance）以及被使者自主程度（autonomy），如图 6.11 所示。

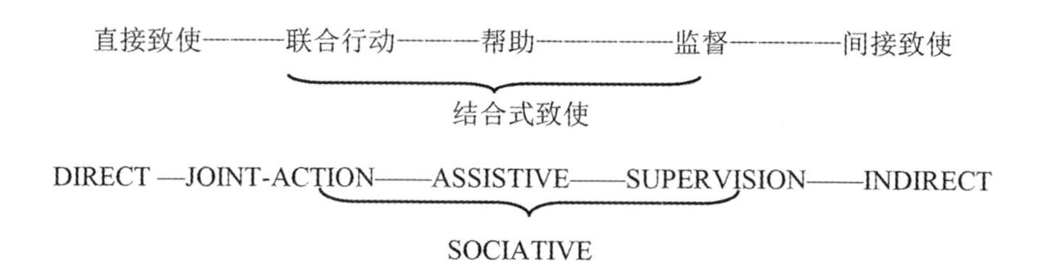

图 6.11　Shibatani 和 Pardeshi 的致使连续统（一）[②]

在上面这个连续统里，从左到右，时空重合度降低，致使者的控制程度降低，被使者的自主程度上升。而从形式上看，同一语言内部、不同语言之间的致使范畴实现手段也组成了连续统。

在同一篇文章中，Shibatani 和 Pardeshi 研究分析了不同语言的词汇（lexical）致使、形态（morphological）致使、句法（syntactic）致使，并认为按照能产性（productivity）的大小可以形成图 6.12 所示的连续统。

在图 6.12 所示连续统里，第一行表示句法化/词汇化/语法化的程度；第二行表示能产性的程度；第三行表示致使形式，从左至右是单纯词汇式（pure lexical）、融合式（fusional）、附着式（agglutinative）、分析式/句法式（analytic/syntactic）。各种致使形式，按照从左至右的顺序，句法化/词汇化/语

① SHIBATANI M，PARDESHI P. The Causative Continuum［C］//SHIBATANI M. The Grammar of Causation and Interpersonal Manipulation. Amsterdam/Philadelphia：John Benjamins，2002.

② SHIBATANI M，PARDESHI P. The Causative Continuum［C］//SHIBATANI M. The Grammar of Causation and Interpersonal Manipulation. Amsterdam/Philadelphia：John Benjamins，2002.

法化的程度逐渐降低，能产性逐渐提高。以上两个连续统表示，在一个语言系统内，能产性越强的形式，语义越靠近间接致使；反之，能产性越低的形式，越靠近直接致使。

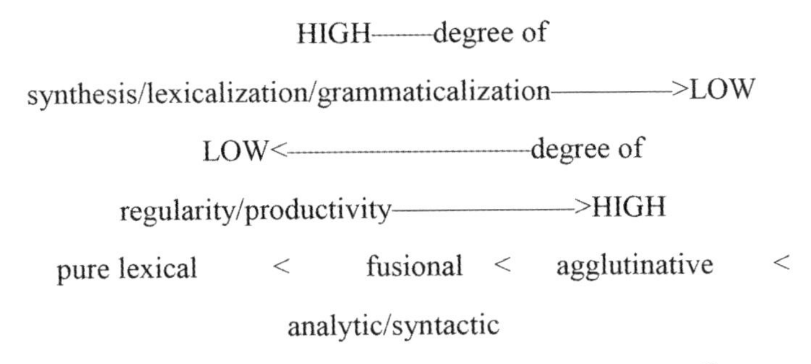

图6.12　Shibatani和Pardeshi的致使连续统（二）[①]

Shibatani和Pardeshi认为，每种特点的致使表达并不仅仅对应连续统上的一种类型。比如，汉语的致使词“叫”、英语的“make”、Marathi语的“-aw”、Guarani语的“mbo-/mo-”同属于协同致使范畴，它们在不同程度上倾向于表达间接致使或直接致使的特征，比如汉语“叫”表示的意义范畴更接近间接致使；英语“make”除了接近间接致使，同时也向直接致使一段延伸；Marathi语的“-aw”、Guarani语的“mbo-/mo-”在连续统上所覆盖的范围也向直接致使段延伸，如图6.13所示。

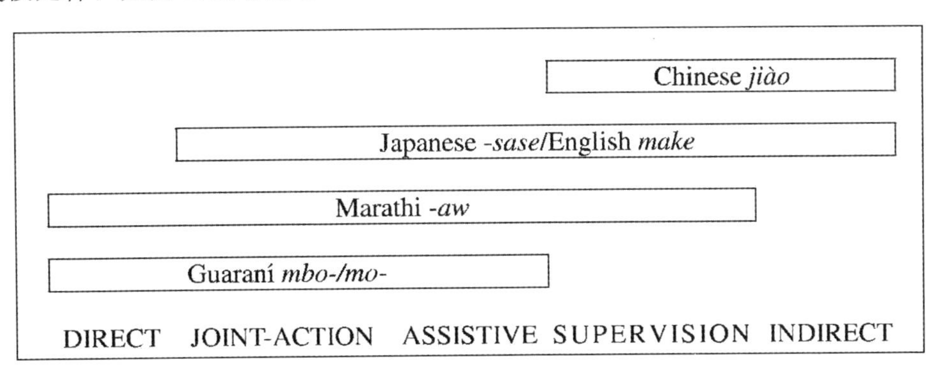

图6.13　协同致使形式的分布情况[②]

① SHIBATANI M，PARDESHI P. The Causative Continuum［C］//SHIBATANI M. The Grammar of Causation and Interpersonal Manipulation. Amsterdam：John Benjamins，2002.

② SHIBATANI M，PARDESHI P. The Causative Continuum［C］//SHIBATANI M. The Grammar of Causation and Interpersonal Manipulation. Amsterdam：John Benjamins，2002.

6.3.2 明清汉语致使构式在致使连续统上的位置

上一小节我们介绍了语义地图与致使连续统理论，那么本书所考察的几种致使构式分别位于汉语致使连续统里的什么位置呢？这是构建致使网络要解决的首要问题。首先，我们需要知道，明清汉语的几类致使构式，在形式类型上，分别属于什么类别。

6.3.2.1 明清汉语致使构式的形式类型

致使是人类语言的基本概念，每种语言有多种表达致使的结构形式。本章第2节介绍的明清汉语致使构式群主要成员包括使动致使构式、动结致使构式、使令致使构式、“把”字致使构式、“V得”致使构式。那么在类型学视角下，汉语这些致使构式分别属于什么形式类型呢？

关于致使结构的表达方式，Comrie将其主要分为三类：形态型（morphological）、词汇型（lexical）和分析型（analytic）。[①] 下面在本书所考察的明清汉语语料库范围内，分别进行解说。

1）形态型

形态型致使结构是通过形态手段来表达致使含义，通常情况下一个非致使动词通过形态变化转化为带致使义的谓词，如英语通过词缀en-/-en来派生成动词enlarge/widen以构成致使表达。另外，根据Dixon的统计，世界语中还存在诸如辅音重复、变调、元音加长、加前缀或后缀等形态型手段来表达致使。

汉语里的形态型致使表达并不多，牛顺心曾在其博士论文中提到了汉语形态式致使表达“空”，当“空”的声调不同时，可以分别表达状态和致使的含义，如：

（602）房子空（阴平）了。

（603）你空（去声）间房子给我。

“空”（阴平）表示房子空着的状态，“空”（去声）表示致使，即“使房子空”。除此之外，潘悟云曾撰文《上古汉语使动词的屈折形式》，从音韵角度对上古汉语形态范畴的使动词构词形式进行了研究。他认为，上古汉语中表示使动意义的语音手段都是形态范畴的，主要有附加词缀和辅音屈折的形态形式。

---

① COMRIE B. Language Universals and Linguistic Typology: Syntax and Morphology 2nd ed. Chicago: University of Chicago Press, 1989.

金理新曾撰文《汉藏语的使役动词后缀 *-d》，对藏语的使役动词后缀 *-d 和汉语的使役动词后缀 *-d 分别进行了讨论。此处不赘述。

本书所检索的明清汉语语料库中，暂无形态型致使表达。

2）词汇型

词汇型致使结构是指通过词汇表达致使义的结构，一般来说，词汇型致使的使因事件和使果事件融为一体。如英语的 kill 带有“杀某人或某物，使其死亡”的意思，使因和使果都融合在 kill 这一个词里了。clean、dry 等也是都带有使因和使果两层含义。

Comrie 将词汇型致使结构分为“异干交替”和“非能产非异干交替”两类。“异干交替”类如英语的 kill 和 die，lay 和 lie，两个成员之间的形式联系没有任何规律性；“非能产非异干交替”类如英语的 worry（［使］担心）、melt（［使］融化）等，其动词本身兼有及物和不及物两种语法功能，在不发生任何形态变化的情况下，光由动词就能表达非致使和致使两种含义。

汉语也存在词汇型致使，现代汉语如“丰富生活”“缓解气氛”等表达中的双音节动词，都带有致使义，表示“使生活丰富”“使气氛缓和”之意。古汉语中的一些单音动词及形容词也都属此类。明清时期汉语也有词汇型致使表达，如本书所提到的使动致使构式：

(604) 来安说了，贲四于是低着头。（《金瓶梅词话》五十八回，p721）

上例中，“低着”是致使力与致使结果的融合，即使因事件和使果事件融合为一体。

另外，笔者认为，汉语里也存在“非能产非异干交替”类致使。如“吓”，本身就有“感到害怕”的非致使义及“使……害怕”的致使义两种含义。如：

(605) 凤姐吓得魂不附体，不觉失声的“咳”了一声，却是一只大狗。（《红楼梦》一百零一回，p895）

(606) 猛然一阵狼虫过，吓得人心趷蹬蹬惊。（《西游记》二十回，p145）

上两例中，第一个“吓”是“凤姐感到害怕”的意思，第二个“吓”带有致使含义，是“吓人使人感到害怕”的意思。在第二例中，“吓”本身就是使动致使的用法，加上“V得”致使构式的构式义，整句表示“狼虫经过使人感到害怕，害怕使人心趷蹬蹬惊”这样的双重致使（三事件致使）。

3）分析型

分析型致使结构是指表示致使原因和致使结果的部分开表达。如英语 I cause/make John to go 就是典型的分析型致使结构。一般来说，分析型致使结构倾向于用一个虚化的语言形式来专门表达致使意义，如英语的“make、cause”，葡萄牙语的“faz”，汉语的“使、令”“V得”等，就是最典型的分析型致使结构的标志词。

本书所研究的明清汉语“V得”致使构式，就属于分析型致使结构。在［S＋V得＋RS＋RVP］中，致使原因由 Se（当 V 是 V2 或 V3 时）或 Sn＋V（当 V 是 V1 时）表达，致使结果由 RS＋RVP 部分表达。也就是说，“V得”致使构式的致使原因和致使结果分开表达，属于分析型致使结构。

以上三种致使形式，从层次上说，形态型和词汇型都是词汇层面的，而分析型是句法层面的。Comrie 指出，语言中大部分致使形式并不是只单纯属于以上三类形式中的一类，而是介于这三类之间，语言系统的连续体特征正是可以由这些致使形式来体现，与 Shibatani 的致使连续统理论相得益彰。孟凯曾指出，在现代汉语中，动结致使构式同时具有词汇型致使结构和分析型致使结构的特征，这也可以证明连续统中存在中间类型。[①]

对于汉语致使结构来说，牛顺心从句法参项的角度将普通话中的致使结构分为综合型和分析型两大类，综合型致使结构的致使事件和结果事件融为一体，分析型致使结构的致使事件和结果事件是分开表达的。具体来说，综合型包括形态式、使动式、复合式，分析型包括使令式、致动式和隔开式。其中，形态式对应 Comrie 的形态型致使；使动式对应词汇型致使，即本书所列使动致使构式；复合式对应本书的动结致使构式；使令式（即本书“多义使令致使构式”）和致动式（即本书“单纯使令致使构式”）对应本书的使令致使构式；隔开式对应本书的“V得”致使构式。我们可用图 6.14 对此进行直观表示。

6.3.2.2 明清汉语致使构式的语义特征

在厘清明清汉语几类致使构式分别属于什么形式类型后，我们再来考察各构式的语义特征。

在致使连续统中，直接性/间接性是最重要的语义参项之一。直接致使的使因事件和使果事件在时空上互相重合，两个事件整合为一体；间接致使的使因事件和使果事件在时空上不重合，两个事件分开表达。这与汉语致使构式形式

---

① 孟凯．现代汉语“X＋N_（役事）”致使复合词研究［D］．北京：北京语言大学，2009.

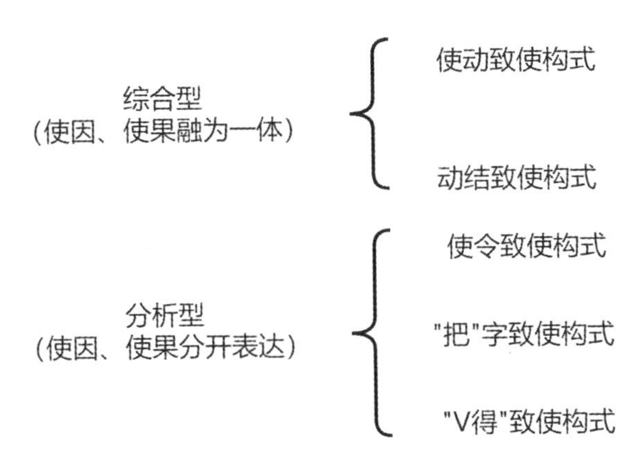

图 6.14　明清汉语致使构式的形式类型

分类中的综合型与分析型的语义特征不谋而合。我们可以认为，形式上的综合型对应语义上的直接致使，形式上的分析型对应语义上的间接致使，形式上的中间类型对应语义上的协同致使。除了直接性/间接性，其他诸如致使者的控制程度、被致使者的自主程度及能产性，都是我们需要考察的语义参项。下面以明清汉语语料库中的例句为例来进行实例考察，考察的语义参项包括直接性/间接性、致使者的控制程度、被致使者的自主程度、构式的能产性。

1）使动致使构式的语义特征

明清汉语使动致使构式，作为上古汉语使动用法在明清的留存，是一种词汇型致使形式，属于最直接的致使结构。如：

(607) 来安说了，贲四于是低着头。(《金瓶梅词话》五十八回，p721)

(608) 大小姐红了脸，便往房里躲。(《型世言》一回，p14)

上两例中，分别表达"贲四使头低着""大小姐使脸红了"的致使含义，其中"低着""红了"是使因事件和使果事件的融合，二者融为一体，时空重合度最高，是综合型致使形式中直接度最高的。

一般而言，明清汉语使动致使构式的致使者一般都是生命度等级较高的人，对被致使者有极强的操控性、致使性、自主性和意志性，如以上两例的"贲四""大小姐"，所以使动式致使者的控制程度最高。而被致使者一般都是无生命的物，如上例的"头""脸"；极少情况下是有生命的，如"出兵"的"兵"，但此时的"兵"也是被安排派出，自主程度较低，所以使动式的被使者的自主程度都不高。以上致使者和被致使者的语义特征符合致使连续统"直接致使的致使者控制度高、被致使者自主程度低"的特点。我们再来看能产性，据石锓、刘念的考察统计，“明清汉语中只有少数表致使义的动词和形容词能进入使动致使构式。如：‘合’‘闭’‘出’‘破’‘伤’‘正’‘低’‘红’等”[①]。所以其能产性很低，符合致使连续统中左侧直接致使的能产性低的特点。

2）动结致使构式的语义特征

汉语动结致使构式的语义特征比较有争议，Hansell 认为汉语动结式表达最为直接的致使关系。郭锐、叶向阳通过时间距离和概念距离的论证也持相同看法，即动结式表达直接致使。孟凯则认为，汉语动结式是兼跨分析型和词汇型的“中间类型”。本书以明清例句为例进行考察：

(609) 他听了这话，擦干了眼泪。（《儿女英雄传》三十二回，p639）

(610) 话说众回子因汤知县枷死了老师父夫。（《儒林外史》五回，p53）

(611)（总督）传令拨兵万名，把石城险阻尽行平去，拆毁古墙。（《型世言》十六回，p244）

以上几例，“擦干”“枷死”“拆毁”作为动结式的核心谓词，可以说是作为一个整体词汇来表达使因事件和使果事件两个事件，使因和使果融为一体，是直接致使。但三例所表达的“擦眼泪使眼泪干”“枷老师父使他死掉”“分开或打开完整的东西致使它被破坏”致使含义，毕竟是由“擦”与“干”、“枷”与“死”、“拆”与“毁”两个谓词分别表达的，所以从某种程度上，也可以说属于分析型致使。牛顺心的处理方式是将其称为“复合式”，即由两个分别表示使因和使果的词复合在一起组成的一个新的词来表达致使情景。其使因事件和使果事件不像使动式那样由同一个词表达，而是结合在一起，中间没有其他成分相隔，比典型的分析型致使结合得更紧密。

一般来说，明清汉语动结致使构式的致使者大多生命度较高，对被致使者具有较高的控制性，如以上三例的“他”“汤知县”“总督”。对于这一点，宛新政也曾表示，典型使成句（即本书所指“动结式”）的主语一般是人，生命度较高。而被致使者一般是物，自主性不高，如以上几例的“眼泪”“古墙”，或者是自主度不高的人如上例的“老师父夫”，只能承受结果。根据朱德熙“能够充当结果补语的动词为数不多”的结论，能充当这些补语的词是一个封闭的类。据石锓、刘念统计，明清时期，“能够填充动结致使构式 VR 槽位的谓词不多，

---

① 石锓，刘念．类型学视角下的明代致使结构研究［J］．中文论坛，2019（1）．

主要有‘呆、破、醉、坏’等30多个不及物动词，及‘多、红、绿’20来个形容词”[①]。可见，动结致使构式的能产性也不高。

3）使令致使构式与“把”字致使构式的语义特征

汉语使令致使构式由特定的词汇表达致使力，而表致使的“把”字构式是可以与使令致使构式进行互相转换的，所以在致使连续统上，二者应该是占据同样的位置。本书将二者放在一起同时进行考察。以明清汉语为例：

(612) 思兄在此胡行，不知杀了多少人，使人妻号子哭。(《型世言》二十回，p277)

(613) 把一个朱寡妇又羞又恼。(《型世言》六回，p81)

以上两例，“使”和“把”可以互相替换，都表达致使含义。我们知道，在使令致使构式与“把”字致使构式中，使因事件与使果事件分别位于“使”“把”的左侧和右侧，结合紧密度不高，被“使”“把”等表示致使力的词汇隔开，所以它们是典型的分析型致使结构，即间接致使。

关于使令致使构式的致使者的控制程度，我们要分情况来进行考察。在单纯义使令致使构式中，即以“使、令”等专职致使词充当致使力的致使结构中，致使者通常表示一个事件，如上例的“思兄在此胡行，不知杀了多少人”。即便是在“他使她难过”这一句子里，虽然致使者是“他”，但仔细分析，便会觉得这里应当是“他”做了某件事情，才“使她很难过”。又如“老师使他害怕”，也应当是“老师摆出严肃的样子”或“老师经常批评他”才“使他害怕”。由此看来，能给其他事物施加影响的通常是一个事件（event），具有述谓性，是致事，这时其控制性并不高。而在多义使令致使构式中，即以“吩咐、派遣”等含有词汇意义的致使动词充当致使力的致使结构中，致使者则大多是人，如“司令吩咐哨兵开门”等，其生命度高，自主性强，控制度高。所以在使令致使构式中，致使者的控制度依情况而定，有高有低。关于使令致使构式被致使者的自主度，根据以上例子，我们可以看到，被致使者通常是指人的，自主度较高。

使令致使构式和“把”字致使构式表致使结果的部分可以由多种形式填充，如动词、形容词、谓词性结构，甚至句子形式，所以其能产性较高。

4）“V得”致使构式的语义特征

至于明清汉语“V得”致使构式的语义特征，本书前几章已细致考察过，

---

① 石镁，刘念．类型学视角下的明代致使结构研究［J］．中文论坛，2019（1）．

此处不再赘述，只做总结性归纳：其致使者可以分为体词性（Sn）和谓词性结构（Se）两大类，当致使者为Sn时，又分有生命的和无生命的两类，有生命的Sn的控制度高，无生命的Sn的控制度低。Se是致事，具有很强的述谓性，控制度不高。从前几章统计的数据可以知道，Se占大多数，所以，总的来说，对于明清汉语"V得"致使构式来说，其致使者的控制度较低。而被致使者所指代的受事大多指人，自主度较高。同时，由于其表示致使结果部分的RVP形式丰富多样，可由动词、形容词、复杂谓词性结构、复句等填充，所以其能产性很高。

以上我们总结了明清汉语致使构式群中各致使构式的语义特征，我们将它们在致使连续统上的语义特征呈现如表6.4所示。

表6.4 明清汉语致使构式语义特征

构式种类	形式种类	致使者控制程度	被致使者自主程度	能产性
使动致使构式	综合型	高	低	低
动结致使构式	中间型	较高	较低	较低
使令致使构式	分析型	较高	较低	较高
"把"字致使构式	分析型	较低	较高	较高
"V得"致使构式	分析型	较低	高	高

关于致使结构的特点，黄成龙曾提出："词汇性致使表达最强有力、最直接的致使，分析性致使表达较弱或者较间接致使"①。黄成龙的结论与表6.4所示内容是相符合的。我们从图6.14可以看到，从使动式到"V得"致使式，它们的形式从综合型过渡到分析型，语义特征上，致使者的控制程度从高逐渐降低，被致使者的自主程度从低逐渐升高，构式的能产性从低逐渐升高，所表达致使的直接性降低。

6.3.2.3 明清汉语致使构式在致使连续统上的位置

在厘清明清汉语几类致使构式的形式类型及语义特征后，我们再结合Shibatani的"直接致使—协同致使—间接致使"的致使连续统，来对明清汉语几类致使构式在致使连续统上进行定位。

1）使动致使构式在致使连续统上的位置

使动致使构式使因事件和使果事件的融合，时空重合度最高，属于直接致

① 黄成龙．类型学视野中的致使结构［J］．民族语文，2014（5）．

使。其致使者控制度高，被致使者自主度低，能产性低，应位于致使连续统直接致使侧最顶头的位置。用图 6.15 表示如下。

图 6.15　明清使动致使构式在致使连续统中的位置

2）动结致使构式在致使连续统上的位置

明清汉语动结致使构式的使因和使果可以被认为是分开表达，也可以被认为是重合在一起，其紧密程度低于使动构式，但又高于其他几类分析型致使构式，既有直接致使的特点，又有协同致使的特点，属于中间过渡型。其致使者控制程度较高，被致使者的自主程度较低，且能产性不高。本节认为其应处在连续统中直接致使和间接致使中间更偏直接致使的位置，用图 6.16 表示如下。

图 6.16　明清动结致使构式在致使连续统中的位置

3）使令致使构式和“把”字致使构式在致使连续统上的位置

对于使令致使构式和“把”字致使构式，其使因事件和使果事件明显是分开表达，被致使词隔开，属于分析型致使形式。使令致使构式中包含多义使令致使构式和单纯义使令致使构式，其中单纯义使令致使构式与“把”字致使构式一样，其致使者控制程度较低，被致使者自主程度较高，构式能产性强，更靠近连续统中的间接致使。而多义使令式的致使者大多是有生命的人，其控制程度比单纯义使令式的致使者要高，相应的被致使者的自主程度比单纯义使令式的被致使者要低，所以多义使令式应占据连续统中靠中间的位置。于是，我们可以得出，使令致使构式在连续统中的跨度较大，占据了间接致使的一侧，同时向中间的协同致使扩展。而“把”字致使构式跨度较小，更靠近间接致使。

另外，Shibatani 和 Pardeshi 曾举出汉语“叫”的致使例句，认为这种致使形式可以表达间接致使和协同致使里的监督（supervision），如：

（614）妈妈叫孩子看书。（Shibatani & Pardeshi，2002）

而使令致使构式中的其他构例，还可以不同程度的表达联合行动（joint-action）和帮助（assistive）。如：

（615）周司业双手扶起，让他坐下，开口就问……（《儒林外史》七回，p76）

例中“周司业双手扶起”是使因，“他坐下”是使果，两个事件的结合很紧密，几乎同时完成，属于联合行动（joint-action）。

又如宛新政在考察使令句时所举：

（616）美莲则怂恿小娅出来开美容屋。（宛新政，2004）

上例中使因和使果事件之间有帮助（assistive）的意义。所以我们认为，使令致使构式在连续统上所占据的范围最大，从右边的间接致使可以延伸至联合行动。用图 6.17 表示如下。

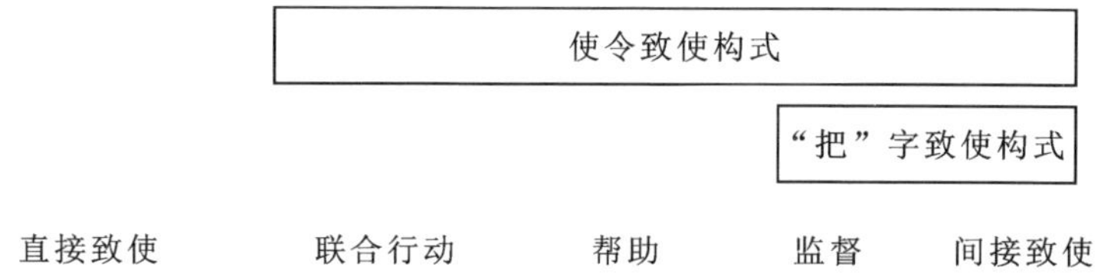

使令致使构式

“把”字致使构式

直接致使　　联合行动　　帮助　　监督　　间接致使

图 6.17　明清使令致使构式和“把”字致使构式在致使连续统中的位置

4）“V得”致使构式在致使连续统中的位置

最后是明清“V得”致使构式，其使因事件与使果事件一分为二，分别位于“V得”之前和之后，属于间接致使。且其致使者的控制程度较低，被致使者的自主度高，构式能产性最强。应该位于连续统上间接致使一侧。用图 6.18 表示如下。

“V得”致使构式

直接致使　　联合行动　　帮助　　监督　　间接致使

图 6.18　明清“V得”致使构式在致使连续统中的位置

5）明清汉语致使构式在致使连续统中的位置

综上所述，我们将以上几个连续统结合起来，便得到明清汉语致使构式在致使连续统上的分布情况，如图 6.19 所示。

从图 6.19 中我们可以得出，在明清汉语致使构式群中，能产性越强的形式，语义越靠近间接致使；反之，能产性越弱的形式，越靠近直接致使。

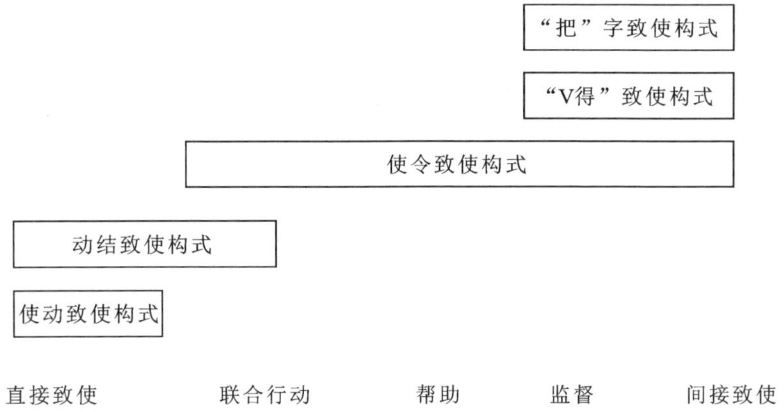

“把”字致使构式

“V得”致使构式

使令致使构式

动结致使构式

使动致使构式

直接致使 联合行动 帮助 监督 间接致使

图 6.19 明清汉语致使构式的连续统分布

6.3.3 明清汉语致使构式网络图的绘制

至此，我们已绘制出明清汉语致使构式在连续统上的位置，而要构建致使构式网络，我们可将其看成是一个分层分级的网络系统，每一层代表各自层级的关系。结合前文所绘制的部分致使构式网络，我们尝试构建明清汉语致使构式的网络图（见图 6.20）。

汉语致使构式

直接致使 联合行动 帮助 监督 间接致使

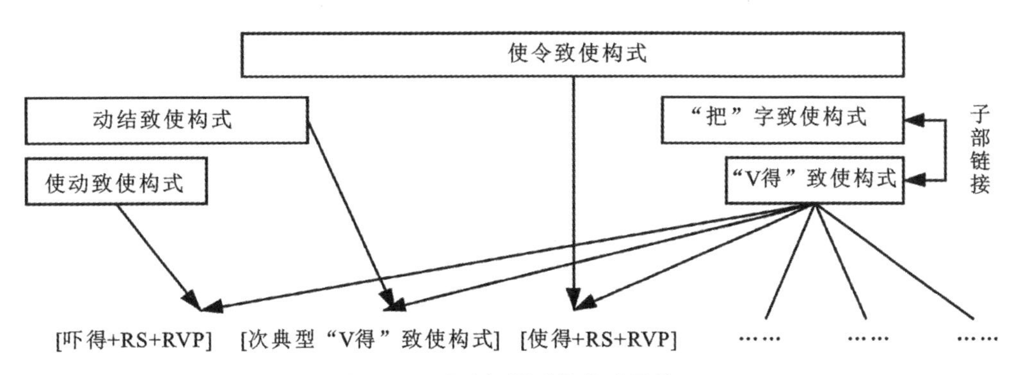

图 6.20 明清汉语致使构式网络

在图 6.20 中，最上层，即第一层的汉语致使构式是最具概括性的。第二层，是从直接致使到间接致使的连续统，包括直接致使（direct）、联合行动（joint-action）、帮助（assistive）、监督（supervision）、间接致使（indirect）。第三层，按照结构形式分类展示了汉语五大致使构式形式：使动致使构式、动结致使构式、使令致使构式、“把”字致使构式、“V 得”致使构式。在这一层级，我们将这五类致使形式在致使连续统上的定位位置因素考虑进来，所展示的顺序按照连续统从直接致使到间接致使的顺序，以及各构式所占的位置依次展示。第四层是本书研究对象“V得”致使构式的几类子构式。由于致使网络很庞大，限于篇幅，无法完整囊括所有子构式群，在第三层我们只选择性地展示了“V得”致使构式的几个子构式，且是与其他致使构式有承继关系的几类子构式。

在图6.20中，构式间的承继关系由网络的联接节点来表征，从上至下的箭头表示下位构式承继上位构式特征。存在多重承继关系的，则有多个箭头进行连接。比如，在子构式中，次典型“V得”致使构式多重承继于“V得”致使构式与动结致使构式，“使得”类致使构式多重承继于“V得”致使构式与使令致使构式，“吓得”类致使构式多重承继于“V得”致使构式与使动致使构式。“V得”致使构式与“把”字致使构式又存在子部链接的承继关系。

6.3.4 明清汉语“V得”致使构式在致使网络中所处位置的意义

“V得”致使构式在致使网络中处于极其重要的位置。从图6.20可见，虽然其处于致使连续统的最右侧，属于间接致使，但由于其能产性强，展现出很多独特特征，是值得深入研究的领域。

第一，虽然“V得”致使构式在致使构式网络中处于边缘位置，但Mirjam Fried和Jan-Ola Östman曾指出，“构式语法主张应当从语言的边缘部分开始，因为日常交际中使用的大部分都是这些边缘部分”[①]，所以说，处于边缘位置的“V得”致使构式具有巨大研究价值。第二，“V得”致使构式是汉语独有的致使构式，本身就有复杂的形式和特殊的句法语义特征。这些独有的特征能反映汉语的什么语法特征？汉语的句法特征在世界语言中具有什么样的影响？这些议题也具有重要的研究价值。第三，“V得”致使构式与其他致使构式在句法、语义上有着千丝万缕的联系。如图6.20所示，它与使动致使构式、使令致使构式、动结致使构式、“把”字致使构式等都有着不同的承继关系。这些链接和承继关系的互动，会给整个致使构式网络带来什么样的影响，也是一个值得探究的研究方向。

图6.20只是明清时期共时层面的致使网络图，而汉语史上，各个时期的致使网络图不尽相同，这需要我们进行深入的研究。在不同时期，“V得”致使构

---

① FRIED M，ÖSTMAN J O. Construction Grammar：A Thumbnail Sketch [M] //FRIED M，ÖSTMAN J O. Construction Grammar in a Cross-language Perspective. Amsterdam：John Benjamins，2004：11-86.

式在致使网络中的位置是否有所不同？它的发展趋势对其他致使构式有何影响？这些都是值得我们进一步研究的问题。

6.4　汉语“V 得”致使构式与英语致使构式的链接

郭锐曾指出，致使结构在世界语言中一方面差异比较大，另一方面又具有较大的共性，所以很有类型学研究的意义①。正是由于致使结构有如此重要的研究价值，语言学界逐渐形成“致使类型学”。将致使结构放在类型学视角下进行考察的致使类型学，对于建立世界语言的致使构式网络也具有重要意义。

在汉语和英语致使构式中，有一些在结构类型上是对应的。郭锐、叶向阳曾将致使结构分为使动型、结果型及混用型三类，其中使动型包括使令式、虚义致使动词式、邻接致使动词式等，结果型包含间隔结果式、隔宾结果式、粘合结果式等。② 虽然不同学者对致使结构的分类和命名不同，但实质上是相差不大的。按照本书的分类，汉语使令致使构式对应于英语的“make、cause”等词引导的致使结构，汉语的使动致使结构对应于英语的“worry、enlarge”等词汇型致使结构。那么汉语的“V 得”致使构式对应于英语的哪一类致使结构呢？本书认为，可以对应于英语的 into-致使构式，二者都属于郭锐、叶向阳分类中结果型致使结构的间隔结果式，即致使原因事件和致使结果事件分别由独立的谓词表示，并且两个谓词之间有虚词隔开。本节就以汉语“V 得”致使构式与英语 into-致使构式的对比研究为切入点，探讨“V 得”致使构式在致使类型学的中研究价值。

6.4.1　英语 into-致使构式

英语 into-致使构式（the into-causative construction）在形式与语义特征上与汉语“V 得”致使构式很相似。21 世纪，越来越多的语言学家注意到这个致使结构，国外如 Hunston 和 Francis、Rudanko、Gries 和 Stefanowitsch、Jong-Bok Kim 和 Marka Daives、Susanne Flach 等，国内如张继东、刘恋、刘萍等都

① 郭锐．致使的语义类型和“把”字句语义差异［C］//巴黎：第 17 届国际中国语言学学会论文集，2009.

② 郭锐，叶向阳．致使表达的类型学和汉语的致使表达［C］//新加坡国立大学：第一届肯特岗国际汉语语言学圆桌会议论文集，2001.

曾撰文从不同角度对该构式进行过考察和研究。本小节先对英语 into-致使构式进行简要介绍。

英语中的 into-致使构式是指以下构式：

（617）He tricked me into employing him.（Gries & Stefanowitsch，2004）

（618）I probably pressured him into driving around the barricades.（Jong-Bok Kim & Marka Daives，2015）

（619）He tricked the slaves into believing he was taking them to freedom.（Susanne Flach，2020）

以上例句中都包含 into-致使构式，该构式的特点是：有两个谓词，一个谓词位于 into 之前，为主要动词（main verb），表示致使的方式，指陈致使原因事件；另一个谓词是位于 into 之后的动词现在分词，表示致使结果，指陈致使结果事件。学者们一般将 into-致使构式的句法形式记为［SUBJ V OBJ into V-ing］（参见 Susanne Flach 于 2020 年发表的成果），本书为了更好地将该构式与“V得”致使构式进行对比，参照“V得”致使构式的记法，将其句法形式记为［S＋V＋RS＋into＋V-ing］。

在 into-致使构式［S＋V＋RS＋into＋V-ing］中，S 是致使者，主要动词 V 指陈致使原因事件，被致使者是 RS，V-ing 是致使结果事件，构式包含两个事件。该构式的语义是：S 通过 V 导致 RS 执行 V-ing 表示的动作，或处于 V-ing 所描述的结果状态。如以上几例，表示的致使情景分别是“他欺骗我，致使我雇用了他”“我给他施压，使得他绕过了路障”“他欺骗奴隶们，使奴隶们相信了他要把他们带到自由之地”。每一例的主要动词本质上都不带致使义，所以这个构式的致使义是由整个构式带来的。

语言学界不少学者研究过这一构式，就目前所能查阅到的文献来看，首先对其进行研究的是 Hunston 和 Francis。他们曾考察过能进入该构式的主要动词槽位的谓词，统计了这些动词出现的原始频率数据。[①] Rudanko 则基于语料库针对该构式进行了深度语料库构建调查。[②] Gries 和 Stefanowitsch 将构式搭配分析法（评估词素与构式之间关联强度的方法）应用于 into-致使构式中，研究了该

---

① HUNSTON S，FRANCIS G. Pattern Grammar：A Corpus-driven Approach to the Lexical Grammar of English［M］. Amsterdam：John Benjamins，2000.

② RUDANKO J. Complements and Constructions［M］. Lanham，MD：University Press of America，2002.

构式中词语与构式的搭配强度，计算出了单词和构式各自的出现频率。[①] 后来，Gries 和 Stefanowitsch 又从该构式的两个谓词共同出现频率的角度，对该构式中作为互为变化的共现词素进行了考察研究，总结出认知因素和文化因素是两个动因因素，同时提出构式搭配分析法不仅可对有两个槽位的构式进行分析，还可以扩展到超过两个槽位的构式。[②] Jong-Bok Kim 和 Marka Daives 以 13 亿单词文本中的近 2 万个例句为研究对象，对 into-致使构式进行了基于语料库的全面考察，为关于此构式的共时特征与历时演变提供了新线索，解释了其内部结构的语法性质，同时还分析了 into-致使构式作为致使移动构式的扩展构式，与其族构式如结构构式及 way-构式在语法性质上的相同点及不同点。[③] Susanne Flach 从历时演变角度考察了 into-致使构式，她认为，into-致使结构是一种带介词句子性补语的复杂及物论元结构构式（a complex transitive argument structure construction with a prepositional sentential complement），并从构式化（constructionalization）及构式演变（constructional change）的角度探讨了 into-致使构式的出现轨迹，认为构式网络中各节点的一系列相关变化为 into-致使构式的出现提供了必要和便利的条件，同时构式化的进程应该更好地捕获“构式出现”（constructional emergence）这一节点。[④]

6.4.2　汉语“V 得”致使构式与英语 into-致使构式的对比研究

英语 into-致使构式与汉语“V 得”致使构式在语义上都表示致使含义，在结构上二者也很相似，都包含了 S、RS、表致使原因的主要动词 V、表致使结果的次要动词（RVP、V-ing）等几个构件，并且表示致使原因和致使结果的两个谓词都是由一个虚词（“得”、into）隔开，二者都属于隔开式致使结构。本小节对二者进行简要对比研究，二者的共同特征主要体现在以下几点。

第一，into-致使构式与汉语“V 得”致使构式一样，表致使结果的次要动

---

① GRIES T，STEFANOWITSCH A. Collostructions：Investigationg the Interaction of Words and Construction [J]. International Journal of Corpus Linguistics，2003 (2).

② GRIES T，STEFANOWITSCH A. Collostructions：Covarying Collexemes in the Into-causative [J]. Language，Culture，and Mind，2004：225-236.

③ KIM J B，DAIVES M. The INTO-CAUSATIVE Construction in English：A Construction-Based Perspective [J]. English Language and Linguistics，2015.

④ SUSANNE F. Constructionalization and the Sorites Paradox：The Emergence of the Into-causative [M] //SOMMERER L，SMIRNOVA E. Nodes and Networks in Diachronic Construction Grammar. Amsterdam：John Benjamins，2020：49.

词的语义指向都有限制，都必须指向RS（即被致使者），如此才能保证是一个致使构式。如：

（620）The team poured energy into completing the project.（Susanne Flach，2020）

虽然该构式在形式上与into-致使构式一样，都是［S＋V＋RS＋into＋V-ing］，但它并不是into-致使构式。因为，从语义上看，“完成项目”的是主语the team，而不是宾语energy。也就是说，into后的结构completing the project并不是指向被致使者energy，而是指向了致使者the team，那么energy与completing the project就不能一起构成致使结果事件，所以这个例句不属于into-致使构式。这一点与“V得”致使构式的RVP的语义限制要求一样，关于此在前文已详细讨论过，此处不再赘述。

第二，在语义特征上，“V得”致使构式表示已然发生的事实，into-致使构式也一样，如：

（621）Mary asked him into the room.（But he didn't enter the room.）

（622）Mary urged him into the room.（But he didn't enter the room.）

在以上两例中，加入括号中的小句，前半句的into-结构一样成立，意味着前半句并不一定真正涉及进入房间的运动。这两句是指Mary企图邀请或催促he移动到房间中，但该动作可能并没有进行。我们再来看标准的into-致使构式例句：

（623）Mary fooled him into wearing the clothes.（# But he didn't wear the clothes.）

（624）Mary coaxed students into violating the rules.（# But they didn't violate the rules.）

以上两句，如果加上括号中的部分，前半句的into-结构就不能再成立，所以不能加上括号里的小句。也就是说，前半句的into-结构表达的是已然真实发生的事件。这就说明，into-致使构式与“V得”致使构式一样，所表达的都是已然发生的事实。

第三，“V得”致使构式中能进入主要动词V的槽位的谓词，都有一定的语义限制，在意义类型上可以分为日常生活类、心理感受类、生理反应类、自然力类与类致使词类。根据Jong-Bok Kim和Marka Daives的统计，into-致使构式也一样，对于能进入其V槽位的动词，从意义类别上主要可以分为三种类型，本书将其归纳为表6.5。

表 6.5　Jong-Bok Kim 和 Marka Daives 对 into-致使构式谓词 V 语义类别的分类

意义类别	动词示例	构式例
Annoy 类，指让某人有不好感受的动词	frighten，intimate，irritate，panic 等	She annoyed them into letting her join the band.（Jong-Bok Kim & Marka Daives，2015）
Coax 类，指强制性诱导性动词	badger，cajole，flatter，persuade 等	I coaxed her into talking about herself.（Jong-Bok Kim & Marka Daives，2015）
Fool 类，指欺骗性或误导性有关的动词	con，deceive，fool，mislead 等	It may mislead people into obeying the l（Jong-Bok Kim & Marka Daives，2015）

Jong-Bok Kim 和 Marka Daives 还指出，大部分能进入 into-致使构式的动词都是消极义的，但实际上还有少量积极义的动词也可以进入槽位，如 encourage、inspire、guide 等。张继东、刘恋、刘萍经过统计研究，将 into-致使构式谓词 V 分为心理谓词、活动谓词和状态谓词三大类。[①] 由此可见，into-致使构式的 V 槽位对于进入它的谓词有严格的语义限制。这一点与“V 得”致使构式一样。

6.4.3　关于致使类型学与世界语言的致使构式网络

从致使类型学角度看，“V 得”致使构式与 into-致使构式属于同一类型的致使结构，即使因事件和使果事件由不同的谓词分开表达，且两个谓词由一个虚词隔开。同时二者具有很多类似的句法、语义特点。所以我们得到的启发是可以从致使类型学角度对二者进行深入研究，甚至探讨如何在致使类型学的视角下建立世界语言的致使构式网络。

本章绘制了“V 得”致使构式的网络承继图。根据 Jong-Bok Kim 和 Marka Daives 的观点，into-致使构式在英语的构式网络中通过承继链接相互关联，其中子结构可以从它们的超结构中承继形式和句法属性，如图 6.21 所示。

本章尝试通过对“V 得”致使构式的研究初步建立了汉语致使构式网络，并得出“V 得”致使构式处于汉语致使构式网络中边缘位置的结论。再来看

① 张继东，刘恋，刘萍．基于美国当代英语语料库“致使构式”的语言特征研究——以“into V-ing 致使构式”为例［J］．外语教学，2019（7）．

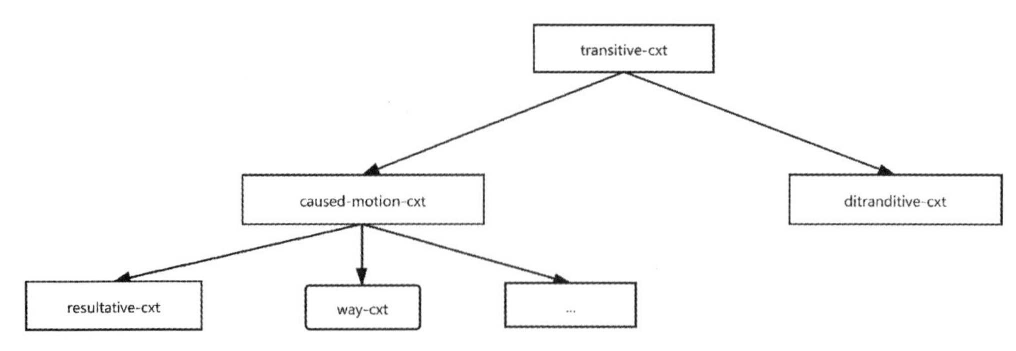

图 6.21 into-致使构式网络中的承继链接①

into-致使构式，它的使因事件和使果事件由不同的谓词分开表达，所以时空重合度很低，同时还具有被致使者自主程度较高的特点，根据 Shibatani 和 Pardeshi 提出的致使连续统理论，它属于间接致使（indirect causative），也应该处于英语致使构式网络的边缘位置。

目前，致使类型学只涉及不同语言中各类致使结构的类型学特征研究，如果我们尝试在处于不同语言致使构式网络中边缘位置的两个构式，如“V得”致使构式与 into-致使构式之间建立关联，那么对于建立世界语言的致使构式网络将具有重要推动作用。

① KIM J B, DAIVES M. The INTO-CAUSATIVE Construction in English: A Construction-Based Perspective [J]. English Language and Linguistics, 2015.

第7章
“V得”致使构式的历时演变

第3至第6章都是共时层面的研究，本章主要进行历时层面的研究，尝试对“V得”致使构式的来源、发展和演变进行溯源和解释，并对不同时期的该构式进行对比研究。

Traugott 和 Trousdale 从历时构式语法（Diachronic Construction Grammar）的维度研究了构式的构式化与构式演变，提出，“构式化是指形式$_{新}$-语义$_{新}$（F_{new}-M_{new}）符号的产生，涉及形态、句法、形式、语义/语用、语音、篇章等变化的新分析；构式演变是指渐变的构式化前后都伴随的一系列常规化增强的步骤”①。Susanne Flach 指出，“‘构式化’指的是在网络中添加一个新节点（即新构式）的过程，是构式语法方法在语言变化方面的一种扩展”②，并研究了 into-致使构式作为一个节点在构式网络中的出现情况。受此启发，本章也将从历时角度考察“V得”致使构式的演变过程。

本章第1节主要对“得”字的来源与演变、表致使义的“V得”述补结构的产生过程进行历时研究。第2节主要厘清“V得”致使构式从出现到明清以前，即从唐代到元代的发展脉络，考察“V得”致使构式出现的节点，以及探究每个时期“V得”致使构式有哪些子构式类型出现。第3节对现代汉语“V得”致使构式的概况进行描写，并与明清时期的“V得”致使构式进行对比研

① TRAUGOTT E C，TROUSDALE G. Constructionalization and Constructional Changes [M]. Oxford：Oxford University Press，2013.

② SUSANNE F. Constructionalization and the Sorites Paradox：The Emergence of the Into-causative [M] //SOMMERER L，SMIRNOVA E. Nodes and Networks in Diachronic Construction Grammar. Amsterdam：John Benjamins，2020：49.

究。第4节对“V得”致使构式各个子构式在网络中作为节点的出现时间、发展特点及产生机制进行研究。

7.1 “V得”致使结构的产生

“V得”致使构式中的核心构件是“V得”，厘清构件“V得”的发展演变过程对于研究该构式的历时演变过程至关重要。本节首先从“得”的源头及发展说起，再探究“V得”述补结构，以及“V得”致使构式是在何时产生、如何产生的。

7.1.1 “得”的源头及演变

李学勤在《字源》中指出，“得字的甲骨文和金文或从贝、从又”[①]。汉语史上，“得”在甲骨文中已出现。《说文解字》对“得”的解释是：“行有所得也”[②]，即“得到、获得”之义，为及物实义动词。后来实义“得”经历了虚化，具体发展过程如下。

在上古汉语时期，“得”字最初的本义是“获得、得到”的意思，作谓语动词用。如下例：

(625) 燕婉之求，得此戚施。(《诗经·邶风·新台》)

(626) 西南得朋，东北丧朋。(《易经·坤卦·卦辞》)

(627) 缘木求鱼，虽不得鱼，无后灾。(《孟子·梁惠王上》)

根据祝敏彻的统计，上古汉语时期动词“得”持“获得”义时，还可以以复合动词用在动宾式中，如“得罪”[③]，又如：

(628) 云不可使，得罪于天子，亦云可使，怨及朋友。(《诗经·小雅·雨无正》)

(629) 为政不难，不得罪于巨室。(《孟子·离娄章句上》)

上古汉语后期，“得”开始用于动词之前，作助动词用，带有“可能、可以，许可”的含义，与能愿动词“能”字意义很接近。

(630) 里仁为美。择不处仁，焉得知？(《论语·里仁篇》)

---

① 李学勤．字源［M］．天津：天津古籍出版社，2012.

② 许慎．说文解字［M］．北京：中华书局，2018.

③ 祝敏彻．“得”字用法演变考［J］．甘肃师范大学学报副刊（语文专号），1960（1）.

(631) 此非距心之所得为也。(《孟子·公孙丑下》)

(632) 楚国之法，必有重赏大功而后得见。(《庄子·让王》)

从西汉开始，动词“得”可以接在另一个动词之后，形成连动结构，用来表示前面动作的结果。此时，“得”还带有“得到”之义，处于虚化发展的方向，是一种临界状态，格式为“V得”或“V得O”。如：

(633) 其后有人盗高庙前玉环，捕得。(《史记·张释之冯唐列传》)

(634) 假使尧时天地相近，尧射得之，犹不能伤之。(《论衡·感虚》)

(635) 渔者网得神龟焉。(《论衡·讲瑞》)

西汉时期，动词“得”持“得到”义时，也可以接到另一动词之前，这种用法在《史记》里有不少例子：

(636) 孝文在代时，前后有三男，及窦太后得幸，前后死，及三子更死，故孝景得立。(《史记·孝景本纪》)

(637) 康叔封、厓季载皆少，未得封。(《史记·管蔡世家》)

根据岳俊发的考察，东汉末，“V得O”中的“得”字语义开始变化，此时“得”的“获得”义开始消失，开始表达动作的完成，表示“达成、完成”义[①]。例句如：

(638) 先嫁得府吏，后嫁得郎君。(《孔雀东南飞》)

(639) 医得眼前疮，剜却心头肉。(聂夷中诗《咏田家》)

(640) 祥尝在别床眠，母自往暗斫之。值祥私起，空斫得被。(《世说新语·王祥事后母》)

赵长才曾讨论了“得”字结构表致使义的情况，他认为，在历史上“得”曾是弱式使令标记，持“使”“令”的致使义进入两个谓词成分之间，形成“V得VP”即述谓结构，然后“进一步虚化为结构助词，形成‘V得C’述补结构”[②]。他的用例如下：

(641) 悔嫁风流婿，风流无准凭，攀花折柳得人憎。(《敦煌曲子词集·南歌子》)

---

① 岳俊发．得字句的产生和演变［J］．语言研究，1984（2）．

② 赵长才．结构助词“得”的来源与“V得C”述补结构的形成［J］．中国语文，2002（2）．

虽然后来刘子瑜反驳了赵文中认为的“V得C”述补结构的“得”来源于“得”的致使义，但她也认同在六朝时期“得”确实具有致使义，只是“与‘V得C’述补结构中‘得’的来源并无关系”①。

中古后期，动词之后的“得”字开始发展出表“能”“可能”之义，此时“得”字还未完全虚化，是助动词，可以用于肯定式和否定式，例句如：

（642）乱后难归得，他乡胜故乡。（杜甫诗《得舍弟消息》）

（643）踏破讲筵，开启不得。（《敦煌变文集·庐山远公话》）

唐宋时期，开始出现构词成分“得”，那个时候有很多动词后的“得”已经虚化成了词尾，即现代汉语中的构词语素。例如：

（644）忆得当年识君处，嘉禾驿后联墙住。（刘禹锡诗《送裴处士应制举诗》）

（645）归时月堕汀洲暗，认得妻儿结网灯。（陆龟蒙诗《和袭美钓侣二章》）

再后来，“得”字在动词后更加虚化，可以表示时体状态，相当于现代汉语助词“着”，如：

（646）江上晚来堪画处，渔人披得一蓑归。（郑谷诗《雪中偶题》）

此处的“得”字继续虚化，最终完全虚化为结构助词，没有实际意义，位于谓语之后，形成“V得C”述补结构，“得”后可以接动词、形容词、谓词词组、小句等，起着连接述语和补语的语法作用。此时“V得C”述补结构可以表示可能、状态、结果、程度、致使等。例如：

（647）铁叉叉得血汪汪。（《敦煌变文集·目连变文》）

（648）气象四时清，无人画得成。（方干《处州洞溪》）

（649）别来老大苦修道，炼得离心成死灰。（白居易《梦旧》）

（650）生时百骨自开张，唬得浑家手脚忙。（《敦煌变文集·父母恩重经讲经文》）

以上例句中的“V得”述补结构，第一例表状态，第二例表可能，第三例表结果，第四例表致使。至此，“得”字的虚化过程完成，形成助词用法。即经过语法化，“得”字可以位于谓语和补语之间，形成了“V得”述补结构的用法。本书将以上“得”字用法的发展过程归纳为表7.1。

---

① 刘子瑜．也谈结构助词“得”的来源与“V得C”述补结构的形成［J］．中国语文，2003（4）．

表7.1 “得”字用法的发展过程

位置	用法	结构	意义	例句
单用或宾语之前	实义动词，独立使用	得O	获得、得到（本意）	得道多助，失道寡助。西南得朋，东北丧朋。
		得/亦得	行	得矣，亦得
动词之前	助动词	得V	可能/可以/允许	择不处仁，焉得知？必有重赏大功而后得见。
	结构助词	得V	得到/获得	故孝景得立。康叔封、厓季载皆少，未得封。
	助动词	得VP	致使	天即雷电霹雳，终不能得坏。攀花折柳得人憎。
动词之后	动词	V得/V得O	得到	其后有人盗高庙前玉环，捕得。渔者网得神龟焉。
	助动词	V得O	完成/达成	先嫁得府吏，后嫁得郎君。卖得数斛米。
	助动词	V得/V不得	可能	留不得，留得也应无益。
	助动词	V得	构词语素	忆得当年识君处。认得妻儿结网灯。
	时体助词	V得	时体状态，同“着”，表动作持续	渔人披得一蓑归。
	结构助词	V得+V/ADJ/主谓结构等	表状态/可能/程度/致使等	铁叉叉得血汪汪。气象四时清，无人画得成。炼得离心成死灰。生时百骨自开张，唬得浑家手脚忙。

7.1.2 “V得+主谓结构”述补式的产生

上一小节我们回顾了“得”字用法的发展过程，本小节我们来具体讨论“V得+主谓结构”述补式的产生。

7.1.2.1 “V得”述补结构的分类

第一小节已述，随着“得”字的虚化，出现了“V得”述补结构。但是“V得”述补结构纷繁复杂，为精准考察我们的研究对象，我们需要先对“V得”述补结构进行分类。

学界对“得”字述补结构的分类渊源已久，张志公[①]、林焘[②]、王力[③]、胡裕树[④]、李临定[⑤]、吕叔湘[⑥]、朱德熙[⑦]、岳俊发[⑧]、杨平[⑨]、范晓[⑩]、缪锦安[⑪]、张豫峰[⑫]、赵长才[⑬]、刘子瑜[⑭]、曹秀玲[⑮]等分别从不同的角度对“V得”述补结构进行过分类，意见各不相同。本书认为，要厘清“V得”述补结构的确切分类，不仅要从共时层面进行考察，还要从历时层面进行考察，要分清每一类述补结构的来源是什么，沿着什么路径虚化而来，才能更精准地分类。祝敏彻、岳俊发认为，“得”的虚化过程按照两条路径进行，一条是沿“获得”义的途径虚化，另一条是沿“可能”义的途径虚化。前者逐渐虚化为连接述语和情态补语（现在称“状态补语”或“结果补语”）的结构助词，后者则逐渐虚化表示可能的结构助词。朱德熙曾提到，“得”在可能义述补结构中既不属于前面的述语，也不属于后面的补语，是一个独立助词，而“得”在表状态的述补结构（非可能义的述补结构）中是一个动词后缀。综合目前的研究现状，本书认为，“V得”述补结构从宏观上可以分为两类：一类表示可能义，这类“得”字补语

---

① 张志公．汉语语法常识［M］．北京：中国青年团出版社，1953.

② 林焘．现代汉语补足语里的轻音现象所反映出来的语法和语义问题［J］．北京大学学报，1957（2）.

③ 王力．汉语史稿［M］．北京：中华书局，1958.

④ 胡裕树．现代汉语［M］．上海：上海教育出版社，1995.

⑤ 李临定．带“得”字补语句［J］．中国语文，1963（5）.

⑥ 吕叔湘．《汉语语法分析问题》［M］．北京：商务印书馆，1979.

⑦ 朱德熙．语法讲义［M］．北京：商务印书馆，1982.

⑧ 岳俊发．得字句的产生和演变［J］．语言研究，1984（2）.

⑨ 杨平．带“得”的述补结构的产生和发展［J］．古汉语研究，1990（1）.

⑩ 范晓．V得句的“得”后成分［J］．汉语学习，1992（6）.

⑪ 缪锦安．汉语的语义结构和补语形式［M］．上海：上海外语教育出版社，1990.

⑫ 张豫峰．得字句和有字句［M］．延边：延边大学出版社，2002.

⑬ 赵长才．结构助词“得”的来源与“V得C”述补结构的形成［J］．中国语文，2002（2）.

⑭ 刘子瑜．也谈结构助词“得”的来源与“V得C”述补结构的形成［J］．中国语文，2003（4）.

⑮ 曹秀玲．得字的语法化和得字补语［J］．延边大学学报，2005（9）.

从语义上容易判断，形式上也易辨识，作补语的只是单个的动词（多为趋向动词）或单个形容词；另一类表示非可能义，补语构成成分从字词到小句长度不等，语义关系也颇为丰富、复杂，可以分为状态补语、结果补语、程度补语等。

本书的研究对象“V得”致使结构属于第二类，即表示非可能义的补语结构。所以本书对“V得”述补结构的历时考察，只涉及表示非可能义的“V得”述补结构，不涉及表可能义的“V得”述补结构，特此说明。

7.1.2.2 “V得”述补结构的产生

关于“V得”述补结构的“得”是从何而来，部分学者（如祝敏彻、岳俊发）认为，结构助词“得”是由表“完成”义的“得”字虚化而来。本书认同这种观点，因为在表示某种动作的结果时，按照事情发展的逻辑顺序，总是需要在动作完成以后才能造成的某种结果的发生，所以，由表“完成”义的“得”发展成结构助词“得”是合理的。

关于“V得”述补结构产生于何时，学界对这一问题进行过争论。王力、杨建国、杨平、蒋绍愚、吴福祥、赵长才等都认为“V得”述补结构产生于唐代。而岳俊发将这一时间提前至魏晋南北朝时期，他所列举的引例是：

(651) 平子饶力，争（挣）得脱，逾窗而走。（《世说新语·规箴》）

对于这个例句，杨平、蒋绍愚都提出过反驳意见，认为“挣得脱”不宜看作述补结构，而应看作是“挣而得脱”，是一个连谓结构。

杨平认为，“V得”述补结构产生的原因是，在唐代，当“V得”后面带的成分由体词性宾语发展出谓词性成分补语，后者便发展为“V得”述补结构。吴福祥认为，“得”演变成结构助词、标记补语的原因是，在唐代，“V得”后开始接谓词性成分作补语。

本书认同以上观点，就目前能检索到的语料情况，“V得”述补结构到唐代才真正出现，并且在唐五代时期大量产生。如：

(652) 于是白庄布阵于其横岭，排兵在于长川，喊得山崩石裂，东西乱走，南北奔冲，齐入寺中，唯称活捉。（《敦煌变文集·庐山远公话》，p172）

(653) 清云：“径山问得彻困也[①]。”（《祖堂集·卷第七·雪峯[②]和

① 此句景德传灯录、雪峰语录、广录作“问径山得彻困也”；宗门统要、联灯会安、五灯会元作“问得径山彻困也”。后者与本书所研究的“V得”致使结构类似。

② “峯”，同“峰”。

尚》，p354）

（654）练得身形似鹤形，千株松下两函经。（《祖堂集·卷第四·药山和尚》，p225）

唐五代以后，“V得”述补结构的用法增多。如：

（655）董仲舒道得好，惟仁人正其义不谋其利，明其道不计其功。（《二程语录·卷十六·遊氏本拾遗》，p253）

（656）汝生得貌如秀士，料想不是客家。（《张协状元·第九出》，p523）

（657）我浑身跌的疼痛，你好生扶着我，回后堂中去。（《元曲选》连环计）

（658）任从他阴晴昏昼，我直吃的醉时眠衲被蒙头。（《新校元刊杂剧三十种·关大王单刀会·第二折》，p67）

（659）咱是阴鬼，怎敢陷他？唬的我向阴云中无处躲。（《新校元刊杂剧三十种·关张双赴西蜀梦·第三折》，p13）

（660）不一时，请至方丈，里面糊的雪白……（《金瓶梅词话》四十八回，p1162）

（661）后边又时常着些妓女，打扮得十分艳丽，来与他闲话，说些风情。（《型世言》一回，p11）

（662）五儿吓的哭哭啼啼。（《红楼梦》六十一回，p525）

如以上各例，“得”后的补语部分，有的是动词，有的是形容词，有的是动词重叠式，有的是比拟结构，有的是状中结构，有的是主谓结构。本书所研究对象“V得”致使构式的“V得”后是主谓结构，所以本书将进一步考察范围缩小至“V得+主谓结构”的述补式。

7.1.2.3 “V得+主谓”述补式的产生

在“V得”述补结构大量产生的唐代，其补语部分为主谓结构的[V得+主谓结构]也大量产生。

（663）瞽叟打舜子，感得百鸟自鸣，慈乌洒血不止。（《敦煌变文集·舜子变》，p131）

（664）张令见妻所说，喜悦自胜，遂与妻同礼谢净能，启言：“尊师救得妻子再活，恩重岳山，未委将何酬答？”（《敦煌变文集·叶净能诗》，p218）

（665）西施淫摩（魔）得人怜，迷得襄王抛国位。（《敦煌变文校注・维摩诘经讲经文（二）》，p812）

（666）情香思知多少，恼得山僧悔出家。　（白居易诗《题灵隐寺》）

以上几个例句中，其“V得”后的补语部分均为主谓结构，即“V得”结构是［V得＋主谓结构］。

由此本书认为，“V得＋主谓结构”述补式产生的机制应该是：东汉时期，完成义“得”形成“V得（O）”结构后，“V得O”中的“得”语法化为体标记，此时，能进入V槽位的动词不仅仅是及物的动作动词，还有不及物的趋向动词也可以进入该槽位，如“到、过、出、行、上、走”等；能进入O槽位的也不仅仅是对象宾语、数量宾语，还有处所宾语、时间宾语等也可以进入该槽位。此时的“V得”可以看成作为一个整体出现在新兼语式的第一个动词位置，“得”仍是表完成的动态助词。而到了唐代，“得”字虚化为结构助词，大量出现了“V得C”述补结构，而C的形式在这一时期得到了快速发展，首先是动词、形容词等简单谓词作补语，后来“V得C”结构与“V得O”结构开始融合，补语成分的形式继续发生扩展。当主谓结构获得进入C槽位的资格时，便产生了以主谓结构形式为补语的［V得＋主谓结构］。

7.1.3　“V得”致使结构的产生

“V得”致使结构也产生于唐代。其产生的历史背景是，唐代政治比较开明，君主任贤纳谏，广开言路，各种社会思潮活跃，思想开放，禁忌较少，因而涌现出一大批优秀的文人墨客。唐代的文化全面繁荣，形成了百花齐放的局面，各种体裁的文学形式都出现了很多优秀的作品，相应的，这一阶段语言文字的发展也较迅猛。在唐代出现的“V得C”述补结构中，C的形式得到了快速发展，从简单的谓词发展到复杂的主谓结构，都可以作补语形式填充C的槽位。杜轶提出，首先产生的［V得＋主谓结构］，是“尊师救得妻子再活”，其V具有“V得O”分布，所以这种类型的子构式雏形来源于“‘V得O’与‘V得C’的融合”。[①]

既然在形式上比一般的“V得C”述补结构更为复杂，那［V得＋主谓结构］在语义上就应该比普通述补结构“V得C”也要复杂一些。［V得＋主谓结构］的语义从表示普通的结果补语发展出表示致使义，发展机制大概有两方面。

① 杜轶．汉语“V得C”结构的起源与演变［D］．北京：北京大学，2008.

一是心理上的强化作用，我们知道，“V得C”最初产生时的“得”是由“完成”义的“得”经过虚化得来的，V与C经过“得”的相连，形成了一种“完成了V之后，形成了C这样的结果”的情势。当后来C由主谓结构填充时，“得”前后的两个谓词就分别代表两个按照先后顺序发生的事件，经过心理上的强化，两个事件之间很容易形成致使关系。二是在语用上的扩展，可以表示致使义的[V得+主谓结构]形成后，在语用功能上发展扩展，不仅能作谓语使用，还能作其他成分，于是便固定下来，使用频率也逐渐升高，形成了稳定的“V得”致使构式。

在这一过程中，“V得”也经历着词汇化。词汇化的一个重要特征是，结构中有一个功能虚化的虚词，比如“V得”中的“得”。我们知道，汉语词缀的形成是词汇化的结果，其发展链条可概括为：实义词——语法词/附着词——词内成分，“V得”中“得”的历时发展正好恰当地体现了这个发展链锁。第一，上文已述，“得”在演变过程中从一个实词逐渐虚化，在这个过程中，大大提高了“得”与相邻成分黏合为一个词的可能性。“得”最初与V连用时一直用作实义动词，可以表“获得”义或“能够”义。随着句法环境的变化，“得”开始虚化出“完成”义，此时再与V连用，便为“V得”的词汇化提供了动因，到最后“得”完全虚化，便与V成词，词汇化为“V得”，表示致使力。第二，董秀芳指出，“能够发生词汇化的前提是两个成分必须处于一个特定的句法构式中，而且其所处的句法构式应该有比较高的使用频率”①。关于高频使用，本书第2章已证实过，“V得”致使结构的使用频率很高，容易让人们将其作为一个组块感知，为“V得”的词汇化提供了关键性的环境。第三，从语音角度，我们认为，语义的发展与语音的变化是相辅相成的，语义的发展会使语音发展变化，而语音的变化也可以从侧面印证语义的发展情况，甚至可以说，语音弱化还可以推动词汇化进一步发展。比如，“得”最初表“获得”或“能够”义时，是实义动词，读音为阳平；后来，出现了“V得”，“得”的意义逐渐虚化，“得”的阳平读音也不断变轻、脱落，“V得”的读音重点落在V上，“得”的读音开始变轻，最终当“得”完全虚化时，形成“V得”述补结构，“得”的读音已变为轻声de，此时“V得”完成词汇化。

---

① 董秀芳．词汇化：汉语双音词的衍生和发展（修订本）[M]．北京：商务印书馆，2013.

7.2 明清之前的“V得”致使构式

除了理论上的分析，为了厘清“V得”致使构式的实际发展脉络，本书将“V得”致使构式的考察范围往前上溯至唐五代时期，往后延伸至现代汉语时期，勾勒出各子构式的发展脉络。本小节将考察明清之前“V得”致使构式各子构式的发展状况。

7.2.1 唐五代“V得”致使构式概况

本书考察的唐五代时期作品有《敦煌变文集》和《祖堂集》。《敦煌变文集》与神魔、佛教有关，展现了一个人神混合、光怪陆离的艺术世界，它的发现填补了中国文学发展史的一段空缺，是研究唐五代时期文字语言记录的重要史料。《祖堂集》是日本学者于20世纪20年代在朝鲜发现的现存最早的禅宗史书，是研究早期禅宗史的珍贵资料，冯淑仪提到，日本学者柳田圣山认为，《祖堂集》“在史料等方面有其特殊的地位，对研究初期禅宗史则是仅次于敦煌文献的宝贵史料”[①]。

这两部作品，本书所采用的底本分别为：1957年人民文学出版社出版的王重民等编的《敦煌变文集》版本、2007年中华书局出版的静筠二禅师的《祖堂集》版本。

在两部作品中检索出来的“V得”致使构式的构例，按照构件之间的语义关系模式可以分为以下几类。

1） A1式

(667) 小娘子如今娉了，免得父娘烦恼，推得精怪出门，任他到舍相抄（吵）。(《敦煌变文集·卷四·丑女缘起》，p794)

(668) 张令见妻所说，喜悦自胜，遂与妻同礼谢净能，启言：“尊师救得妻子再活，恩重岳山，未委将何酬答?”(《敦煌变文集·卷六·叶净能诗》，p218)

以上两例，Sn分别是“父娘”“尊师”，V分别是“推”“救”，Sn是V的施事；RS分别是“精怪”“妻子”，RS是V的受事；RVP分别是“出门”“再

① 冯淑仪.《敦煌变文集》和《祖堂集》的形容词、副词词尾[J].语文研究，1994(1).

活”，为致使结果。Sn为名词，是致使者；V是生活类及物动词，属于V1类，RS是被致使者，RVP是致使结果。两例的致使关系是“父母推精怪，使得精怪出门”“尊师救妻子，使得妻子再活”。两例致使关系链中包含且只包含两个事件，即致使原因事件和致使结果事件。

所以，这一类子构式的形式是［Sn＋V1得＋RS＋RVP］，语义模式是［施事＋V得＋受事＋受事的结果］，属于第3章所讨论的“V得”致使构式A1式子构式。

仔细分析便可发现，唐五代时期的A1式，与明清时期的A1式并不是完全一样的，主要体现为以下两点。第一，韵律上，此时A1式的“得”读音为阳平，语义还没有完全虚化，还带有一点“完成”义；明清时期的典型A1式“得”读音已经完成轻化为轻声，语义也已完全虚化。这一点也是印证了韵律句法学认为的韵律可以控制和反映语法。第二，“V得”与第二动词（RVP）的关系也不一样，唐五代时期的“V得”致使构例中，“V得”与RVP的关系比较单一，而明清时期的构例中“V得”与RVP的关系比较多元。这是因为在语言发展中该构式内部构件之间的关系也发生了变化。但是，为了便于梳理“V得”致使构式的发展脉络，本书仍然将唐五代时期的此类构例归入“V得”致使构式的A1式中进行统计，将其算作“V得”致使构式典型A1式子构式出现的雏形，即最初出现的节点，该节点后来不断发展演变为成熟的典型“V得”致使构式A1式。

此时期还出现了以“感得”为“V得”的构例，虽然这种构例的用法没有延续使用至现代汉语，但在产生之时也带有致使义。如：

(669) 须臾之间，感得帝释化身下来。(《敦煌变文集·卷六·庐山远公话》，p176)

(670) 太子既生之下，感得九龙吐水，沐浴一身。(《敦煌变文集·太子成道变文》，p331)

以上两例，“感”可理解为“感化”，是一个及物动词，所以这两例也属于A1子构式。

2） A2式

(671) 从门入者非宝，直饶说得石点头，亦不干自己事。(《祖堂集·卷第五·云岩和尚》，p254)

此例属于A2式子构式，V是“说”，致使者由V的施事或主事提升而来；被致使者RS与V没有语义关系，是独立于使因事件的另一结果事件RVP的独立主事；RVP表示受事RS在致使力作用下所呈现的结果，语义模式是［施事/

主事 1＋V1 得＋主事 2＋主事 2 的结果]，属于第 3 章所讨论的“V 得”致使构式 A2 式子构式。

3） B1 式

(672) 西施淫摩（魔）得人怜，迷得襄王抛国位。(《敦煌变文校注·维摩诘经讲经文（二）》，p812)

(673) 生时百骨自开张，唬得浑家手脚忙。(《敦煌变文集·父母恩重经讲经文》，p680)

(674) 二将当时夜半越对，唬得皇帝洽背汗流。(《敦煌变文集·汉将王陵变》，p36)

(675) 芳情相思知多少，恼得山僧悔出家。（白居易诗《题灵隐寺》）

以上几例的致使者都是由句子形式的 Se 直接表征，各构件及对应的致使角色是：Se 分别是“西施让人怜爱”“生时百骨自开张”“夜半越对”“芳情相思”，为致使原因；“V 得”分别是“迷得”“唬得”“唬得”“恼得”，为致使力，V 都是带使动含义的实义动词，属于 V2 类；RS 分别是“襄王”“浑家”“皇帝”“山僧”，为被致使者；RVP 分别是“抛国位”“手脚忙”“洽背汗流”“悔出家”，为致使结果。四例的致使关系分别是“西施让人怜爱，使得襄王着迷，致使襄王抛国位”“生时百骨自开张，使得浑家被吓到，致使浑家手脚忙”“当时夜半越对，使得皇帝被吓到，致使他洽背汗流”“芳情相思，使得山僧后悔，后悔致使他出家”。四例的致使关系链中都包含三个事件：一个致使原因事件 A 导致结果事件 B 产生，这是第一层致使关系；事件 B 又作为原因致使下一个事件 C 产生，这是第二层致使关系。总之，这两层致使关系包含三个事件。

根据以上分析，此类致使构式的形式是 [Se＋V2 得＋RS＋RVP]，构件间语义关系模式是 [致事＋V2 得＋主事＋主事的结果]，属于第 4 章所讨论的 B1 式子构式。

4） C 式

(676) 雪峯过在什摩处，招得孚上座不肯？(《祖堂集·卷第七·雪峯和尚》，p351)

此例的致事是由句子形式的 Se 直接表征，“招”为类致使词；而被致使者 RS 与 V 没有语义关系，是独立于使因事件的另一结果事件的独立主事；RVP 表示被致使者 RS 在致使力作用下所呈现的状态或动作。此类致使构式的形式是

[Se+V3得+RS+RVP]，构件间的语义关系模式是［致事+V3得+主事+主事的结果］，属于第4章所讨论的“V得”致使构式C式子构式。

综上，最初产生于唐五代的“V得”致使结构，分别有A1式、A2式、B1式、C式等四种子构式，这四种子构式可以说是“V得”致使构式的原型构式。

5）特殊构例

唐五代时期，已经出现了多结果“V得”致使子构式这类特殊构例，如：

(677) 子胥祭了，发声大哭，感得日月无光，江河混沸。(《敦煌变文集·伍子胥变文》，p21)

(678) 我忆昔在庐山之日，初讲此经题目，便敢（感）得大石摇动，百草亚身（曲身），瑞鸟灵禽飞来，满似祥云不散。(《敦煌变文集·庐山远公话》，p182)

(679) 不知道安是何似生，敢（感）得［听］众如云，施利若雨。(《敦煌变文集·庐山远公话》，p173)

以上几例“V得”后的成分，是由几个主谓结构并列连用的，组成复杂的多结果致使结果事件，是汉语多结果“V得”致使构式的源头。它们的“V得”都是“感得”。

7.2.2 宋代“V得”致使构式概况

本书考察的宋代时期作品是《朱子语类》《河南程氏遗书》和《张协状元》。《朱子语类》是朱熹与其弟子问答的语录汇编，主要内容是修身明理，“能反映朱熹的理学思想、当时的语言使用概貌”①。《河南程氏遗书》是北宋理学家程颢、程颐的弟子记载二程平时的言行的著作，比较集中地反映了二程以天理为核心的理学思想。《张协状元》是中国古代戏曲剧本，也是迄今发现的唯一保存下来的南宋戏文，具有浓郁的民间文学气息，为宋代语言研究提供了早期南戏的戏曲史料。

这三部作品，本书所采用的底本分别是：《朱子语类》为中华书局1986年出版的黎清德编、王星贤点校的版本；《河南程氏遗书》为中华书局1985年出版的《二程语录》中的《河南程氏遗书》篇；《张协状元》为中华书局2001年出版的《温州南戏新编剧本集》中的《张协状元》篇。在几部作品中检索出来的“V得”致使构式的构例按照构件间语义关系模式可以分为以下几类。

① 徐时仪. 略论中国语文学与语言学的传承及发展［J］. 上海师范大学学报（哲学社会科学版），2011（5）.

1） A1式

（680）似胜花娘子无异，血染得衣衫煞红。（《张协状元·第四十五出》，p606）

（681）强人不管它说……左手捽住张叶头稍，右手扯住。把光霍霍冷搜搜鼠尾样刀，番过刀背，去张叶左肋上劈，右肋上打。打得它大痛无声，夺去查果金珠。（《张协状元·第一出》，p504）

（682）公山弗扰果能用夫子，夫子果往从之，亦不过劝得他改过自新，舍逆从顺而已，亦如何能兴得周道？（《朱子语录·卷四十七·论语二十九》，p1181）

（683）然范蜀公欲以大乐唤醒，不知怎生唤得它醒？（《朱子语录卷九十七·程子之书三》，p2500）

以上各例，S分别是"血""强人""夫子""范蜀公"，V分别是"染""打""劝""唤"，都是及物动词，S是V的施事；RS分别是"衣衫""它（张叶）""他""它"，RS是V的受事；RVP分别是"煞红""大痛无声""改过自新""醒"，为致使结果。S为名词，是致使者；V是生活类动词，属于V1类，RS是被致使者，RVP是致使结果。几例的致使关系是"血染衣衫，使得衣衫煞红""强人打张叶，使得张叶大痛无声""夫子劝他，使得他改过自新""范蜀公唤它，使得它醒过来"。几例的致使关系链中包含且只包含两个事件，即致使原因事件和致使结果事件，是典型的双事件"V得"致使构式。

所以，以上几例的形式是［Sn＋V1得＋RS＋RVP］，语义模式是［施事＋V得＋受事＋受事的状态或动作］，属于第3章所讨论的"V得"致使构式A1式子构式。

2） A2式

（684）谁知道状元似鬼头风，日日炒得亚爹耳朵聋，两三日饭也不吃一口，谁知你今日死了一场空。（《张协状元·第三十二出》，p584）

上例的S是"状元"，为致使者；V是"炒（吵）"，是不及物动词；RS是"亚爹"，是被致使者；RVP是"耳朵聋"，是致使结果。致使关系是"状元吵，使得亚爹耳朵聋"，是典型的双事件"V得"致使构式。语法特点是：S是V的主事，RS与V没有语义关系，是独立于使因事件的另一结果事件的独立主事；V为不及物谓词，一般为日常生活类动词或自然力类动词；被致使者RVP表示被致使者RS在致使力作用下所呈现的状态或动作。

此例的形式是［Sn＋V1 得＋RS＋RVP］，语义模式是［施事/主事 1＋V1 得＋主事 2＋主事 2 的结果］，属于 A2 式。

3） B1 式

（685）只见一个猛兽，金睛闪烁，尤如两颗铜铃；锦体斑斓，好若半团霞绮。一副牙如排利刃，十八爪密布钢钩。跳出林浪之中，直奔草行径之上。唬得张叶三魂不付体，七魄渐离身，仆然倒地。（《张协状元·第一出》，p504）

上例的 S 是“只见一个猛兽……跳出林浪之中，直奔草行径之上”，是句子形式的致事，表示一个事件；V 是“唬”，是带使动义的实义动词，属于 V2 类；RS 是“张叶”，是被致使者；RVP 是“三魂不付体，七魄渐离身，仆然倒地”，是致使结果。该例的致使关系是：“一个猛兽跳出林浪之中，直奔草行径之上，使得张叶被吓到，致使张叶三魂不付体，七魄渐离身，仆然倒地。”这个致使关系链中包含三个事件：一个致使原因事件 A 导致结果事件 B 产生，这是第一层致使关系；事件 B 又作为原因致使下一个事件 C 产生，这是第二层致使关系。总之，这两层致使关系包含三个事件。

此类致使构式的形式是［Se＋V2 得＋RS＋RVP］，构件间的语义关系模式是［ 致事＋V2 得＋主事＋主事的结果］，属于 B1 式。

4） C 式

（686）诸家多如此说，遂引惹得司马温公东坡来辟孟子。（《朱子语录·卷六十·孟子十》，p1449）

（687）其气发扬于上，为昭明、焄蒿、凄怆，犹今时恶气中人，使得人恐惧凄怆，此百物之精爽也。（《朱子语录》卷六十三·中庸二，p1547）

（688）而序诗者妄意言之，致得人如此说。（《朱子语录》卷八十一·诗二，p2109）

以上几例中，S 分别是“诸家多如此说”“今时恶气中人”“序诗者妄意言之”，是句子形式的致事；“V 得”是“引惹得”“使得”“致得”，V 是类致使词；致使结果事件分别是“司马温公东坡来辟孟子”“人恐惧凄怆”“人如此说”。几例的致使关系是“诸家多如此说，使得司马温公东坡来辟孟子”“今时恶气中人，使得人恐惧凄怆”“诗者妄意言之，使得人如此说”。几例的形式是［Se＋V3 得＋RS＋RVP］，构件间的语义关系模式是［致事＋V3 得＋主事＋主事的结果］，属于 C 式。

跟唐五代一样，宋代的“V得”致使构式共有A1式、A2式、B1式、C式等四类子构式。

5）特殊构例

宋代，出现一例与“被”字句套合使用的特殊构例：

（689）跋涉到宸京，教门子打得身上疼。（《张协状元·第四十一出》，p599）

此例中的“教”同“叫”，表示被动含义。此例的格式是“被＋Sn＋V得＋RS＋RVP”，属于“V得”致使构式与“被”（“叫”）字句的套用情况。这种特殊构例在第3章已述，明清时期有例：

（690）无奈了山庙前又寻自尽，被农人打得我脸痛头昏。（《跻春台·巧姻缘》，p178）

就目前检索的结果而言，“V得”致使构式与“被”字句套合使用的特殊构例，产生于宋代。

另外，在《张协状元》中还发现两例V被动用法的特殊构例：

（691）一路到京里受钳锤，一查打得浑身破损，一妻济不得吾儒。（《张协状元·第四十六出》，p610）

（692）因登此山上，强人衣虎皮。把叶劫掠薄贱，一查打得皮肉破损鲜血满。（《张协状元·第十出》，p528）

以上两例的V是“打”的被动用法，表示“被打”的意义，是一种词类活用现象。

7.2.3 元代“V得”致使构式概况

本书考察的元代作品有《新校元刊杂剧三十种》和《元典章·刑部》。《新校元刊杂剧三十种》为元杂剧作品集，是研究元杂剧的重要文献。《元典章》是《大元圣政国朝典章》的简称，是元代典章制度方面的文献，分前集、新集两大部分，其中前集汇编了中统至延佑间的各种条格、诏令、公牍，分为诏令、圣政、朝纲、台纲、吏部、户部、礼部、兵部、刑部，工部等十门，新集分为典、朝纲、吏、户、礼、兵、刑、工八门，《刑部》篇幅占了全书三分之一的内容，规定了刑罚及诉讼制度，篇目最多、列举案例最详，能充分反映当时的生活及语言使用特点，是研究元代官话语言的重要文献。

这三部作品，本书所采用的底本分别是：《新校元刊杂剧三十种》为中华书局1980年出版的徐沁君点校的版本；《元典章·刑部》为中华书局2011年出版的陈高华等点校的版本。几部作品中检索出来的“V得”致使构式的构例按照构件间的语义关系模式可以分为以下几类。

1） A1式

(693) 这孩儿差讹了一个字千般见责，查着五个指十分便掴，打的孩儿连耳通红了半壁腮。(《新校元刊杂剧三十种·看钱奴买冤家债主·第二折》，p170)

(694) (张将军) 义赦了严颜罪，鞭打的督邮死，当阳桥喝回个曹孟德。(《新校元刊杂剧三十种·关张双赴西蜀梦·第一折》，p4)

(695) 那敬德自归了唐，到咱行，把六十四处烟尘荡。杀得敌军胆丧，马到处不能当，苦相持一万年阵，恶战讨九千场。(《新校元刊杂剧三十种·尉迟恭三夺槊·第一折》，p269)

以上几例，“打”“鞭打”“杀”都是及物动词，可带施事、受事两个论元，两个论元分别位于动词的前、后，表达的致使关系是“某人打孩儿，使得孩儿连耳通红了半壁腮”“张将军鞭打督邮死，致使其死”“敬德杀敌，使得敌军丧胆”。几例的形式是［Sn＋V1得＋RS＋RVP］，语义模式是［施事＋V得＋受事＋受事的结果］，属于A1式子构式。

2） A2式

(696) 听说罢唬了魂，说得我半晌如痴挣。(《新校元刊杂剧三十种·小张屠焚儿救母·第四折》，p805)

(697) 我直交金鼓震倾人胆，土雨溅的日无光，马蹄儿踏碎金陵府，鞭梢儿蘸乾扬子江。(《新校元刊杂剧三十种·关张双赴西蜀梦全·第二折》，p9)

以上各例，V分别是“说”“溅”，是不带使动义的实义动词；V前的施事分别是“某人”“土雨”，是致使者；RS分别是“我”“日”，是被致使者，RS与V没有语义关系，是独立于使因事件的另一结果事件的独立主事；RVP分别是“半晌如痴挣”“无光”，为致使结果。致使关系分别是“有人说唬了魂，使得我半晌如痴挣”“土雨溅得到处都是，使得天看上去都无光彩了”。两例的形式是［Sn＋V1得＋RS＋RVP］，语义模式是［施事/主事1＋V1得＋主事2＋主事2的结果］，属于A2式。

3） A3式

（698）忍不住拳揝，风雪里将人赚；唬得脸如蓝，索休书却大胆（《新校元刊杂剧三十种·好酒赵元遇上皇·第四折》，p138-139）

此例V为心理活动状态类不及物谓词，只能带一个论元，也就是Sn；Sn是V的主事，RS“脸”是隶属于S的身体部位（简称“属事”），RVP表示受事RS在致使力作用下所呈现的结果。此例为元代新出现的子构式，形式是［Sn＋V1得＋RS＋RVP］，语义模式是［主事＋V1得＋属事＋属事的结果］，属于A3式。

4） A4式

（699）受了他五七日心惊胆怕，不似这两三程行得人力尽身乏。（《新校元刊杂剧三十种·晋文公火烧介子推》，p515）

此例，V是“行”，是不带使动含义的实义动词；Sn是“这两三程”，是致使者，Sn与V的关系是“行两三程”；RS是“人”，RS不是V的受事，而是V的施事；RVP是“力尽身乏”，是致使结果。致使关系是“人走这两三程，使得人力尽身乏”。此例的特点是V的施事位于V之后，V的受事位于V之前，施受位置颠倒了，类似于现代汉语中的“八百米跑得我气喘吁吁”。此例是元代新出现的子构式，形式是［Sn＋V1得＋RS＋RVP］，语义模式是［受事/工具＋V1得＋施事＋施事的结果］，属于A4式，即施受颠倒类子构式。据此来看，施受颠倒类A4式子构式最早出现于元代。

5） B1式

（700）我暗想起当日，骂韩魏瓮场怕一场气；至如到今日，唬得我一脚高一脚低。（《新校元刊杂剧三十种·岳孔目借铁拐李还魂·第三折》，p484）

（701）我恰游仙阙，谒帝阍，猛惊得我跨黄鹤飞下天门。（《新校元刊杂剧三十种· 泰华山陈抟高卧·第二折》，p194）

（702）滔滔雪浪添风力，唬得他悠悠魄散魂飞。（《新校元刊杂剧三十种·楚昭王疏者下船·第四折》，p159）

（703）汉儿皇帝手里有两个好将军来，杀底这达达剩下七个，走底山洞里去了，上头吊着一个，驴下面一个，鼓儿听得扑洞洞响，唬得那人不敢出来。（《元典章·刑部·卷之三·诸恶·谋反·乱言平民作歹》，p1402）

以上几例，各构件及对应的致使角色是：S分别是“我暗想起当日，骂韩魏瓮场怕一场气”“我恰游仙阙，谒帝阍”“滔滔雪浪添风力”“上头吊着一个，驴下面一个，鼓儿听得扑洞洞响”，为句子形式的致使原因，表示一个事件，即致事；“V得”分别是“唬得”“惊得”“唬得”“唬得”，为致使力，V都是带使动含义的实义动词，属于V2类；RS分别是“我”“我”“他”“那人”，为被致使者；RVP分别是“一脚高一脚低”“跨黄鹤飞下天门”“悠悠魄散魂飞”“不敢出来”，为致使结果。致使关系分别是“我暗想起当日，骂韩魏瓮场怕一场气，使得我被吓到，致使我一脚高一脚低”“我恰游仙阙谒帝阍，使得我受惊吓，致使我跨黄鹤飞下天门”“滔滔雪浪添风力唬到了他，使得他悠悠魄散魂飞”“上头吊着一个，驴下面一个，鼓儿扑洞洞响，吓到了那人，使得那人不敢出来”。几例的致使关系链中包含三个事件：一个致使原因事件A导致结果事件B产生，这是第一层致使关系；事件B又作为原因致使下一个事件C产生，这是第二层致使关系。总之，这两层致使关系包含三个事件。

根据以上分析，此类致使构式的形式是［Se＋V2得＋RS＋RVP］，构件间的语义关系模式是［致事＋V2得＋主事＋主事的结果］，属于B1式子构式。

6） B2式

（704）不见他，空望得我眼睛花。（《新校元刊杂剧三十种· 关目公孙汗衫记·第二折 》，p369）

（705）冻得我手脚如麻木。（《新校元刊杂剧三十种·好酒赵元遇上皇·第二折》，p130）

（706）煴煴的羞得我腮儿热。（《新校元刊杂剧三十种·闺怨佳人拜月亭·第三折》，p46）

（707）世上不曾见这等跷蹊事，哭的我气噎声丝，诉不出一肚磋咨。（《元曲选·潇湘雨》）

以上几例，S均隐省；V是“望”“冻”“羞”“哭”，均为不带致使义的实义动词，一般为生理反应类谓词或日常生活类谓词，且V直接指陈致使原因事件，V的语义指向RS；被致使者RS既是V的主事，也是RVP的主事，致使力的发出者和接受者都是RS；RVP表示被致使者RS在致使力作用下所呈现的状态或动作。几例的致使关系分别是“我望，使得我眼睛花”“我冻着了，使得我手脚麻木”“我害羞了，使得我腮儿热”“我哭，使得我气噎声丝”。如果按照汉语S＋V的正常语序，致使原因事件应该是“我望”“我冻”“我羞”“我哭”，但这几例RS作为V的主事，却居于V之后，为主事居后类特殊子构式。

此类子构式是元代新出现的子构式，形式是［（S＋）V1得＋RS＋RVP］，语义模式是［（致事＋）V1 得＋主事＋主事的结果］，属于 B2 式，即主事居后类子构式。可见，主事居后类 B2 式子构式最早出现于元代。

7） C 式

（708）不争你个晋文公烈火把功臣烬，枉惹得万万载朝廷议论。（《新校元刊杂剧三十种·晋文公火烧介子推·第四折》，p526）

上例，S 是“你个晋文公烈火把功臣烬”，是句子形式的致事，表示一个事件；“V 得”是“惹得”，V 是类致使词；致使结果事件是“万万载朝廷议论”。致使关系是“你个晋文公烈火把功臣烬，使得万万载朝廷议论”。此例的形式是［Se＋V3 得＋RS＋RVP］，构件间的语义关系模式是［致事＋V3 得＋主事＋主事的结果］，属于 C 式。

综上，元代的子构式共有 A1 式、A2 式、A3 式、A4 式、B1 式、B2 式、C 式。与宋代相比，元代“V 得”致使结构增加了 A3 式、A4 式、B2 式。也就是说，A3 式、A4 式、B2 式是在元代才出现的新子构式。

8）特殊构例

元代，“V 得”致使结构的特殊构例有以下几种情况。

（709）先交人掩扑了我几夜恩情，来这里被他骂得我百节酸疼，我便似穴剫墙贼蝎螫噤声！（《新校元刊杂剧三十种·诈妮子调风月·第三折》，p111）

此例是“V 得”致使构式与“被”字句的套用情况，形式是“被＋Sn＋V 得＋RS＋RVP”。

另外，韵律上，元代出现了“V 得”为三音节的构例。本书第 2 章已述，明清汉语“V 得”一般为双音节，只有极少数“V 得”是三音节。就本书的检索范围来看，“V 得”为三音节的例句，首先出现在元代文献中，如：

（710）（张将军）义赦了严颜罪，鞭打[①]的督邮死，当阳桥喝回个曹孟德。（《新校元刊杂剧三十种·关张双赴西蜀梦·第一折》，p4）

（711）动不动掀腾七代先灵骂，坑陷得一郡众生打，欺负得五岳神祇怕。（《新校元刊杂剧三十种·看钱奴买冤家债主·第一折》，p164）

---

① 现代汉语中，“鞭打”已词汇化为一个动词。元代的“鞭打”到底是“用鞭子打”这样的状中结构，还是已词汇化为动词，还需要针对性考察。本书暂将其归纳为动词用法。

(712) 致令得申生遭罪囚，逼临得重耳私奔走。(《新校元刊杂剧三十种·晋文公火烧介子推·第二折》，p504)

以上几例的“V得”都是三音节。

“V得”致使结构起源于唐五代时期，最初“V得”都是双音节，符合汉语口语表达经济性原则，因为“单音节谓词+得”的组合最为顺口。第2章已述，三音节“V得”的出现不仅仅是语法问题，它还与韵律相关，涉及韵律句法学。冯胜利指出，“韵律语法学是从韵律的角度把语音和句法结合在一起，看语音如何控制语法”①。而且，三音节“V得”与双音节“V得”在词汇化程度上也有差异，一般来说，双音节“V得”的词汇化程度更高。

元代出现三音节“V得”也有一定的社会文化背景原因。我们看到，这几例都出自《新校元刊杂剧三十种》，究其文化原因，是因为元杂剧作为一种成熟的戏剧，内容丰富，主题多样，广泛地反映了当时的社会现实，流传度很高。为了追求形象生动的戏剧舞台表达效果，元杂剧的语言表达更为丰富和多样化，语言发展也更为迅猛，如此便产生了由更丰富词义表达的“双音节谓词+得”的表达形式，于是便出现了三音节“V得”。

7.3 明清之后的“V得”致使构式

上一小节对明清之前“V得”致使构式的发展情况进行了考察，本小节将对明清之后，也就是现当代时期汉语“V得”致使构式的情况进行考察，并将之与明清时期“V得”致使构式进行对比研究。

现代汉语研究的语料作品为《四世同堂》《王朔自选集》。这两部作品中，《四世同堂》是老舍创作的表现抗战时期北平沦陷区普通民众生活与抗战的小说，刻画了当时社会各阶层众多普通人的形象，语言风格具有浓烈的北京地域特色，是现代汉语北京官话代表作；《王朔自选集》收录了王朔七部小说，是当代汉语北京官话的代表作。

这两部作品，本书所采用的底本分别是：《四世同堂》为人民文学出版社2012年出版的老舍著版本；《王朔自选集》为云南人民出版社2004年出版的王朔著版本。

① 冯胜利．汉语韵律语法问答［M］．北京：北京语言大学出版社，2016．

7.3.1 现代汉语“V得”致使构式概况

对两部作品进行穷尽性检索、调查、统计和分析，《四世同堂》共有“V得”致使构式54例，《王朔自选集》共有“V得”致使构式90例。为便于表述及区分与明清汉语的区别，本书将两部作品所处的时期统称为“现代汉语时期”。下面从构件间的语义关系模式角度对此时期的“V得”致使构式进行描写。

根据穷尽性统计，本书所检索的两部作品中，“V得”致使构式各构件之间的语义关系模式包含以下几种。

1） A1式

(713) 两个孩子不客气的，有时候由老远跑来，用足了力量，向他的腹部撞去，撞得他不住的咧嘴。(《四世同堂》四十一节，p462)

(714) 我使你那么大劲了吗？你打得我后背现在还疼呢。(《王朔自选集·空中小姐》，p18)

(715) 无数人压在她身上，压得她透不过气。(《王朔自选集·过把瘾就死》，p145)

(716) 飞机落地后，他恍恍惚惚地抓住我的手腕，要我领他去宾馆找阿眉的父母，他的手劲那么大，攥得我手腕都疼木了。(《王朔自选集·空中小姐》，p31)

以上构例，形式是[Sn+V1得+RS+RVP]，S是V的施事，V是无使动含义的纯实义动词，RS是V的受事，语义模式是[施事+V1得+受事+受事的结果]，属于典型的A1式子构式。

2） A2式

(717) 这两架机器的响声，前后夹攻着祁家，吵得瑞宣时常的咒骂。(《四世同堂》三十六节，p394)

(718) 倒在床上，登时鼾声像拉风箱似的，震动得屋檐中的家雀都患了失眠。(《四世同堂》四十五节，p516)

(719) 那妞儿也笑。笑得许立宇莫名其妙，傻笑着问：“你们笑什么呢？有什么好玩的事？”(《王朔自选集·许爷》，p406)

(720) 聊了一上午，聊得全办公室的人又妒又恨，醋劲十足。(《王朔自选集·过把瘾就死》，p127)

以上构例，形式是[Sn+V1得+RS+RVP]，S是V的施事或主事，V是无使动含义的纯实义动词，RS是与V无语义关系的独立主事，语义模式是［施事/主事1＋V1得＋主事2＋主事2的结果］，属于A2式子构式。

3） A3式

（721）小顺儿笑得连眉毛都挪了地方。（《四世同堂》十四节，p125）

（722）金三时常把他那大拳头攥得紧紧的，攥得骨节格格发响。（《四世同堂》九十五节，p1020）

（723）我气得脸都白了，心里一阵阵悸痛，别人说这话犹可，你也说这种话。（《王朔自选集·过把瘾就死》，p129）

以上构例，形式是［Sn＋V1得＋RS＋RVP］，S是V的主事，V是无使动含义的纯实义动词，RS是S的属事，语义模式是［主事＋V1得＋属事＋属事的结果］，属于A3式子构式。

4） A4式

（724）上课听讲专心致志老师不问一言不发腰板挺得我都腰肌劳损了。（《王朔自选集·我是你爸爸》，p225）

上例中，形式是［Sn＋V1得＋RS＋RVP］，S是V的受事，V是生活类纯实义动词，RS是V的施事，施事与受事的位置颠倒了。语义模式是［受事/工具＋V1得＋施事＋施事的结果］，属于A4式子构式，也就是施受颠倒类子构式。

5） A5式

（725）一句话说得马林生面红耳赤，忙俯身于桌作专心致志状。（《王朔自选集·我是你爸爸》，p181）

（726）另一伙中的一个胖乎乎的男孩口齿流利地跟她攀谈起来，一两句话就说得她开心地笑起来。（《王朔自选集·动物凶猛》，p356）

（727）一席话说得许立宇魂飞魄散。（《王朔自选集·许爷》，p419）

以上几例，V为言说、传说类动词；S是V的受事，而V的施事未知，形式是［Sn＋V1得＋RS＋RVP］，语义模式是［受事＋V1得＋主事＋主事的结果］，属于A5式子构式。

6） B1式

（728）等金三爷真的以为日本人是安着好心，他们就突然追问起钱默吟，吓得金三爷瞠目结舌。（《四世同堂》九十三节，p1008）

(729) 他几乎天天迟到，科长忍无可忍堵了他几次，叫他写检查，他笑嘻嘻地满口答应，写检查就写些"把科长的好心当成了驴肝肺"之类的，气得科长嗷嗷叫。(《王朔自选集·痴人》，p489)

(730) 大家都回头看，他也无辜地回头看，集体的视线都落到了坐在最后一排的古德白身上。急得古德白连连申辩。(《王朔自选集·一点正经没有》，p449)

以上构例，形式是［Se+V2得+RS+RVP］，Se是句子形式的致事，代表一个事件，V是带使动含义的实义动词，RS是与V无语义关系的独立主事，语义模式是［致事+V2得+主事+主事的结果］，属于B1式子构式。

7）B2式

(731) 他的腿腕由没有感觉而发麻，而发酸，而钻心的疼。他咬上了嘴唇，不哼哼出来。疼得他头上出了黄豆大的汗珠，他还是咬住了残余的几个牙，不肯叫出来。(《四世同堂》三十三节，p355)

(732) 她肚子阵阵绞痛，仿佛八年来漫长的战争痛苦都集中到这一点上了，痛得她蜷缩成一团，浑身冒冷汗，旧裤子、小褂都湿透了。(《四世同堂》九十七节，p1031)

(733) 嗬，跟玩杂技似的，瞅得我眼花缭乱，这一手一般人还真不行。(《王朔自选集·你不是一个俗人》，p502)

以上构例，Se省隐，V是无使动含义的纯实义动词，RS是V的施事或主事，形式是［(Se+) V1得+RS+RVP］，语义模式是［(致事+) V1得+主事+主事的结果］，属于B2式子构式。

8）C式

(734) 他很后悔自己的卤莽，失去控制，而惹得带病的妈妈又来操心！(《四世同堂》十七节，p160)

(735) 蓝东阳在冠家夫妇身后，一劲儿打哈欠，招得大赤包直瞪他。(《四世同堂》三十九节，p452)

(736) 她为再见我父母改口叫"爸爸""妈妈"愁了好几天，最后实在躲不过去，胀红了脸，别别扭扭，声音还没蚊子大地叫了一声，搞得我父母比她更难为情。(《王朔自选集·过把瘾就死》，p105)

(737) 办公室里，我几次不成体面地趁科长出去，靠墙根倒立，惹得女同事们笑得东倒西歪，她们不明白那是严肃的使血液倒流。(《王朔自选集·痴人》，p492)

以上构例，S是句子形式的致事，代表一个事件，V是类致使词，RS是与V无语义关系的独立主事。几个构例的形式是［Se＋V3得＋RS＋RVP］，语义模式是［致事＋V3得＋主事＋主事的结果］，属于C式子构式。

9）特殊构例

现代汉语出现的特殊构例有反身类“V得”致使子构式、多结果“V得”致使子构式、施受颠倒类“V得”致使子构式、主事居后类“V得”致使子构式等。

现代汉语的反身类子构式如：

（738）他本走得满头大汗，一听见那惨叫，马上全身都觉得一凉。（《四世同堂》三十三节，p356）

（739）陈伟玲气得满脸通红。（《王朔自选集·一半是火焰一半是海水》，p40）

现代汉语的多结果类子构式如：

（740）夏青已喊得嗓子嘶哑，泪干气尽，她的头发凌乱，衣服上鞋上落满人脚踢腾飞扬起来的尘土。（《王朔自选集·我是你爸爸》，p322）

（741）女孩兴奋得眼睛闪着异彩，满脸红晕。（《王朔自选集·空中小姐》，p1）

现代汉语的施受颠倒类子构式如：

（742）上课听讲专心致志老师不问一言不发腰板挺得我都腰肌劳损了。（《王朔自选集·我是你爸爸》，p225）

现代汉语主事居后类子构式如：

（743）她肚子阵阵绞痛，仿佛八年来漫长的战争痛苦都集中到这一点上了，痛得她蜷缩成一团，浑身冒冷汗，旧裤子、小褂都湿透了。（《四世同堂》九十七节，p1031）

在功能扩展方面，现代汉语与明清汉语一样，都出现了“V得”致使构式作宾语从句、兼语句的用法，如：

（744）他喜欢看他们饿得头上出凉汗。（《四世同堂》五十五节，p660）

（745）我们听任马锐搅得我们谁都无法上课。（《王朔自选集·我是你爸爸》，p191）

7.3.2 明清汉语与现代汉语“V 得”致使构式的对比研究

经过对比分析可知，明清“V 得”致使构式与现代汉语“V 得”致使构式有以下异同点。

7.3.2.1 明清汉语与现代汉语“V 得”致使构式的共同点

明清汉语与现代汉语的“V 得”致使构式，有以下共同点。

第一，从构件间的语义关系模式上看，两个时期包含的子构式类型都一样，都包含 A1 式、A2 式、A3 式、A4 式、A5 式、B1 式、B2 式、C 式等八个子构式，如上文所述。

第二，当 S 为体词性成分时，致使者都可以分为有生命的、无生命的两种，且都是有生命的 Sn 占多数。现代汉语中，无生命的致使者构例如：

(746) 大家眼睛里的光亮，照得整个教室异常温暖。(《四世同堂》九十节，p992)

(747) 一进门，发现进了匪徒总部，再想跑已经来不及了，枪打得她睁不开眼……(《王朔自选集·过把瘾就死》，p145)

(748) 我直瞪瞪地盯着太阳，强烈的光线刺得我眼冒泪花，我掏出副墨镜带上。(《王朔自选集·永失我爱》，p513)

第三，从特殊构式现象看，明清和现代都出现了反身类“V 得”致使子构式、多结果“V 得”致使子构式、施受颠倒类“V 得”致使子构式、主事居后类“V 得”致使子构式。

第四，从 RVP 的结构类型看，现代汉语与明清汉语一样，“V 得”致使构式 RVP 也可以分为简单谓词、复杂谓词性结构、复句等形式。其中复杂谓词性结构的 RVP 结构类型与明清时期一样，都包括有并列结构、动宾结构、动补结构、主谓结构、状中结构等。

现代汉语中该构式 RVP 为简单谓词的，如：

(749) 马林生气得浑身哆嗦，手颤巍巍地扬起来，又软绵绵地垂落下来。(《王朔自选集·我是你爸爸》，p290)

现代汉语中该构式 RVP 为并列结构的，《四世同堂》中有 2 例，《王朔自选集》中有 7 例，如：

(750) 等金三爷真的以为日本人是安着好心，他们就突然追问起钱默吟，吓得金三爷瞠目结舌。(《四世同堂》九十三节，p1008)

(751) 吃了不法小贩的不洁食品，拉稀会一直拉得你脱肛脱水。(《王朔自选集·空中小姐》，p22)

RVP为动宾结构的，《四世同堂》中有9例，《王朔自选集》中有3例，如：

(752) 她招得大家伙儿都爱她。(《四世同堂》第九十七节，p1029)

(753) 你教人家抓去不要紧，连累得我老二也丢了人缘！(《四世同堂》四十六节，p538)

RVP为动补结构的，《四世同堂》中有5例，《王朔自选集》中有12例，如：

(754) 可是，人家若噎得他也出不来气，他也不发急。(《四世同堂》三十八节，p430)

(755) 办公室里，我几次不成体面地趁科长出去，靠墙根倒立，惹得女同事们笑得东倒西歪，她们不明白那是严肃的使血液倒流。(《王朔自选集·痴人》，p492)

RVP为主谓结构的，《四世同堂》中有3例，《王朔自选集》中有13例，如：

(756) 你说得我心里直闹得慌。(《四世同堂》二节，p19)

(757) 你们抽烟抽得太凶，熏得我脑仁疼。(《王朔自选集·你不是一个俗人》，p505)

RVP为状中结构的，《四世同堂》中有6例，《王朔自选集》中有17例，如：

(758) 那是贫困逼得他们平白无故地骂人。(《四世同堂》九十一节，p997)

(759) 如何追得违法捕鱼的南朝鲜渔船发疯地跑；如何在公海硬着头皮和苏联巡洋舰对峙。(《王朔自选集·浮出海面》，p524)

RVP为复句的，《四世同堂》中有2例，《王朔自选集》中有6例，如：

(760) 瑞丰听到安儿胡同与烤肉，口中马上有一大团馋涎往喉中流去，噎得他没能说出话来，而只极恳切的点头。(《四世同堂》二十七节，p267)

(761) 一会儿，她们两人笑吟吟地走过来，不住地拿眼打量我们，看得我和潘佑军心里发虚，满腹狐疑。(《王朔自选集·过把瘾就死》，p125)

7.3.2.2　明清与现代汉语“V 得”致使构式的不同点

与明清汉语相比，现代汉语的“V 得”致使构式有以下不同点。

1）次典型“V 得”致使构式数量上趋少

现代汉语的“V 得”致使构式中也存在次典型“V 得”致使句（反身类子构式），其形式特点也是“V 得”后主谓结构部分的主语是身体部位，也就是构件间语义关系模式类型中的 A3 式。如：

（762）他本走得满头大汗，一听见那惨叫，马上全身都觉得一凉。（《四世同堂》三十三节，p356）

（763）我气得浑身乱颤，对肖、潘二人道歉：“对不起呵，我这老婆没教养。”（《王朔自选集·过把瘾就死》，p137）

在现代汉语的两部作品中，典型“V 得”致使构式和次典型“V 得”致使构式的分布情况如表 7.2 所示。

表 7.2　现代汉语典型与次典型“V 得”致使构式的分布情况

作品名称		《四世同堂》	《王朔自选集》	合计
“V 得”致使构式总数		50	91	141
典型“V 得”致使构式	数量	37	76	113
	所占比例	74%	83.52%	80.15%
次典型“V 得”致使构式	数量	13	15	28
	所占比例	26%	16.48%	19.85%

表 7.2 显示，《四世同堂》中典型“V 得”致使句有 37 例，在该书所有“V 得”致使句中占比 74%，次典型“V 得”致使句 13 例，在该书所有“V 得”致使句中占比 26%；《王朔自选集》中典型“V 得”致使句有 76 例，占比 83.52%，次典型“V 得”致使句 15 例，占比 16.48%；两本作品中典型“V 得”致使句总数为 113 例，占比 80.15%，次典型“V 得”致使句 28 例，占比 19.85%。与明清汉语相比，现代汉语的典型“V 得”致使句比明清汉语的（占比 74.21%）数量多，次典型“V 得”致使句比明清汉语的（28.57%）数量少。这说明，随着时间发展，典型“V 得”致使句在增多，次典型“V 得”致使句在减少。

现代汉语次典型“V 得”致使构式趋于减少的原因，是随着语言的发展，与身体部位相关的四字词语表达越来越固定，词汇化程度也越来越高时，甚至有的已经词汇化为成语。与身体部位相关的四字词语词汇化程度越高，它就越倾向于表达一种固定的词汇意义，即演变为一个形容词。如“目瞪口呆”，刚出现的时候还可以译为“眼睛瞪圆，嘴巴呆住”，是两个主谓结构，但在现代汉语中已经词汇化为一个形容词成语，形容“受惊或愣住的样子”。那其所在的“V得”结构就不再是［V得＋主谓］，而是［V得＋adj］的普通述补结构，致使义也随之消失。

2）部分构例趋于消失或被取代

通过穷尽对比明清汉语和现代汉语“V得”致使构式，本书发现，有些构例在现代汉语中趋于消失，如：

(764)“研得墨浓”（《儿女英雄传》）；
(765)“蘸得笔满”（《儿女英雄传》）；
(766)“喂得马肥”（《西游记》）。

以上这些趋于消失的构例，在形式上都属于［V得＋RS＋简单谓词］，且V与RS构成动宾关系；在语义上，RVP指向RS，表示RS在致使力作用下所呈现的状态。在现代汉语中如果要表达同样的致使义，不会采用这样的构式，而是倾向于采用“把”字致使构式加动结致使构式的结合式或直接使用动结式加宾语的结合式，如：

(767)“把墨研浓”或“研浓墨”；
(768)“把笔蘸满”或“蘸满笔”；
(769)“把马喂肥”或“喂肥马”。

发生这种变化的原因，与“V得”致使构式、动结式致使构式、“把”字致使构式的致使等级差异有关。在“研浓”“蘸满”“喂肥”等动结式中，致使原因事件“研”“蘸”“喂”与致使结果事件“浓”“满”“肥”结合更紧密，致使性更直接，致使等级更高，所以在现代汉语中迅速发展壮大；而“V得”致使构式的致使原因事件与致使结果事件之间用“得”间隔开来，其致使性等级和强度不及动结式；“把”字致使构式由于“把”带处置含义，其致使处置性等级又比“V得”致使构式高。所以随着语言的发展，“把”字加动结致使构式的结合式或直接使用动结式加宾语的结合式，就会逐渐取代掉“V得”致使构式，这种类型的“V得”致使构式便趋于消失，并被“把”字致使构式或动结致使构式取代。

3）多结果“V得”致使构式趋少

在现代汉语“V得”致使构式中，两主两谓“V得”致使构式（双结果“V得”致使句）依然存在。如：

（770）女孩兴奋得眼睛闪着异彩，满脸红晕。（《王朔自选集·空中小姐》，p1）

上例“V得”后的主谓部分“眼睛闪着异彩，满脸红晕”代表的是两个致使结果事件。

在我们穷尽统计的现代汉语作品中，两主两谓“V得”致使句的总数很少，《四世同堂》4例，《王朔自选集》4例，总共8例。说明随着语言的发展，两主两谓“V得”致使句呈减少的趋势。

而三主三谓“V得”致使句（三结果“V得”致使句）只存在1例：

（771）夏青已喊得嗓子嘶哑，泪干气尽。（《王朔自选集·一半是火焰，一半是海水》，p322）

上例“V得”后主谓结构的主语部分是三个名词“嗓子、泪、气”，谓语部分是一个形容词“嘶哑”、一个形容词“干”和一个动词“尽”，代表的致使结果含义是“夏青喊，使自己的嗓子变得嘶哑、泪流干了、力气用尽了”。

《四世同堂》里未发现三主三谓“V得”致使句（三结果“V得”致使句），《王朔自选集》里也只有1例。说明随着语言的发展，三主三谓“V得”致使句（三结果“V得”致使句）呈减少甚至消失的趋势。

4）出现“V得”致使构式作主语的构例

在本书所检索的现代汉语“V得”致使构式中，出现了一例构式用作主语的特例：

（772）真正能辣得人家张不开口还得数您。（《王朔自选集·你不是一个俗人》，p506）

上例中“辣得人家张不开口”是“V得”致使构式，它在句子中作主语成分，是“还得数您”的主语。这种用法是第一次出现，说明“V得”致使构式的功能扩展出了更多新的用法。

5）谓词性致使者趋多

与明清汉语相比，现代汉语“V得”致使构式的谓词性致使者增多，如：

（773）吃了不法小贩的不洁食品，拉稀会一直拉得你脱肛脱水。（《王朔自选集·空中小姐》，p22）

（774）别假装漫不经心了，你看他看得眼睛都快对起来了。（《王朔自选集·痴人》，p487）

（775）你这一哭真哭得我肝肠寸断心如刀绞。（《王朔自选集·永失我爱》，p511）

以上几例的致使者分别是“拉稀”“你看他”“你这一哭”，都是谓词性致使者。在本书所检索的明清时期八部作品中只找到6例谓词性致使者构例，其中明代2例，清代4例。但在现代汉语仅《王朔自选集》一部作品中就找到3例。这说明“V得”致使构式的谓词性致使者呈增多趋势。换句话说，从明清到现代，汉语“V得”致使构式的致使者，事物性在减弱，事件性在加强。

7.4　构式节点的出现及发展

在构式语法中，每个构式都被看作构式网络中的一个节点，节点与节点互相联接形成一个巨大的网络。在本书所设定的致使构式网络中，“V得”致使构式也是其中一个节点，而该构式下又分多种子构式类型，每一类子构式也是一个节点。Traugott和Trousdale指出，“构式网络中的微观构式可能经历构式演变，这是构式的历时演变”[①]。Susanne从历时演变角度考察了into-致使构式的出现轨迹，认为“构式化的进程应更好地捕获‘构式出现’（constructional emergence）这一节点”[②]。Smirnova和Sommerer提出，在历时构式语法（DCxG）中，语言变化的所有类型都可以被重新定义为“网络演变”（network changes），“网络可以通过以下三种方式进行演变：①节点创建和节点丢失，即‘构式化’（constructionalization）和‘构式消亡’（constructional death）；②节点内部变化，即‘构式演变’（constructional change）；③节点外部变化，如构造网络重构”[③]。本节我们以“V得”致使构式的八类子构式节点（A1、A2、A3、A4、A5、B1、B2、C）为切入点，对每一类子构式进行溯源，考察每一类子构式作为节点在构式网络中的出现时间、发展特点及产生机制。

---

① TRAUGOTT E C，TROUSDALE G. Constructionalization and Constructional Changes［M］. Oxford：Oxford University Press，2013.

② SUSANNE F. Constructionalization and the Sorites Paradox：The Emergence of the Into-causative［M］//SOMMERER L，SMIRNOVA E. Nodes and Networks in Diachronic Construction Grammar. Amsterdam：John Benjamins，2020.

③ SMIRNOVA E，SOMMERER L. The Nature of the Node and the Network-Open Questions in Diachronic Construction Grammar［M］//SOMMERER L，SMIRNOVA E. Nodes and Networks in Diachronic Construction Grammar. Amsterdam：John Benjamins，2020.

7.4.1 各子构式节点的出现及发展

“V 得”致使构式的八类子构式作为网络节点的出现时间及发展特点如下。

1） A1 式

在本书所检索的语料中，A1 式子构式最初发现于唐五代时期，如：

（776）小娘子如今娉了，免得父娘烦恼，推得精怪出门，任他到舍相抄（吵）。（《敦煌变文集·丑女缘起》，p794）

（777）张令见妻所说，喜悦自胜，遂与妻同礼谢净能，启言：“尊师救得妻子再活，恩重岳山，未委将何酬答？”（《敦煌变文集·叶净能诗》，p218）

在“V 得”致使构式网络中，A1 类子构式是最早出现的节点，是该构式的原型子构式。此类子构式的特点是 Sn 与 RS 的顺序符合汉语常规 SVO 的语序，致使者是施事，被致使者是受事，施受关系顺序正常。这一类子构式的形式是[Sn＋V1 得＋RS＋RVP]，语义模式是［施事＋V1 得＋受事＋受事的结果］。不过需要注意的一点是，唐五代时期的 A1 式，与后来发展成熟的 A1 式并不是完全一样的。首先，在韵律上，此时 A1 式的“得”读音为阳平，语义还没有完全虚化，还带有一点“完成”义；成熟的典型 A1 式“得”读音已经完成轻化为轻声，语义也已完全虚化。这一点也印证了韵律句法学认为的韵律可以控制和反映语法。其次，“V 得”与第二动词（RVP）的关系也不一样，唐五代时期的“V 得”致使构例中，“V 得”与 RVP 的关系比较单一，而明清时期的构例中“V 得”与 RVP 的关系比较多元。但是，为了便于梳理“V 得”致使构式的发展脉络，本书仍然将唐五代时期的此类构例归纳入“V 得”致使构式的 A1 式中进行统计，将其算作“V 得”致使构式典型 A1 式子构式出现的雏形，即最初出现的节点。

A1 式随后稳步发展，在唐五代之后的每个朝代作品中都发现过 A1 式构例。由于出现时间最早，发展历程最久，构式义最为固定，A1 式后发展为“V 得”致使结构的典型子构式，在现代汉语中此类构式使用频率依然很高，如：

（778）两个孩子不客气的，有时候由老远跑来，用足了力量，向他的腹部撞去，撞得他不住的咧嘴。（《四世同堂》四十一节，p462）

（779）我使你那么大劲了吗？你打得我后背现在还疼呢。（《王朔自选集·空中小姐》，p18）

2） A2式

在本书所检索的语料中，A2式子构式也是最初发现于唐五代时期，如：

（780）师示众云：“从门入者非宝，直饶说得石点头，亦不干自己事。”（《祖堂集·卷第五·云岩和尚》，p254）

此类子构式使因事件和使果事件的谓词各不相同，是一件独立的事件引起另一件独立的结果事件，其特点是RS与V没有任何语义联系。这一类子构式的形式是［Sn＋V1得＋RS＋RVP］，语义模式是［施事/主事1＋V1得＋主事2＋主事2的结果］。

A2式随后稳步发展，在唐五代之后的每个朝代作品中都发现过A2式构例。由于出现时间较早，发展历程较久，结构较为稳定，构式义较为固定，A2式也发展为“V得”致使结构的典型子构式。在现代汉语中A2式的使用频率依然很高，如：

（781）（我）聊了一上午，聊得全办公室的人又妒又恨，醋劲十足。（《王朔自选集·过把瘾就死》，p127）

（782）这两架机器的响声，前后夹攻着祁家，吵得瑞宣时常的咒骂。（《四世同堂》三十六节，p394）

3） A3式

在本书所检索的语料中，A3式子构式最初发现于元代，如：

（783）忍不住拳揝，风雪里将人赚；唬得脸如蓝，索休书却大胆（《新校元刊杂剧三十种·好酒赵元遇上皇·第四折》，p138-139）

此类子构式的形式是［Sn＋V1得＋RS＋RVP］，语义模式是［主事＋V1得＋属事＋属事的结果］。属于本书定义的次典型子构式（即反身类子构式）。其特点是：S一般是体词性成分，且是“V”的主事；RS是S的身体部位或者与S身体相关；S可以移位至“V得”之后，转换成典型致使构式；V大多是心理活动或状态类谓词。

此类子构式的出现时间较晚，发展历程短，所以结构的构式义并不稳定，在后来的发展中，很多的RS＋RVP有逐渐词汇化的倾向，构式的致使义脱落。如：

（784）王则惊得手足无措，急请左黜、张驾、卜吉商议。（《三遂平妖传》第十六回，p113）

(785) 那婆子听见如此说了，吓得泪流满面。(《红楼梦》第五十九回，p510)

以上两例的 RS+RVP 部分“手足无措”“泪流满面”在现代汉语中已经完成词汇化过程，是形容词功能的四字成语，分别形容“举动慌乱或没有办法应付的样子”“极度悲伤的样子”。此时该式已转化为［V 得+adj］的普通“V 得”述补结构，一般表示状态，不再表示致使，致使义脱落。

但并不是所有 A3 式最终都演化成了［V 得+adj］补语结构，在现代汉语中也还保留有 A3 式，如：

(786) 我气得脸都白了，心里一阵阵悸痛，别人说这话犹可，你也说这种话。(《王朔自选集·过把瘾就死》，p129)

4) A4 式

在本书所检索的语料中，A4 式子构式最初发现于元代，如：

(787) 受了他五七日惊胆怕，不似这两三程行得人力尽身乏。(《新校元刊杂剧三十种· 晋文公火烧介子推 》，p515)

这是一类特殊的子构式，特殊之处在于：“V 得”前的 S 是 V 是受事，“V 得”后的 RS 是 V 的施事，也就是本书所说“施受颠倒”类子构式。此类子构式的 S 都是无生的。

现代汉语中 A4 式依然有一定的使用频率，李宗宏将其称为“使因凸显类‘V 得’致使构式”，如：

(788) 每天 10 公里行军，走得他呲牙咧嘴。(李宗宏，2013)

(789) 大碗面，加上一碟小菜，吃得他汗水直流。(李宗宏，2013)

5) A5 式

在本书所检索的语料中，A5 式子构式最初发现于明清时期，如：

(790) 一席话说的婆子屁滚尿流。(《金瓶梅词话》第七回，p70)

(791) 几句话，说得贾政心中甚实不安。(《红楼梦》第八十四回，p751)

此类子构式的形式是［Sn+V1 得+RS+RVP］，语义模式是［受事+V1 得+主事+主事的结果］。特点是：V 一般为言说、传说类动词；S 是 V 的受事，V 的施事未知，也不用凸显。

A5 式的出现时间较晚，在现代汉语中的使用频率也不低，如：

（792）一席话说得许立宇魂飞魄散。（《王朔自选集·许爷》，p419）

（793）另一伙中的一个胖乎乎的男孩口齿流利地跟她攀谈起来，一两句话就说得她开心地笑起来。（《王朔自选集·动物凶猛》，p356）

6） B1式

在本书所检索的语料中，B1式子构式最初发现于唐五代时期，如：

（794）生时百骨自开张，唬得浑家手脚忙。（《敦煌变文集·父母恩重经讲经文》，p680）

（795）当时夜半越对，唬得皇帝洽背汗流。（《敦煌变文集·汉将王陵变》，p36）

B1式的形式是［Se＋V2得＋RS＋RVP］，语义模式是［致事＋V2得＋主事＋主事的结果］。此类子构式的特点是：致使情景包含三个事件，有两个致使关系链。Se是句子形式的事件，代表第一个致使原因事件；V本身带有使动含义，代表第二个事件，即中间事件；RS＋RVP代表第三个事件，即致使结果事件。

B1式随后稳步发展，在唐五代之后的每个朝代作品中都发现过B1式构例。由于出现时间最早，发展历程最久，结构稳定，构式义固定，在现代汉语中B1式的使用频率依然很高，如：

（796）等金三爷真的以为日本人是安着好心，他们就突然追问起钱默吟，吓得金三爷瞠目结舌。（《四世同堂》九十三节，p1008）

（797）我笑她这么爱哭，气得她持我的耳朵，骂我是冷血动物。（李宗宏，2013）

（798）铃声一响，吓得猫大人瞪起眼睛。（李宗宏，2013）

（799）他手下的士兵们却都想回老家，差不多每天有人开小差逃走，急得汉王连饭都吃不下。（李宗宏，2013）

7） B2式

在本书所检索的语料中，B2式子构式最初发现于元代，如：

（800）不见他，空望得我眼睛花。（《新校元刊杂剧三十种· 关目公孙汗衫记·第二折》，p369）

（801）冻得我手脚如麻木。（《新校元刊杂剧三十种·好酒赵元遇上皇·第二折》，p130）

此类子构式的形式是［（S+）V1 得+RS+RVP］，语义模式是［（致事+）V1 得+主事+主事的结果］，是特殊子构式，即主事居后类子构式。特点是：Se 经常省略；V 一般为生理反应类谓词或日常生活类谓词；V 指陈致使原因事件，V 的语义指向 RS；被致使者 RS 是 V 的主事，也是 RVP 的主事，致使力的发出者和接受者都是 RS；RVP 表示被致使者 RS 在致使力作用下所呈现的状态或动作。

B2 式的出现时间较晚，在现代汉语中的使用频率也不低，如：

（802）她肚子阵阵绞痛，仿佛八年来漫长的战争痛苦都集中到这一点上了，痛得她蜷缩成一团，浑身冒冷汗，旧裤子、小褂都湿透了。（《四世同堂》九十七节，p1031）

（803）嗬，跟玩杂技似的，瞅得我眼花缭乱，这一手一般人还真不行。（《王朔自选集·你不是一个俗人》，p502）

8） C 式

在本书所检索的语料中，C 式子构式最初发现于唐五代时期，如：

（804）雪峯过在什摩处，招得孚上座不肯？（《祖堂集·卷第七·雪峯和尚》，p351）

此类子构式的特点是 S 是句子形式，V 是致使义类致使词，“V 得”与使令致使词的语法功能一样。

C 式随后稳步发展，在唐五代之后的每个朝代作品中都发现过 C 式构例。由于出现时间长，发展历程久，C 式在现代汉语中的使用频率依然很高，如：

（805）这种夜以继日的想入非非搞得我身心交瘁，常常睡了一夜起来仍没精打采。（《王朔自选集·动物凶猛》，p367）

（806）一进门，他便张罗着和长顺开玩笑，而他的嘴又没有分寸，时时弄得长顺面红过耳。（《四世同堂》六十五节，p774）

7.4.2 小结

根据以上梳理，作为网络中的节点，各类子构式最早出现的时期及其发展路径各不相同。我们将各类子构式产生的先后顺序按照时间轴表示，见图 7.1。

如图 7.1 所示，各子构式节点出现的顺序为：唐宋时期，A1 式、A2 式、B1 式、C 式均出现，它们出现的时间最早，发展历程最长，结构最为稳定，构式义最为固定，为“V 得”致使构式的原型子构式。元代，在整体致使语义相同的背景下，在组成成分的扩展、类推、重新分析等条件和机制下，A3 式、A4

式、B2 式子构式作为新的节点在构式网络中逐渐出现。明清时期，A5 式出现，其出现的时间最晚，发展历程最短。各式节点产生的机制和过程如下。

唐	A1 式：施事+V1 得+受事+受事的结果
五代	A2 式：施事/主事 1+V1 得+主事 2+主事 2 的结果
宋	B1 式：致事+V2 得+主事+主事的结果
	C 式：致事+V3 得+主事+主事的结果
元	A3 式：主事+V1 得+属事+属事的结果
	A4 式：受事/工具+V1 得+施事+施事的结果
	B2 式：（致事+）V1 得+主事+主事的结果
明清	A5 式：受事+V1 得+主事+主事的结果

图 7.1　“V 得”致使构式各子构式的出现时期及顺序

A1 式节点的产生。唐代，语言发展达到昌盛时期，“V 得”述补结构大量产生。补语部分的形式在此时期得到充分发展，出现了动词、形容词、动词重叠式等形式。杜轶认为，唐五代的 A1 类结构（“救得妻子再活”）来源于“V 得（O）”结构，产生条件是“‘V 得’作为一个整体出现在新兼语式的第一个动词位置，‘得’既可以看作是表完成的动态助词”，也可看作是结构助词。本书认为，唐代“V 得 C”与更早产生的“V 得 O”在唐代产生融合，形成了［V 得＋O＋C］的形式，此时的 V 具有“V 得 O”分布，“得”带有“完成”义的动态助词。后来在心理强化的作用下，“O”与“C”两个成分结合得更紧密了，形成了“V 得＋主谓结构”形式，再随着语法化作用，“得”的完成义脱落，虚化为结构助词。此时，当主谓结构作补语出现在“V 得”之后，“V 得＋主谓结构”在形式上比一般的非主谓结构作补语的“V 得 C”述补结构更为复杂，于是在进一步的心理强化作用以及语用扩展作用下，［V 得＋RS＋RVP］的语义从表示普通的结果补语发展出表示致使义。一开始 RVP 是简单谓词，此时的［V 得＋RS＋RVP］与后来成熟的“V 得”致使构式还不一样，体现在“V 得”与 RVP 的关系不同，以及“得”的读音不同。随着语言继续发展，能进入 RVP 的成分更加复杂，如一些复杂谓词性结构等也开始进入 RVP 的位置，如“打得它大痛无声”等。同时，“V 得”与 RVP 的关系也更加复杂，逐渐产生了典型的“V 得”致使构式，即 A1 式（［施事＋V1 得＋受事＋受事的状态或动作］），A1 式节点由此产生。

当 A1 式诞生后，其他子构式节点便在 A1 式演变的基础上逐渐诞生出来。具体来说，过程如下。

A2 式节点的产生。唐五代时期，A1 式在产生之初，V 尚具备“V 得 O”的语法特点，V 还是及物动词，S 与 RS 还是施受关系。后来，能进入 V 槽位的不仅仅是及物动词，不及物动词也可以进入该槽位，如“行、走、说”等；同时，V 的非论元名词也可以进入 RS 槽位，V 槽位的动词便与 RS 没有直接的语义联系，RS 不再是 V 的论元，经过类推作用便产生了 A2 式子构式（[施事/主事 1＋V1 得＋主事 2＋主事 2 的结果]），如“说得石点头”。

B1 式节点的产生。唐五代时期，受同时期在数量分布上占优势的 A2 式的影响，经过组成成分的扩展及类推作用，S 槽位可由句子形式填充，即致事由一个事件表示，同时某些带有使动含义的谓词，如“急”“吓”“唬”等进入 V 的槽位，便产生了 B1 式（[致事＋V2 得＋主事＋主事的结果]），如“唬得浑家手脚忙”。

C 式节点的产生：唐五代时期，在 A2 式产生之后，经过组成成分的扩展，S 槽位可由句子形式填充，V 由类致使词填充，且整个结构依然表示致使含义，便出现了 C 式（[致事＋V3 得＋主事＋主事的结果]），如“雪峰过在什摩处，招得孚上座不肯”。

宋代的子构式发展现状与唐五代时期一样。所以唐宋时期的子构式类型也包括 A1 式、A2 式、B1 式、C 式。

A3 式节点的产生：元代，当 A2 式的 RS 槽位不限于独立名词充当，还可以是 S 的身体部位时，S 的属事进入 RS 槽位，便产生了 A3 式（[主事＋V1 得＋属事＋属事的结果]），如“唬得脸如蓝”。其演变条件是：A3 式与 A2 式的句法语义关系一致，RS 与 S 的关系扩展。经统计考察，经过 RS＋RVP 的词汇化，[V 得＋RS＋RVP] 逐渐演变发展为 [V 得＋adj] 的补语格式，部分 A3 式的致使义脱落，在现代汉语中 A3 式呈减少趋势。

A4 式节点的产生：元代，当 V 的受事或工具作为话题出现在句首，V 的施事移到“V 得”之后，便产生了 A4 式（[受事/工具＋V1 得＋施事＋施事的状态或动作]），如“这两三程行得人力尽身乏”，新节点就此产生，也就是施受颠倒类子构式。

B2 式节点的产生：元代，当 S 经常性省略，V 的主事移到“V 得”之后，RS 成为 V 和 RVP 的共同主事，便产生了 B2 式（[（致事＋）V1 得＋主事＋主事的结果]），如“哭的我气噎声丝”。新节点就此产生，也就是主事居后类子构式。

A5 式节点的产生：明清时期，A5 式由 A4 式演变而来，此时 S 依然是 V 的受事，但 RS 却不再是 V 的施事。演变条件是，当进入 RS 槽位的名词与 V 不再有语义联系，便产生了A5式（[受事＋V1得＋主事＋主事的结果]），如“一席话说得他如梦初醒”。于是，又一个新节点A5式就此产生。

以上便是“V得”致使构式各子构式节点的产生机制。由于笔者能力所限，只能浅显考察至此，所欠缺的地方也是未来继续研究的重要方向。

结论

“V 得”致使结构是汉语致使表达中比较特殊的一类，以往对该结构的研究往往重在考察其形式、句法地位等基本问题，研究对象大多集中在现代汉语，研究方法大多采用传统的结构主义分析方法。本书选取明清汉语“V 得”致使构式为研究对象，在构式语法的框架下，考察明清时期“V 得”致使构式的使用面貌和构式特征，从构件特点、各子构式的形式与语义特点、构式在时间和空间上的特征等角度对该构式进行了全面、详尽的描写，同时基于构式层级互动与构式网络理论，研究该构式内部、外部的互动，构建其所在的汉语致使构式网络，并从历时演变角度探讨了该构式在网络中作为节点的出现及其演变路径。主要研究工作及结论如下。

（1）构式界定及重新分类。本书在构式理论框架下，根据形式与语义的配对关系，将该构式记为：［S＋V 得＋RS＋RVP］↔［$SEM_{S(\text{致使者})}$ $CAUSE_{V\text{得}(\text{致使力})}$ $SEMR_{S+RVP(\text{致使结果事件})}$］，并对其各构件的使用特点进行考察描写。本书创新分类方法，从 S 的角度将该构式分为涉名致事类子构式与涉事致事类子构式两大类；又根据各构件的特点及组合方式将构式分为 A 式、B 式、C 式三大类，其中涉名致事类子构式是 A 式，事件致使类子构式包括 B 式、C 式；再根据各构件的语义关系模式将构式分为 A1 式、A2 式、A3 式、A4 式、A5 式、B1 式、B2 式、C 式等八类子构式，为更进一步的研究奠定了分类的框架基础。经考察，各类子构式在形式结构、语义特征上都存在明显区别。

（2）重点描写明清“V 得”致使构式的使用面貌、特征。本书对这一时期该构式的各类子构式进行穷尽性统计、考察及全面描写，并对各类子构式的特征进行对比研究。在数量上，A 式最多，B 式其次，C 式最少。在构件形式上，

A式的S都是体词性成分，V都是纯实义谓词，一般为日常生活类及物谓词、心理活动状态类不及物谓词、自然力类不及物动词等，V与S、RS的语义关系多样化；B式的S都是谓词性成分，V一般为带使动含义的实义动词，如心理活动状态类谓词，或不带使动含义的实义动词，如生理反应类或日常生活类不及物谓词，RS一般是V的主事；C式的S是句子形式，V是类致使词，RS是V的主事。在语义表达特点上，各类子构式以表示无意致使居多，但A1式、B式、C式可表示故意致使；各类子构式以表示“他致使”居多，但A2式（反身类子构式）、A4式（施受颠倒类子构式）、B2式（主事居后类子构式）可以表示“自致使”；各类子构式以强调结果居多，但A4式、A5式可以强调使因。从事件的数量来看，A式、C式都只包含两个事件，即致使原因事件和致使结果事件；B式包含三个事件，即致使原因事件、中间事件、致使结果事件，是三事件致使构式。

（3）从时间上、空间上对明清时期“V得”致使构式的使用特征进行考察。在历时发展上，该构式从明代到清代的发展趋势主要体现在以下几点：一是谓词性结构致使者占比升高；二是无生命致使者趋多；三是特殊子构式种类增多；四是多结果类“V得”致使子构式在数量上趋少；五是主事居后类“V得”致使子构式在数量上趋多。在空间地域上，明清时期南、北官话“V得”致使构式有以下不同：一是A4式、A5式（即受事提前的两类子构式）在北方官话中较多，在南方官话中较少；二是V为生理反应类谓词的子构式在江淮官话中数量很少。

（4）基于层级互动的构式语法视角，对明清时期“V得”致使构式内部的互动关系进行考察研究。“V得”致使构式各构件之间存在互动关系，构件与构式之间也存在互动关系，主要包括以下三个方面。第一，S与构式的互动，无生性Sn中的一类会改变致使者与被致使者的施受关系，从而发展出施受颠倒类特殊子构式。第二，谓词V与构式的互动，主要包括谓词参与者角色与致使情景参与者角色的融合，以及构式与谓词之间的压制作用等。第三，RVP与构式的互动，按照RVP的形式将“V得”致使构式分为甲、乙、丙三式，三式的语用特点与致使度强弱都有所区别：语用方面，甲式多用于事件的简单陈述，乙式多用于描写较为复杂和生活的场景，丙式多用于描写激烈打斗、心理变化及故事发生现场等；致使度强弱方面，甲式的致使度一般比乙式和丙式的强。

（5）基于构式网络理论，探究了“V得”致使构式外部的网络互动关系，包括承继链接和致使构式网络的构建。明清时期“V得”致使构式主要涉及实例链接、隐喻扩展、子部链接、多重承继等承继关系。在构式网络理论视角下，结合语义地图与致使连续统理论，本书粗浅绘制出了汉语致使构式网络，分析了“V得”致使构式在汉语致使构式网络中的地位和作用。“V得”致使构式处于致使连续统的最右侧，属于间接致使，但其能产性强，与其他致使构式在句法、语义上有着千丝万缕的联系，如与使动致使构式、使令致使构式、动结致使构式、“把”字致使构式等之间都存在不同的承继关系。同时，在致使类型学视角下，本书考察了汉语“V得”致使构式与英语into-致使构式的异同，为完善世界语言的致使构式网络提供了类型学支撑。

（6）基于历时构式语法视角，从历时演变角度对“V得”致使构式的来源及各子构式节点的出现进行考察。各子构式作为节点在网络中出现的顺序为：A1式、A2式、B1式、C式出现最早，产生于唐五代时期；A3式、A4式、B2式出现较晚，产生于元代；A5式出现最晚，产生于明清时期。各子构式产生的机制为：在唐代大量产生“V得C”述补结构的背景下，在心理强化和功能扩展作用下，产生了“V得”致使构式原型子构式，即A1式节点；随后，在整体致使语义相同的背景下，其余各类子构式在组成成分的扩展、类推、重新分析等条件和机制下，作为新的节点在网络中逐渐出现。

（7）相对于明清时期，现代汉语“V得”致使构式有以下特点：次典型“V得”致使构式与两主两谓“V得”致使构式在数量上趋少；三主三谓“V得”致使构式趋于消失；部分构例如“研得墨浓”“蘸得笔满”“救得我活”等趋于消失，被同样表致使义的动结构式或“把”字加动结构式的结合式所取代；谓词性致使者趋多。

本书的创新之处在于将明清汉语“V得”致使构式纳入构式语法理论的框架下进行考察研究。对各子构式及其构件的形式与语义特征、构式在时间和空间上的特征进行的考察，是“点”的描写；从构式的层级互动角度研究该构式内部的互动，是从“点”到“线”地贯通；从构式网络角度研究该构式外部的互动，是对其“面”的研究；从历时演变角度对构式网络中各子构式节点的产生进行历时研究，是对其“体”地树立。总之，本书在构式语法框架下，对明清汉语“V得”致使构式进行了从“点”到“线”，再到“面”，最终到“体”的立体综合研究，为全面考察“V得”致使构式及其在致使构式网络中的影响和地位提供了新的思路。

由于笔者能力有限，本书存在一些不足之处，具体包括三方面：一是理论深度不够，导致某些分析流于表面，未能深入；二是历时研究方面深度不够，由于时间所限，本书对唐五代至元代以及现代汉语时期的语料检索范围较小，对构式的历时演变机制和动因以及“V得”词汇化过程的挖掘不够彻底；三是某些方面的研究未能完全展开，在写作后期，笔者意识到还可以采用某些语言科学研究方法，如构式搭配分析法，来考察“V得”致使构式中两个谓词性结构“V得”、RVP的互动搭配及聚类的情况，或从致使类型学角度考察“V得”致使构式对世界语言致使网络的影响等，但囿于能力和时间，这些想法暂时未能实现。笔者将把弥补这些不足作为后续研究的重点方向。

参考文献

[1] COMRIE B. Language Universals and Linguistic Typology: Syntax and Morphology [M]. 2nd ed. Chicago: The University of Chicago Press, 1989.

[2] CROFT W. Verbs: Aspect and Causal Structure [M]. New York: Oxford University Press, 2012.

[3] DIXON R M W. A Typology of Causatives: Form, Syntax and Meaning [M] //DIXON R M W, AIKHENVALD A Y. Changing Valency: Case Studies in Transitivity. Cambridge: Cambridge University Press, 2000.

[4] DIXON R M W. Basic Linguistic Theory (Vol. 3): Further Grammatical Topics [M]. Oxford: Oxford University Press, 2012.

[5] ELENA S, LOTTE S. The Nature of the Node and the Network-Open Questions in Diachronic Construction Grammar [M] //ELENA S, LOTTE S. Nodes and Networks in Diachronic Construction Grammar. Amsterdam: John Benjamins, 2020.

[6] GOLDBERG A E. A Construction Grammar Approach to Argument Structure [M]. Chicago: University of Chicago Press, 1995.

[7] GOLDBERG A E. Constructions: A New Theoretical Approach to Language [J]. Trends in Cognitive Science, 2003, 7 (5).

[8] GOLDBERG A E. Constructionist Approaches [M] //HOFFMANN T, TROUSDALE G. The Oxford Handbook Construction Grammar. Oxford: Oxford University Press, 2013.

[9] GOLDBERG A E. Explain Me This: Creativity, Competition, and the Partial Productivity of Constructions [M]. Princeton: Princeton University Press, 2019.

[10] GRIES T, STEFANOWITSCH A. Collostructions: Investigationg the Interaction of Words and Construction [J]. International Journal of Corpus Linguistics, 2003 (2).

[11] HENRIËTTE D S. Aspect Shift and Coercion [J]. Natural Language and Linguistic Theory, 1998, 16 (2).

[12] HUNSTON S, FRANCIS G. Pattern Grammar: A Corpus-driven Approach to the Lexical Grammar of English [M]. Amsterdam: John Benjamins, 2000.

[13] KIM J B, DAIVES M. The INTO-CAUSATIVE Construction in English: a Construction-Based Perspective [J]. English Language and Linguistics, 2015.

[14] LOTTE S, ELENA S. Nodes and Networks in Diachronic Construction Grammar [M]. Amsterdam: John Benjamins Publishing, 2020.

[15] FRIED M, ÖSTMAN J O. Construction Grammar: A Thumbnail Sketch [M] //FRIED M, ÖSTMAN J O. Construction Grammar in a Cross-Language Perspective. Amsterdam: John Benjamins, 2004.

[16] PAYNE T E. Exploring the Language Structure [M]. Cambridge: Cambridge University Press, 2006.

[17] SHIBATANI M. The Grammar of Causative Constructions: A Conspectus [M] //SHIBATANI M. Syntax and Semantics (Vol. 6): The Grammar of Causative Constructions. New York: Academic Press, 1976.

[18] SHIBATANI M, PARDESHI P. The Causative Continuum [M] //SHIBATANI M. The Grammar of Causation and Interpersonal Manipulation. Amsterdam: John Benjamins, 2002.

[19] SUSANNE F. Constructionalization and the Sorites Paradox: The Emergence of the Into-causative [M] //SOMMERER L, SMIRNOVA E. Nodes and Networks in Diachronic Construction Grammar. Amsterdam: John Benjamins, 2020.

[20] TALMY L. Semantic Causative Types [M] //SHIBATANI M. Syntax and Semantics (Vol. 6): The Grammar of Causative Constructions. New York: Academic Press, 1976.

[21] TALMY L. Force Dynamics in Language and Cognitive [J]. Cognitive Science, 1988, 12 (1).

[22] TRAUGOTT E C, TROUSDALE G. Constructionalization and Constructional Changes [M]. Oxford: Oxford University Press, 2013.

[23] 陈昌来. 论现代汉语的致使结构 [J]. 井冈山师范学院学报 (哲学社会科学版), 2001 (3).

［24］陈承泽．国文法草创［M］．北京：商务印书馆，1982.

［25］陈信春．V得后主谓结构的句法语义分析［J］．信阳师范学院学报，2009（6）.

［26］程琪龙．“致使概念结构”评介［J］．国外语言学，1997（3）.

［27］程琪龙．致使概念语文结构的认知研究［J］．现代外语，2001（2）.

［28］丁丁．“X人”式使感形容词的历时来源及其在西安话中的表现［J］．长安大学学报（社会科学版），2018（11）.

［29］董秀芳．词汇化：汉语双音词的衍生和发展（修订本）［M］．北京：商务印书馆，2013.

［30］杜轶．汉语“V得C”结构的起源与演变［D］．北京：北京大学，2008.

［31］范晓．V得句的“得”后成分［J］．汉语学习，1992（6）.

［32］范晓．论致使结构［M］//中国语文杂志社编．语法研究与探索（十）．北京：商务印书馆，2000.

［33］冯胜利，施春宏．韵律语法学的构建历程、理论架构与学理意义［J］．语言科学，2021（1）.

［34］顾鸣镝．汉语构式承继关系及其认知功能研究［D］．上海：上海师范大学，2013.

［35］顾阳．论元结构理论介绍［J］．国外语言学，1994（1）.

［36］郭锐，叶向阳．致使表达的类型学和汉语的致使表达［C］．新加坡国立大学：第一届肯特岗国际汉语语言学圆桌会议论文集，2001.

［37］郭姝慧．现代汉语致使句式研究［D］．北京：北京语言大学，2004.

［38］胡裕树．现代汉语［M］．上海：上海教育出版社，1995.

［39］黄成龙．类型学视野中的致使结构［J］．民族语文，2004（5）.

［40］江蓝生．超常组合与语义羡余——汉语语法化诱因新探［J］．中国语文，2016（5）.

［41］姜灿中．现代汉语动结式的句法-语义界面：基于层级和互动的构式语法视角［D］．重庆：西南大学，2019.

［42］蒋绍愚．近代汉语研究概要［M］．北京：北京大学出版社，2017.

［43］金理新．汉藏语的使役动词后缀 *-d［J］．民族语文，2004（2）.

［44］黎锦熙．新著国语文法［M］．北京：商务印书馆，1992.

［45］李福印．事件语义类型学［M］．北京：北京大学出版社，2019.

［46］李临定．带“得”字补语句［J］．中国语文，1963（5）.

［47］李学勤．字源［M］．天津：天津古籍出版社，2012.

［48］李艳芝．汉语中的构式化现象与构式宾语研究［D］．杭州：浙江大学，2015.

［49］李宗宏．现代汉语使因突显类致使构式研究［D］．上海：华东师范大学，2013.

［50］刘丹青．语法调查研究手册［M］．上海：上海教育出版社，2008.

［51］刘月华，潘文娟，故韡．实用现代汉语语法［M］．北京：外语教学与研究出版社，1983.

［52］刘子瑜．也谈结构助词“得”的来源与“V 得 C”述补结构的形成［J］．中国语文，2003（4）.

［53］陆丙甫．汉语的认知心理研究：结构、范畴、方法［M］．北京：商务印书馆，2000.

［54］陆俭明．构式与意象图式［J］．北京大学学报（哲学社会科学版），2009（5）.

［55］陆俭明．述补结构的复杂性［J］．语言教学与研究，1990（1）.

［56］骆蓉．认知构式语法视阈下的致使移动句研究［D］．杭州：浙江大学，2015.

［57］吕叔湘．现代汉语单双音节问题初探［J］．中国语文，1963（1）.

［58］吕叔湘．中国文法要略［M］．北京：商务印书馆，1982.

［59］马建忠．马氏文通［M］．北京：商务印书馆，1983.

［60］缪锦安．汉语的语义结构和补语形式［M］．上海：上海外语教育出版社，1990.

［61］牛顺心．汉语中致使范畴的结构类型研究［D］．上海：上海师范大学，2004.

［62］潘海华，叶狂．控制还是提升，这是一个问题——致使类“V 得”句的句法本质研究［J］．语言研究，2015（7）.

［63］潘悟云．上古汉语使动词的屈折形式［J］．温州师院学报（哲学社会科学版），1991（2）.

［64］彭睿．图式性构式的边界：边缘构例和变异构例［J］．世界汉语教学，2020.

［65］沈家煊．句法的象似性问题［J］．外语教学与研究，1993（1）.

［66］沈家煊．语法六讲［M］．北京：商务印书馆，2011.

［67］沈阳，何元建，顾阳．生成语法理论与汉语语法研究［M］．哈尔滨：黑龙江教育出版社，2001.

［68］施春宏．汉语动结式的句法语义研究［M］．北京：北京语言大学出版社，2008.

[69] 石锓．元代结构助词“的”研究 [J]．兵团教育学院学报，1992 (2).

[70] 石锓，刘念．从词尾到助词——论助词“地”形成的语用动因 [J]．湖北大学学报（哲学社会科学版），2022 (1).

[71] TALMY L. 认知语义学（卷Ⅰ）[M]．李福印，译．北京：北京大学出版社，2017.

[72] 宛新政．现代汉语致使句研究 [D]．上海：复旦大学，2004.

[73] 王力．汉语史稿 [M]．北京：中华书局，1957.

[74] 王力．中国现代语法 [M]．北京：商务印书馆，1985.

[75] 吴福祥．汉语语义演变研究的回顾与前瞻 [J]．古汉语研究，2015 (1).

[76] 邢福义．词类辨难 [M]．北京：商务印书馆，2003.

[77] 熊学亮，杨子．N1＋V＋得＋N2＋VP/AP 构式的复合致使分析 [J]．外国语文，2010 (1).

[78] 熊仲儒．现代汉语中的致使句式 [D]．北京：北京语言大学，2003.

[79] 许慎．说文解字 [M]．北京：中华书局，2018.

[80] 徐通锵．自动和使动：汉语语义句法的两种基本句式及其历史演变 [J]．世界汉语教学，1988 (1).

[81] 杨平．带“得”的述补结构的产生和发展 [J]．古汉语研究，1990 (1).

[82] 袁毓林．论元角色的层级关系和语义特征 [J]．世界汉语教学，2002 (3).

[83] 岳俊发．得字句的产生和演变 [J]．语言研究，1984 (2).

[84] 翟赟．晚清民国时期南北官话语法差异研究 [M]．北京：北京大学出版社，2018.

[85] 张伯江．复杂句式的扁平化——纪念朱德熙先生百年诞辰 [J]．中国语文，2021 (1).

[86] 张继东、刘恋、刘萍．基于美国当代英语语料库“致使构式”的语言特征研究——以“into V-ing 致使构式”为例 [J]．外语教学，2019 (7).

[87] 张璐．致使义“得”与致使性“得”字补语句 [J]．宁夏大学学报，2015 (3).

[88] 张美兰．近代汉语使役动词及其相关的句法、语义结构 [J]．清华大学学报，2006 (2).

[89] 张敏．“语义地图模型”：原理、操作及在汉语多功能语法形式研究中的应用 [M] //《语言学论丛》编委会．语言学论丛（第四十二辑）．北京：商务印书馆，2010.

［90］张明明．古汉语致使句研究［D］．济南：山东师范大学，2016.

［91］张豫峰．现代汉语得字句研究［D］．上海：复旦大学，2000.

［92］赵元任．汉语口语语法［M］．北京：商务印书馆，1968.

［93］赵长才．结构助词“得”的来源与“V得C”述补结构的形成［J］．中国语文，2002（2）.

［94］完权．说“的”和“的”字结构［M］．上海：学林出版社，2018.

［95］周红．现代汉语致使范畴研究［D］．上海：华东师范大学，2004.

［96］朱德熙．语法讲义［M］．北京：商务印书馆，1982.

［97］朱德熙．语法问答［M］．北京：商务印书馆，1985.

［98］朱其智．V/A得OC结构中“得”具有致使义［J］．汉语学习，2009（3）.

［99］祝敏彻．“得”字用法演变考［J］．甘肃师范大学学报副刊（语文专号），1960（1）.

图书在版编目(CIP)数据

基于类型学视角的明清汉语"V得"致使构式研究 / 刘念著. -- 武汉 : 华中科技大学出版社, 2024. 7. -- (明清汉语语法研究丛书). -- ISBN 978-7-5772-1052-0

Ⅰ. H141

中国国家版本馆 CIP 数据核字第 2024DC1794 号

基于类型学视角的明清汉语"V得"致使构式研究 刘念 著

Jiyu Leixingxue Shijiao de Ming-Qing Hanyu "V de" Zhishi Goushi Yanjiu

策划编辑：周晓方　宋　焱

责任编辑：张帅奇　宋　焱

封面设计：原色设计

责任监印：周治超

出版发行：华中科技大学出版社（中国·武汉）　电话：(027) 81321913

武汉市东湖新技术开发区华工科技园　邮编：430223

录　　排：华中科技大学出版社美编室

印　　刷：武汉科源印刷设计有限公司

开　　本：710mm×1000mm　1/16

印　　张：18.75　插页：1

字　　数：370 千字

版　　次：2024 年 7 月第 1 版第 1 次印刷

定　　价：98.00 元